Coleção Invenções Democráticas

VOLUME VI

EDUCAÇÃO DEMOCRÁTICA
O começo de uma história

Coleção Invenções Democráticas

VOLUME VI

Yaacov Hecht

EDUCAÇÃO DEMOCRÁTICA
O começo de uma história

Tradução: Adriano Scandolara

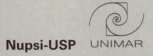

Nupsi-USP UNIMAR

autêntica

Copyright © Yaacov Hecht
Copyright © 2016 Autêntica Editora

Título original: *Democratic Education: A Beginning of a Story*

Todos os direitos reservados pela Autêntica Editora. Nenhuma parte desta publicação poderá ser reproduzida, seja por meios mecânicos, eletrônicos, seja cópia xerográfica, sem autorização prévia da Editora.

COORDENADORIA DA COLEÇÃO INVENÇÕES DEMOCRÁTICAS
André Rocha, David Calderoni, Helena Singer, Lilian L'Abbate Kelian, Luciana de Souza Chaui Mattos Berlinck, Marcelo Gomes Justo, Maria Luci Buff Migliori, Maria Lúcia de Moraes Borges Calderoni.

CONSELHO EDITORIAL INTERNACIONAL
Boaventura de Sousa Santos (Universidade de Coimbra/University of Wisconsin), Christian Azaïs (Université de Picardie Jules Verne d'Amiens), Diego Tatian (Universidad Nacional de Cordoba), Laurent Bove (Université de Picardie Jules Verne d'Amiens), Mariana Gainza, Marilena de Souza Chaui, Milton Meira do Nascimento (FFLCH-USP), Paul Israel Singer (FEA-USP), Sandra Jovchelovitch (London School of Economics), Vittorio Morfino (Università degli studi di Milano-Bicocca).

EDITORA RESPONSÁVEL
Rejane Dias

EDITORA ASSISTENTE
Cecília Martins

REVISÃO TÉCNICA
Lilian L'Abbate Kelian

REVISÃO
Lucia Assumpção

CAPA
Alberto Bittencourt

DIAGRAMAÇÃO
Larissa Carvalho Mazzoni

Dados Internacionais de Catalogação na Publicação (CIP)
(Câmara Brasileira do Livro, SP, Brasil)

Hecht, Yaacov
   Educação democrática : o começo de uma história / Yaacov Hecht ; tradução Adriano Scandolara -- 1. ed. -- Belo Horizonte : Autêntica Editora, 2016. -- (Coleção Invenções Democráticas ; v. 6)

   Título original: Democratic Education : A Beginning of a Story.
   Bibliografia
   ISBN 978-85-513-0001-5

   1. Democracia - Israel 2. Educação - Metas e objetivos - Israel 3. Igualdade na educação I. Título. II. Série.

16-04213   CDD-370.1155694

Índices para catálogo sistemático:
1. Israel : Democracia e educação 370.1155694

Belo Horizonte
Rua Carlos Turner, 420
Silveira . 31140-520
Belo Horizonte . MG
Tel.: (55 31) 3465-4500

Rio de Janeiro
Rua Debret, 23, sala 401
Centro . 20030-080
Rio de Janeiro . RJ
Tel.: (55 21) 3179 1975

São Paulo
Av. Paulista, 2.073,
Conjunto Nacional, Horsa I
23º andar . Conj. 2301 .
Cerqueira César . 01311-940
São Paulo . SP
Tel.: (55 11) 3034 4468

www.grupoautentica.com.br

Sumário

Prefácio à edição brasileira
Lilian L'Abbate Kelian 09

Introdução 17

Capítulo 1
O começo 21

Capítulo 2
A Escola Democrática de Hadera 43

Capítulo 3
O aprendizado pluralista: aprendendo
num mundo democrático 71

Capítulo 4
A vida numa escola democrática: os estudantes
num círculo de aprendizado pluralista 107

Capítulo 5
Do ensinar ao aprender: o mundo dos adultos
na escola democrática.. 147

Capítulo 6
De uma escola para um movimento socioeducativo 175

Capítulo 7
A jornada internacional 227

Capítulo 8
Educação democrática: a jornada rumo
a uma sociedade sustentável 251

Referências 267

Posfácio à edição brasileira
David Calderoni 275

Fortuna crítica 283

Para Sheerly.

Prefácio à edição brasileira

Lilian L'Abbate Kelian[1]

Cada vez mais acredito na potência que existe nos bons encontros – potência política, estética e afetiva –, que nos anima e nos reinscreve na teia das relações sociais, nos restaura e cura e, sobretudo, nos coloca no movimento permanente da democracia. Meus encontros com Yaacov Hecht sempre foram alegres assim, e me devolveram a coragem para enfrentar as minhas próprias incertezas e insistir no meu caminho de educadora. Por isso, é imensa a minha felicidade em descrever o encontro com seu livro *Educação democrática: o início de uma história*.

Ser educador é, antes de tudo, aceitar a incompletude e a incerteza, porque a nossa tarefa é paradoxal: educamos as novas gerações para viver num mundo que não sabemos precisamente como será – e que desejamos que mude em muitos aspectos. Assim, entre tantos feitos que serão narrados por Yaacov Hecht neste belo livro, talvez o mais importante seja o de articular uma rede internacional de educadores que pudesse ser a arquitetura desses inúmeros encontros. Uma conversa com diferentes vozes (e em diferentes línguas), perspectivas, ressonâncias e divergências que tem sido a ambiência para a imaginação de novas maneiras de educar e um convite permanentemente aberto para os recém-chegados.

De certa forma, ainda estamos inscritos no sonho-enigma iluminista: pode a educação ser o lugar da emancipação? Os educadores das escolas democráticas acreditam que sim. Porém, o movimento que

---

[1] Historiadora, educadora cofundadora da Escola Lumiar e da Associação Politeia, é militante e pesquisadora da rede de educação democrática.

vemos emergir no livro não nos autoriza a afirmar que essa resposta seja definitiva ou certeira; ela é, isto sim, uma jornada permanente e infinita na direção do conhecimento e do desconhecido.

O desejo de promover uma educação emancipadora para todos nasce quase ao mesmo tempo em que nasce a suspeita de que talvez esse desejo não possa ser realizado. O centro da controvérsia é o tema da desigualdade social como elemento a ser superado por meio da instrução dos pobres pelos homens da cultura. E, ao longo do século XIX, no momento mesmo da estruturação na Europa dos sistemas públicos nacionais de ensino, existem movimentos que expressam essa má consciência. É assim que podemos interpretar tanto os movimentos de resistência das populações camponesas à escolarização obrigatória como a oposição de intelectuais da época à essência do projeto da escola iluminista, até as tentativas de reinvenção das escolas ainda em meados do século XIX. É bastante impressionante, portanto, encontrar em 1818 essa crítica de Joseph Jacotot que foi objeto do livro de Jacques Rancière.[2] Assim como a opinião de Leon Tolstói, em 1862, que era contrário à estruturação de um sistema de ensino universal e obrigatório na Rússia (o escritor teve uma escola para camponeses em Yasnaya Polyana).[3]

Desde então, as críticas à escolarização formal, obrigatória e universal tornaram-se cada vez mais demolidoras[4] e a busca pelas formas educacionais emancipadoras cresceu enormemente. Paralelamente, a escolarização formal obrigatória tornou-se hegemônica, a ponto de ser quase impossível para nós imaginarmos um mundo sem escolas.

Atualmente os projetos político-pedagógicos de quase todas as escolas, bem como os projetos educacionais de organizações sociais, museus e centros culturais, trazem como objetivos centrais a formação para cidadania e o desenvolvimento da autonomia dos estudantes. Como

---

[2] RANCIÈRE, Jacques. *O mestre ignorante*. Belo Horizonte: Autêntica, 2013.

[3] TOSTÓI, Leon. Da instrução popular. In: *Obras pedagógicas*. Moscou: Progresso, 1988.

[4] Após os trabalhos de Paulo Freire e de Pierre Bourdieu, conhecemos os mecanismos intelectuais/simbólicos e os mecanismos concretos por meio dos quais a escola confirma e aprofunda a separação entre aqueles que são educados para liderar e para obedecer. Com Ivan Illich aprendemos que mesmo quando investimos esforços específicos para promover os estudantes "em desvantagem" fracassamos sistematicamente. (Respectivamente: FREIRE, Paulo. *A pedagogia do oprimido*. Rio de Janeiro, Paz e Terra, 1987. BOURDIEU, Pierre; PASSERON, Jean-Claude. *A reprodução*. Rio de Janeiro: Francisco Alves, 1992. ILLICH, Ivan. *Sociedade sem escolas*. Petrópolis: Vozes, 1973.)

decorrência desses objetivos, fala-se de construção do conhecimento pelo próprio estudante, desenvolvimento de capacidades da pesquisa e da criação, reconhecimento da diversidade cultural e participação nas estruturas decisórias.

No Brasil, existe um reconhecimento generalizado de que o sistema educacional deve ser reformado. Esse reconhecimento é traduzido, segundo os indicadores do próprio sistema, pelo baixo desempenho dos estudantes nas habilidades mais básicas de português e matemática, mas, sobretudo, pelos índices de evasão escolar (em especial, dos estudantes de ensino médio) e de analfabetismo funcional.

Ao mesmo tempo, nosso país é conhecido entre os educadores estrangeiros por ter uma legislação extremamente avançada no que diz respeito aos direitos educacionais (e aos direitos sociais, de maneira geral). O marco legal mais importante é a própria Constituição Federal de 1988. Resultante dos intensos movimentos de redemocratização do país, a Constituição afirma os princípios da liberdade de ensino, da gestão democrática e da igualdade de acesso à escola. A Lei de Diretrizes e Bases da Educação Nacional (1996) regulamenta, entre muitos aspectos, a gestão democrática e a autonomia dos projetos pedagógicos. Os Parâmetros Curriculares Nacionais (1998) apontam para a superação de um currículo nacional e normativo, na direção de um currículo que emerge das relações das escolas com suas comunidades locais e assume-se como multicultural. Desde 2003, a Lei n.º 10.639, reconhecendo a importância da cultura afrodescendente na formação da sociedade brasileira, tornou a temática obrigatória para os currículos escolares. Em 2008, a Lei n.º 11.645 passou a incluir também a obrigatoriedade do estudo da história e da cultura dos povos indígenas.

Enquanto esse discurso da educação para autonomia se tornou praticamente um clichê, as práticas educativas raramente se atualizaram. Talvez isso tenha ocorrido exatamente por esse discurso ter se tornado mero clichê, e dispensou-se assim a necessidade de atualizar aquelas práticas. E uma crítica conservadora já se antecipa em afirmar que essas inovações "não deram certo" e que é preciso retomar as práticas tradicionais. Porque, apesar do aparente consenso, as práticas ainda estão muito aquém do discurso.

É que, embora as leis federais procurem ser o ordenamento jurídico da autonomia, esta não se encontra inteiramente concebida e conformada. Por essa razão, precisamos avançar na reflexão sobre os limites estruturais colocados para seu avanço e ainda é necessário reivindicar o desenvolvimento de mecanismos jurídicos e de políticas públicas que de fato garantam a implementação dos princípios constitucionais.

A política de fomento à inovação e à criatividade desenvolvida pelo Ministério da Educação em 2015 é paradigmática por buscar estruturar-se a partir da lógica do reconhecimento das experiências educacionais inovadoras, em vez de assumir a tradicional lógica normatizadora. Assim, não é uma política que simplesmente afirma uma autonomia abstrata, mas que reconhece a autonomia dos projetos educacionais e se propõe a dialogar com eles e a facilitar a construção de uma rede entre eles, gerando novos conhecimentos, aprimoramento mútuo e visibilidade.

No entanto, o que parece ser definitivo para a reinvenção da escola é o aprimoramento das práticas, porque certamente ainda estamos na superfície do problema e em busca de soluções prontas e com "comprovada eficiência", como os modelos da gestão empresarial que encantam os gestores das políticas educacionais (avaliações externas padronizadas, metas, prêmios).

No fundo, o consenso em torno de um "novo" paradigma educacional ainda é muito frágil. Na primeira dificuldade, no vácuo que deixa uma pergunta para a qual não temos resposta, corremos para as práticas convencionais de se disciplinar um grupo, um espaço, um conflito, um assunto.

No sentido da renovação das práticas emancipadoras, o movimento pela educação democrática tem tradição centenária, embora só mais recentemente esteja se tornando conhecido. A primeira escola reconhecida pelo movimento foi Yásnaia Poliana, criada por Tolstói em meados do século XIX. E Summerhill (fundada há mais de 90 anos) é provavelmente a escola mais conhecida; aliás Yaacov Hecht nos contará o quanto foi inspirado por essa escola. Mas é a partir das décadas de 60 e 70 do século XX que o movimento ganha força. São escolas formais e experiências de educação não formal que buscam a construção de comunidades democráticas a partir da autogestão administrativa, pedagógica e curricular por educadores, estudantes e, em alguns casos, pelas famílias dos estudantes.[5]

---

[5] Para um panorama das escolas democráticas ver SINGER, Helena. *A república das crianças*. Campinas: Mercado de Letras, 2010.

Desenvolvendo experiências muito diversas entre si, o principal traço desse movimento, que a partir dos anos 1990 se internacionaliza (o autor tem muita responsabilidade nessa articulação), é a pluralidade. São escolas públicas, privadas ou comunitárias que se autodefinem como democráticas, tendo práticas, referências teóricas e princípios afins. Que se reconhecem dentro de um campo de militância comum, a partir do qual trocam experiências. A rede de escolas democráticas defende que as políticas públicas devem sustentar e promover a pluralidade de contextos, visões e práticas.

Nesse contexto, a contribuição de Yaacov Hecht é muito significativa. Ao contar seu percurso enfrentando três dimensões fundamentais – sua jornada pessoal; sua participação na constituição do coletivo fundador da Escola de Hadera; e sua militância para criar e ampliar políticas públicas educacionais democráticas em Israel e em outras partes do mundo –, o autor nos apresenta um importante capítulo da história da educação democrática e nos proporciona um caminho seguro para compreender o que ele chama de "Aprendizado Pluralista".

A ideia de que a escola deva deixar de ser o espaço da transmissão de conhecimento e passar a ser o espaço da sua produção está em voga. Mas como é possível desenvolver pesquisa numa estrutura de aulas, disciplinas, séries e testes padronizados? Como podemos falar de pesquisa se, na prática, ainda estamos inscritos em práticas curriculares normativas? Pesquisa pressupõe liberdade, tempos alargados, erro, singularidade, momentos de socialização e avaliação crítica.

Pouco a pouco, a experiência da Escola de Hadera se constitui entre a "desinvenção" de estruturas escolares tradicionais e a emergência de uma comunidade de pesquisa. Um currículo interdisciplinar e aberto aos interesses emergentes, um educador tutor e vários educadores especialistas, grupos sociais e de estudo multietários, cursos eletivos (propostos por professores ou por estudantes) e centros de estudo (ateliê de artes, marcenaria, biblioteca, espaços onde os estudantes podem ter experiências individuais) formam a estrutura da escola (descrita no Capítulo 2). Sendo a gestão democrática fundamento efetivo da estrutura escolar, composta pelas assembleias semanais (o legislativo), pelos diversos comitês escolares (o executivo) e pelos os comitês de mediação, o disciplinar e o de recursos (o judiciário).

Coração do livro, os Capítulos 3 e 4 apresentam a formulação de uma teoria da aprendizagem. Uma das raras tentativas estruturadas de teorizar os fundamentos, as práticas e os resultados da aprendizagem em escolas democráticas. Coerente com as práticas educativas desenvolvidas em Hadera e em diálogo com os problemas vividos por educadores em outras escolas democráticas, o "aprendizado pluralista" é uma teoria centrada na singularidade humana. Baseado na observação da aprendizagem dos estudantes na escola democrática, o autor irá distinguir diferentes etapas da aprendizagem. A "espiral da aprendizagem", como a definiu, constituir-se-ia de quatro movimentos circulares, expandindo-se da área do desconhecimento em direção ao conhecimento, passando pelas áreas intermediárias da descoberta e da dúvida. Às etapas correspondem diferentes estados de espírito (como euforia, resistência, resiliência, tédio, orgulho e acomodação), e se colocam desafios ao aprendente e ao educador. Porém, cada vez que expandimos nossa área de conhecimento, cresce também a área de desconhecimento a ser explorada. Apesar de ser possível reconhecer esses movimentos no interior da "espiral da aprendizagem", cada pessoa vive esse processo de forma singular.

No Brasil, o movimento pela educação democrática encontra-se com outras tradições "rebeldes" ou progressistas: a educação popular inspirada por Paulo Freire, a educação política que corre entre os militantes e a educação libertária ou anarquista. Escolas particulares e privadas vêm consolidando experiências e organizando uma rede nacional para trocar experiências e sustentar um debate com as políticas públicas. Em 2007, essa rede organizou no Brasil a 15ª Conferência Internacional de Educação Democrática. Desde o ano passado, movimentos juvenis vêm ocupando as escolas públicas em diferentes estados brasileiros; entre as suas inúmeras reinvindicações eles convergem na sua aspiração por mais democracia nas escolas. Portanto, a publicação em português deste livro disponibiliza repertórios que podem alimentar esses anseios e suscitar novas práticas.

O livro é um convite a pensar e a criar em torno do sentido que a democracia pode ter para cada comunidade escolar que se proponha a assumi-la como fundamento de seu projeto pedagógico. A experiência de Hadera não surge como um modelo, ao contrário, a narrativa nos convida a enfrentar os equívocos e erros como centros da invenção e da aprendizagem.

A possibilidade de a escola não existir é (ou deveria ser) o horizonte de toda a prática educativa democrática. Sendo que cada decisão que tomamos vem (ou deveria vir) precedida da pergunta: Isso é coerente com a emancipação dos estudantes? Devemos continuar nos perguntando qual é a escola capaz de promover a emancipação humana. É uma interrogação que nunca deixa de nos provocar e de alargar um pouco os limites da nossa imaginação sobre a educação. Em vez de assumirmos a naturalização da escolarização obrigatória e igual para todos, perseguirmos a invenção de instituições fundadas no reconhecimento de que somos todos iguais em nossa capacidade de aprender. Porém, a capacidade de aprender se nos revela por meio de processos singulares. Como contrapartida da liberdade das práticas (pois é disto que se trata: libertar as práticas escolares da sua naturalização), vem o alargamento permanente dos limites colocados para o pensamento sustentando a coragem do educador para experimentar e, com efeito, sustentando mesma coragem em relação aos estudantes.

Essa escola capaz de promover a emancipação humana não é exatamente a escola estatal, mas a pública, ou seja, aquela que oferece recursos para mediar as diferentes culturas que a conformam e que reconhece a diversidade de seus membros como potência educativa e a desigualdade entre eles como problema de ordem política. Uma comunidade que está permanentemente inventando e instituindo seu funcionamento com a finalidade de realizar-se como comunidade de aprendizagem.

Introdução

Cerca de 20 anos atrás, embarquei numa jornada por uma estrada desconhecida, cheia de perigos. Meu desejo era fundar um tipo diferente de escola, que não tivesse qualquer relação com os tipos já existentes, no tocante a seus métodos, seus ideais e suas interações com as crianças. Eu queria fundar uma escola em que a proteção da dignidade humana servisse como objetivo e principal *modus operandi* no campo da educação.

No princípio da jornada, havia uma imagem clara do meu destino. Era possível imaginá-lo e descrevê-lo em detalhes – uma história com começo, meio e fim. Mal sabia eu que minha história viria a descobrir vida própria e independência e começaria a se escrever sozinha. Eu não sabia que, mais tarde na história, todo mundo que participou dela viria acrescentar uma linha ou subtraí-la, encurtar ou expandir as frases. Com o tempo, aprendi que esse fato era parte daquilo que fundamenta a visão que eu havia criado. A história original envelheceu e foi desgastada pelo tempo, mas se tornou a base para novas histórias inéditas. Descobri que eu não tinha qualquer interesse em justificar o meu jeito anterior de pensar, a mentalidade de quando comecei minha jornada. As expressões que eu usava com frequência no começo, como "a verdade é que...", "sem dúvida...", "o erro é...", "a resposta correta é..." – tudo isso foi perdendo valor gradualmente.

Eu me dei conta de que precisava sugerir outro ponto de partida – que não soubesse as coisas antecipadamente, nem desse instruções ou deixasse qualquer legado; que presumisse que toda criança, todo indivíduo, tem sua própria história e seu modo de avançar o enredo de sua vida.

Como resultado, ao longo dos anos, conforme pude ir acumulando mais conhecimento e experiência, eu me flagrei voltando de novo e de novo às mais básicas das perguntas e deliberações. Quando não se tem qualquer verdade única ou fórmula fixa, vive-se constantemente refletindo sobre a ideia de promover os direitos humanos e as maneiras pelas quais um indivíduo pode chegar à autorrealização.

A história que vocês têm diante de si descreve parte dessa jornada em que embarquei desde que estabeleci a Escola Democrática de Hadera e fundei outras escolas democráticas, até o estabelecimento dos sistemas de educação pública fundamentados nas ideias da educação democrática.

Como disse, a esta altura já estou em certo ponto do enredo, que tomou rumos fascinantes em seu desenvolvimento, diferentes de tudo que eu tinha esperado no começo da estrada. Não sei como esse enredo irá se desdobrar no futuro. Este livro, portanto, não tem uma conclusão ou um fim. Vocês podem vê-lo como um "álbum de fotos" de uma jornada, empreendida por mim e por meus amigos, em busca de uma vida diferente – uma vida em cujo centro esteja o conceito de "dignidade humana" e a habilidade de viver com e pela mudança e criatividade. A criação deste livro, em muitas maneiras, é uma parábola sobre todos os conceitos que quero descrever nele. Muitas pessoas que conheci no caminho me pediram que eu escrevesse o que disse já nas minhas palestras. Já me pediram para que descrevesse como seria uma educação democrática, sobretudo que explicasse os conceitos teóricos subjacentes a esta visão de mundo. Eu também sentia que o ato de escrever este livro iria me libertar de um fardo pesado e permitir que eu prosseguisse rumo a novos territórios.

Eu tentei. Escrevi uma série de artigos breves, sentei por horas diante do monitor, mas não conseguia escrever o que eu mesmo tinha dito. Sentia-me travado.

Quando criança, também tive muita dificuldade para ler e escrever. Hoje não tenho dúvidas de que seria diagnosticado como disléxico. À época, eu era definido simplesmente como "criança problemática". Nunca terminei o ensino médio, e percorri uma longa e tortuosa estrada até me tornar gerente e consultor de sistemas educacionais voltados a vencer a minha dificuldade para ler e escrever, sobretudo porque é a ferramenta central que uso no estudo desse mundo que tanto me fascina; mas nunca superei de verdade as minhas dificuldades para escrever.

Em algum ponto decidi gravar minhas palestras, transcrevê-las e editá-las em livro. Ficou claro que seria um trabalho problemático.

Porém, o discurso não é apenas a soma de todas as palavras reunidas – ele é associativo e multidimensional demais para ser "traduzido". Muitas vezes me senti um fracasso. Queria tanto descrever por escrito o que tinha acontecido, transmitir meus pensamentos aos outros, compartilhar com eles tudo aquilo que me fascinava. Mas não fui bem-sucedido.

Tive que esperar pela minha oportunidade, por alguém ou algo que pudesse fazer com que o impossível fosse possível. E essa oportunidade chegou na forma de certas mãos que foram estendidas para mim, as mãos de Ronit Tal (que se ofereceu para promover e organizar) e de Rona Shafrir (que assumiu o papel de editora), as dos meus ex-alunos, hoje amigos, que vieram até mim e ofereceram/exigiram a publicação dessa história. A esses nomes somo ainda o de Yael Schwartzberg, a diretora do Instituto de Educação Democrática, que se uniu a eles com toda intensidade.

Durante longos meses Rona e eu escalamos montanhas de palavras, imagens, ideias e histórias. Rona corajosamente reuniu minhas palavras e amarrou as pontas. Mais tarde, minha esposa Sheerly e meus amigos do Instituto de Educação Democrática uniram-se a nós nessa tarefa quase impossível.

Assim, num processo lento e difícil, fui encontrando meu jeito com as palavras. Hesitante, incerto, dependendo das pessoas a quem eu amava, por fim encontrei minha própria voz. Encontrei a história que eu podia contar – e até mesmo escrever.

Acredito que todo mundo – todas as crianças, inclusive – vai encontrar áreas bloqueadas em sua vida: lugares de desconfiança, desespero e sentimentos de vazio. Alguns de nós nos rendemos e evitamos esses lugares. Mas, às vezes, quando as pessoas acreditam em si próprias e deixam as coisas acontecerem, acreditando que até mesmo um revés faz parte da trajetória da vida, é então que ocorrem surpresas incríveis e fascinantes.

Uma dessas surpresas é a mera existência deste livro. E, assim, ainda que ele seja a história da Escola Democrática de Hadera e a formulação das ideias sobre educação democrática e sua implementação em vários lugares, cada um com suas particularidades, este livro é, antes de tudo, uma proposta para que olhemos para o mundo de uma forma diferente: uma visão que presume que todos são nascidos iguais, porém únicos, e que cada um tem o seu dom especial, que é importante e significativo, com uma história que só ele ou ela pode trazer para o mundo.

Capítulo 1
O começo

Foi aos 5 anos, num paiol escuro do jardim de infância, a primeira vez em que refleti sobre o assunto da educação. A professora me trancava lá com frequência, de castigo pelo meu comportamento. Lembro-me claramente de não sentir raiva dela. Pelo contrário, o que eu sentia mais era pena. Eu tinha decidido que, porque ela também devia ter vindo de "lá", do Holocausto, assim como os meus pais, eu não deveria ficar com raiva dela. Eu me sentava naquela escuridão já conhecida e escutava as vozes das crianças, pensando. Deveria haver um jeito melhor de educar as crianças, eu sentia – sem paióis escuros, sem castigos arbitrários, e com respeito. Eu não sabia, com os meus 5 anos, que viria a dedicar a maior parte da minha vida adulta a procurar por isso.

Vinte e quatro anos depois, em 1987, a Escola Democrática foi fundada em Hadera. Comemoramos sua abertura no quintal de um pequeno centro comunitário, depois de dois anos de dificuldades para fundá-la. Na semana anterior à inauguração, recebemos três ordens de fechamento do Ministério de Educação, e conseguimos anulá-las todas as três vezes. Nossa alegria era imensa, mas estávamos cientes também de que havíamos embarcado numa viagem rumo ao desconhecido. Tínhamos muitos medos quanto ao futuro. E, no entanto, havia alguma coisa no ar – o que eu chamava de "o fogo da vida" –, a sensação de que estávamos fazendo a coisa certa.

Este livro conta a história da Escola Democrática de Hadera e os sistemas educacionais fundados com inspiração nela. Mas isso, na verdade, é apenas o pano de fundo para a história central, que se encontra às vezes nas entrelinhas e às vezes explícita – a história da minha jornada e dos meus amigos, uma jornada em que a ordem do dia era a surpresa. Os conceitos de sucesso e fracasso deixaram de ser tão nítidos quanto eram a princípio, e o mesmo aconteceu com os conceitos de conhecimento e desconhecimento, que deixaram de ser contraditórios. Do estudo das relações entre adultos e crianças, passamos para o estudo das relações entre pessoas e para a reflexão sobre a existência humana em geral, e daí voltamos para examinarmos a nós mesmos...

Hoje, uns bons 20 anos depois desse ponto de partida, acredito que estamos ainda no começo de nossa jornada.

Infância

Quando comecei a primeira série, ficou evidente para mim que eu não conseguiria aprender a ler e escrever. Eu tinha duas opções: ou entrar naquilo que as crianças chamavam de "a turma dos retardados" ou esconder a minha condição. Escolhi a segunda opção e reuni toda a minha energia e os meus talentos naturais para colocá-la em prática. Meu repertório envolvia decorar todas as respostas certas, fingir estar sempre esquecido, "pensando na morte da bezerra", e colar nas provas.

Por volta da sexta série eu já tinha conseguido, com esforços tremendos, adquirir um domínio básico de leitura (até hoje tenho dificuldade de escrever sem errar). Na escola ninguém sabia – por fora eu era um estudante mediano, um pouco distraído, esquecido e suscetível a passar mal nos horários de prova, porém ainda assim bom em matemática e esportes, um estudante razoavelmente bom no geral.

Porém, por dentro, lá no fundo, eu me sentia péssimo. O vasto abismo entre o que eu sabia sobre mim mesmo e o que os outros sabiam de mim era quase intolerável. Eu era um mentiroso sistemático, colava e estava constantemente de olho, tomando todo cuidado para manter no ar todas as histórias diferentes que eu contava para os professores. Lembro-me de me perguntar o que era que havia de errado comigo. Eu conseguia ganhar de adultos no xadrez, era campeão nacional em salto a distância, sabia fazer belas esculturas e, no entanto, no final da oitava série, eu ainda lia como uma criança que estava sendo alfabetizada. As letras se recusavam a se reunir e a formar palavras aceitáveis. Como era possível, me perguntava, que eu fosse um estudante forte e bem-sucedido em algumas áreas, enquanto em outras – as que eram mais importantes para meus pais e para a escola – era um completo fracasso?

Meus pais enxergavam as minhas dificuldades como sendo resultado de preguiça. Eu tinha incontáveis professores particulares e era obrigado a passar horas sentado todos os dias praticando minha caligrafia.

Por sorte, não acreditei neles. Eu sabia que não era preguiça, nem burrice. Acabei me rebelando contra os meus pais, desobedecendo-os e brigando com eles incansavelmente por causa de todas as coisas que eram importantes para mim, as que me ajudaram a sobreviver (os Escoteiros, os meus amigos, o Clube de Xadrez, o Clube de Aeromodelismo e outros). Porém, minha história não estaria completa sem que eu mencionasse o amor dos meus pais e o sentimento de segurança que eles me transmitiam, que, apesar das nossas brigas, contribuíram muito para a minha jornada na vida e para a minha habilidade de realizar os meus sonhos. Minha mãe nunca gritou comigo, nem me deu bronca. Ela era gentil, um anjo da guarda, e me ensinou sobre o que há de bom na humanidade. Meu pai era uma pessoa muito criativa e engenhosa. Ele vendia rádios que ele mesmo montava e foi a primeira pessoa a trazer eletricidade gerada por energia eólica para vilas árabes. Há várias patentes registradas no nome dele. Seu jeito original de pensar e sua habilidade de encontrar soluções onde a maioria das pessoas enxergaria uma muralha foram uma imensa influência para mim e, de fato, continuam sendo até hoje.

Na escola também, no meio de toda aquela rotina cansativa, brilhava um raio de luz – Victor Halvani, meu professor de artes. Ele mesmo detestava o sistema conservador da escola e sofria com isso. Muitas vezes, quando eu tinha que fazer alguma tarefa, ele vinha me "salvar", me chamando para ser seu assistente. Além disso, ele se arriscou indo até o diretor para dizer que eu tinha muito talento com escultura e que eu deveria ter permissão para me desenvolver nessa área. O diretor achou que Victor tinha enlouquecido, mas permitiu que continuássemos tendo aquela relação especial de professor e estudante. Assim, passamos a segunda metade dos meus estudos da oitava série juntos, preparando a decoração da cerimônia de formatura. Aprendi mais naquela época do que tinha aprendido em todos os meus anos de escola.

Há alguns anos descobri que Victor Halvani havia abandonado a profissão para se tornar um escultor famoso, com obras em exposição no mundo inteiro. Quis encontrar com ele de novo, mas tinha medo que ele não fosse se lembrar de mim. Mas eu me enganei – ele lembrava! Não só isso, como ainda se lembrou de alguns trabalhos que fizemos juntos, coisas que eu mesmo tinha esquecido completamente.

Essa relação com Victor abriu uma porta para mim no mundo dos adultos. Apesar dos pontos fracos que eu havia encontrado já no jardim de infância, eu considerava os adultos como sendo aqueles que sabiam "o caminho certo". Durante toda a minha vida até então, os adultos me levavam a pensar que detinham algum conhecimento que as crianças não possuíam, que eles sabiam algo que nós não sabíamos. Uma vez, quando me recusei a ir ao dentista, minha mãe ligou para o meu pai para me mostrar que o tratamento dentário não doía. Ele sentou na cadeira do dentista e abriu a boca, e não surgiu nem o menor espasmo de dor no seu rosto. Isso me fez chegar a mais uma conclusão assombrosa sobre os adultos: que não só eles sabiam o que era certo e o que era errado, como eles ainda não sentiam dor. Quando eu era pequeno, essa questão me deixou perturbado: quando eu viria a receber esse conhecimento? Quando eu me tornaria resistente à dor? E quando eu aprenderia o que é certo e errado na vida? Em algum momento, cheguei a nutrir a crença de que na minha cerimônia de Bar Mitzvah o rabino me daria um livro que explicaria tudo...

Mais tarde, quando passei a entender que esse manualzinho não existia, decidi que, de algum modo, eu precisava aguentar firme nesses anos difíceis da infância até chegar à tão desejada idade adulta. Victor foi a primeira pessoa que me mostrou que as coisas às vezes poderiam ser difíceis para os adultos também, como era para as crianças, e que era possível haver uma aliança de confiança e respeito entre uma criança e um adulto.

Adolescência

Enquanto isso, continuava crescendo aquele abismo entre mim e o mundo dos adultos. Quando cheguei ao ensino médio, numa escola enorme com uns 2.000 estudantes, me dei conta de que, na verdade, ninguém se importava comigo ou com meu mundinho particular. A única coisa que importava eram as notas que eu recebia. Depois que o professor do primeiro ano da aula de orientação disse para os meus pais que eu devia estar "fumando droga" (até hoje nunca fumei nada, nem cigarro), porque eu tinha o hábito de dormir na sala, percebi que precisava entrar no jogo se fosse sobreviver aos anos por vir.

Logo entrei para um grupinho que roubava as provas. Juntos, entrávamos escondidos nas salas dos professores e preparávamos cópias das folhas com as respostas perfeitas das provas, que eram passadas de mão em mão no final da prova. Depois entrávamos na enfermaria e roubávamos os atestados para justificar nossas faltas. Eu tinha me convencido de que não havia nada de imoral nesses roubos e que não teria outro jeito de eu vencer esse sistema predatório. Em física e matemática – as matérias em que eu era bom – cheguei a tentar fazer as provas sem colar, mas descobri que o crime tem os seus próprios efeitos colaterais: eu não conseguia responder nem as questões que eu entendia. Já estava acostumado a fazer prova sem pensar, por isso acabei depois tendo que roubar essas provas também. As minhas notas eram altas e até o diretor me conhecia e me tratava com gentileza. Ao mesmo tempo, eu dava aulas de moral e era um membro ativo dos escoteiros, mas, por trás da minha fachada de sucesso, eu era, na verdade, um criminoso. Só eu tinha consciência dessa verdade árdua, e estava sozinho nisso.

Às vezes, eu me pergunto: é assim que crianças normais se tornam criminosos? Crianças que ninguém vê, cujas qualidades humanas ninguém reconhece, de quem exigem tarefas educacionais que para elas são frias e desprovidas de valor, tarefas com as quais elas não conseguem lidar? Quantas "crianças problemáticas" no sistema educacional não são, na verdade, o produto de suas exigências?

Aos 15 anos eu não me perguntava essas coisas, mas me sentia sujo. Estava embrenhado na teia que eu havia tecido ao meu redor, e até agora não ficou claro para mim que futuro eu poderia ter tido se continuasse assim, se não fosse pela guerra.

Quando estourou a Guerra do Yom Kippur, quase todos os homens acabaram convocados, servindo o exército ao longo de vários meses. Nós, os jovens, começamos a ter que fazer a cidade funcionar. Eu trabalhava de noite na padaria de Hadera, encarregado de distribuir o pão. De manhã, eu também trabalhava com meus amigos, os líderes dos escoteiros, em escolas de nível fundamental, onde fazíamos atividades para as crianças que acabaram ficando sem professores. De tarde, eu trabalhava como carteiro. Dentro de algumas semanas, o município de Hadera desenvolveu um núcleo de jovens forte e ativo, que fazia funcionar a cidade inteira com pleno apoio dos líderes da comunidade.

Essas atividades duraram meio ano, e durante esse período eu me sentia necessário, bem-sucedido, empreendedor, cercado de pessoas que apreciavam o que eu estava fazendo. Mais tarde, quando voltei à escola, o professor me flagrou no pátio e me deu uma bronca pela minha ausência. Para mim, aquilo foi um tapa na cara – eles passaram todo aquele tempo estudando e fazendo provas! Uma guerra sangrenta estava sendo travada no Estado de Israel, mas, na escola, nada. Os mesmos negócios de sempre.

Minha compreensão começou a desabrochar a partir desse choque. De repente, me dei conta de que o verdadeiro aprendizado vinha de fazer coisas. Quando estávamos com os escoteiros, estávamos aprendendo. Quando fazíamos atividades voluntárias, estávamos aprendendo. Já a escola, por outro lado, era só uma ferramenta para medir notas e um local de trabalho para milhares de professores. "É para isso que eles têm escolas", eu disse para os meus amigos. "Talvez devêssemos passar as escolas para o Ministério do Trabalho e deixar as atividades educativas de verdade para os movimentos juvenis."

Além desse choque, eu havia passado por uma mudança interna. Não podia mais voltar para a minha vida de mentir e roubar provas. As atividades positivas dos meus últimos meses haviam me transformado, ou – talvez fosse melhor dizer – me trouxeram de volta a mim mesmo.

Decidi não voltar para a escola. Meus pais ficaram estarrecidos. "Se você não for", eles ameaçaram, "você vai virar um delinquente... nunca vai ter sucesso na vida". O diretor da escola me chamou para uma conversa. "Você tem só 16 anos", ele disse, "você não entende o que está fazendo e vai arruinar a sua vida. Se não se formar, você não vai ser ninguém".

Meu pai ficou sentado lá, distante e em silêncio. Eu sabia que ele estava rezando para que o diretor conseguisse me convencer. Sabia também que, se eu ficasse mais um dia que fosse naquela escola, minha vida estaria arruinada. Voltar para a escola significaria voltar a roubar, e eu não estava disposto a isso.

Não cedi, mas também não foi fácil. Durante a adolescência, comecei a modificar a minha perspectiva sobre o mundo adulto, mas minhas dúvidas antigas ainda me roíam, lá no fundo. Quando o diretor veio me informar que eu não entendia nada e que estaria arruinando meu próprio futuro, eu realmente acreditei que estava correndo um risco enorme em abrir mão dos meus estudos no primeiro ano do ensino médio. Por sorte, eu sentia que não tinha outra escolha. O preço que tinha que pagar (os roubos e as mentiras) estava bem claro para mim, e eu não estava disposto a continuar a bancá-lo.

O bosque

No dia depois da minha conversa com o diretor, fui ter uma conversa comigo mesmo, no lugar que eu amava mais que tudo à época – o lugar onde eu realmente aprendia –, o bosque de Hadera.

Quando éramos crianças, no subúrbio de Givat Olga, vínhamos visitar o bosque com os nossos pais nos sábados. Sempre caminhávamos nas trilhas em torno do bosque, mas nunca entramos nele. A dúvida sobre o que havia além daquelas trilhas, no mato, para mim era fascinante e assustadora. Na sétima série, consegui reunir coragem suficiente para adentrar alguns passos no bosque. Por mim, eu voltaria lá todos os dias da semana. Meus amigos diziam, "Ah, a gente já esteve no bosque", mas, para mim, toda visita era um momento de descoberta. Era lá que eu testava minha coragem e foi lá que descobri que sabia aprender.

Na verdade, no começo da minha adolescência, o bosque era o único lugar onde era possível aprender de verdade. Eu me sentia um explorador descobrindo novos territórios: foi no bosque que encontrei flores raras, lírios e orquídeas raras, além de aves aquáticas. Os patos me fascinavam, enquanto os abibes e garças-reais prendiam minha atenção como ímãs. Através de um processo que eu não conseguia entender à época, eu me flagrava consultando e indo atrás de livros para saber mais sobre os pássaros que eu descobria e as plantas que encontrava. Pela primeira vez na vida, eu estava procurando um livro por livre e espontânea vontade, para encontrar respostas significativas sobre assuntos que me interessavam.

Nos dois anos seguintes, o bosque continuou a ser a âncora das minhas pesquisas e descobertas. Eu chegava lá sozinho, para observar os pássaros e mapear o território. Levei também a divisão mais nova dos escoteiros para lá, para que pudessem ter seu primeiro contato com a natureza silvestre. Há plantas que até hoje vou visitar lá, porque elas desabrocham num dia em particular do ano, e faz mais de 30 anos que mantemos esse contato. Os patos ainda me fascinam, mesmo depois de eu ter descoberto todos os seus esconderijos. Com o tempo, me tornei um especialista, de nível relativamente alto, sobre a vida natural de toda a região. Porque o bosque me interessou, fui capaz de aprender sua história, a drenagem dos pântanos de Hadera. Voltei à biblioteca, que agora era um lugar novo e desafiador para mim – graças aos meus próprios desejos.

Li sobre a história de um grupo de jovens que, cerca de 100 anos atrás, tinha embarcado numa jornada contra todas as convenções do período e realizado um sonho no meio dos pântanos e da malária. O sonho dessas pessoas foi forte o suficiente para superar todos os seus obstáculos, mas pareciam insuperáveis à época. Aprender a história desses pioneiros, que vieram a Hadera e plantaram o bosque, foi o meu primeiro encontro com pessoas que se rebelaram contra os padrões vigentes. Meu encontro com sua história e com o bosque, que era o testemunho de sua existência, me deu a força necessária para perseverar e seguir o meu próprio caminho pelos dois anos anteriores à minha passagem ao "mundo adulto", a passagem pela qual aguardei durante todos aqueles anos.

Idade adulta

A primeira escolha que tomei como adulto foi a de ser líder da tropa dos escoteiros de Hadera, em paralelo com meu serviço militar. Em pouco tempo, o número de escoteiros cresceu de 200 para perto de 1.000. A nossa tropa era considerada particularmente especial e ativa. Fazíamos muitas atividades ao ar livre, em contato com a natureza, mas também na cidade e em vários bairros. Minha fantasia era criar uma comunidade com uma sensação de proximidade nos relacionamentos entre as pessoas, baseados não em crítica ou julgamento, mas no cuidado e em interesses em comum. E, de fato, não demorou muito para que se criasse uma atmosfera muito especial de cooperação e amizade. Parte das atividades da tropa era dedicada aos próprios líderes do grupo, conforme o grupo foi se tornando uma parte cada vez mais central em suas vidas. Era um lugar onde lutávamos para realizar até mesmo os mais loucos dos nossos sonhos. Como tinha imaginado alguns anos antes, a partir de uma perspectiva de atividades educacionais significativas, as atividades dos escoteiros de fato substituíam a escola.

Por um tempo eu estava feliz, mas depois começaram a surgir algumas rachaduras na minha satisfação. Eu dizia para os líderes: "Os escoteiros são vocês". Mas logo compreendi que isso não era a verdade.

Conforme o tempo foi passando, comecei a me sentir um mentiroso – eles estavam meramente realizando os *meus* planos e iniciativas. Os escoteiros eram *eu*. A lição importante que aprendi com isso tudo tinha a ver com a conexão entre o carisma e a atividade cooperativa: a cooperação exige compromisso e a habilidade de dar um passo para além do tempo. Assim, comecei a procurar por um modo pelo qual os desejos e as aptidões de todos os participantes poderiam encontrar meios de expressão.

Depois que terminou esse episódio na minha vida com os escoteiros e cumpri com meus serviços militares, decidi estudar pedagogia na universidade. Essa decisão contradizia tudo em que acreditei durante a minha juventude, bem como o meu sentimento de que eu já sabia tudo que havia para saber sobre educação. Novos mundos se abriram para mim durante meu tempo com os escoteiros e dentro do quadro da minha experiência com os métodos de Alternância Facilitada, que explicarei em breve. Eu achava que já sabia tudo que havia para saber sobre "a outra educação". E, no entanto, assim como fui atraído até a floresta, para adentrá-la e não apenas dar voltas em torno dela, senti a necessidade de examinar o que havia de oculto por trás dos muros do mundo acadêmico.

Entre maio e julho de 1981 eu passei por nove testes de equivalência de ensino médio. Na mesma época, eu fazia sessões de persuasão com o comitê de matrícula da Universidade Ben Gurion (isto é, com os únicos que aceitaram marcar uma reunião comigo para uma entrevista pessoal) e prometi completar o processo em tempo, antes do começo do ano acadêmico. Minhas notas acabaram sendo bem baixas, e tive que prometer que faria o teste de inglês durante os estudos. Mas, por volta do fim do verão, eu já havia sido aceito na universidade.

Sei que essa história soa problemática e poderia parecer indicar aptidões extraordinárias. Mas não, as minhas aptidões acadêmicas não são altas e em todos os diagnósticos fui definido como disléxico e disgráfico, com capacidades acadêmicas medianas. No entanto, acredito que qualquer um que realmente deseje algo e se concentre em seus verdadeiros objetivos é capaz de superar obstáculos que pareceriam intransponíveis. Já vi coisas assim acontecerem dezenas de vezes com estudantes meus na Escola Democrática. Eles tiveram que lidar com obstáculos muito maiores do que exames de acesso[1] e saltaram com facilidade sobre eles sempre que sentiram uma conexão real com seus verdadeiros objetivos.

Rotações

No tempo que eu tive sobrando antes de começar meus estudos, eu quis realizar todos os meus sonhos – lá mesmo, naquele momento. Eu sentia arder em mim a necessidade de vivenciar o mundo do meu jeito. Meu papel de líder dos escoteiros e as lições pessoais que aprendi com o bosque, para mim, tinham me dado um conhecimento raro sobre o processo de aprendizado, um conhecimento que precisava pôr em prática o mais rápido possível.

Junto com dois dos meus amigos, Yossi Katz e Roni Anavi, fiz uma proposta para o Conselho Regional Emek Hefer para inaugurarmos uma colônia de férias. A colônia operaria de acordo com uma ideia original que ouvimos de Haimke Rosenblatt e que se encaixava com perfeição com as minhas à época: "Rotações" (mais tarde Haimke alterou o nome para "Alternância Facilitada"). A ideia, que tinha a ver com trabalho em equipe, era criar uma rotação em que, a cada sessão, um membro diferente do grupo seria o assessor do círculo. Essa abordagem foi revolucionária, porque tirava o papel de liderança das mãos de um único indivíduo – "o assessor" – e apresentava ao grupo o desafio de liderar e ser liderado, cada vez por um líder diferente.

Decidimos experimentar esse método com as crianças – de primeira a sexta série – na colônia de férias. A princípio, experimentamos o método de rotação por uma hora por dia, e por volta do final do período as crianças escolhidas como líderes mantinham o papel o dia inteiro na colônia. Estabelecemos "cantinhos" e os preenchemos com materiais de acordo com os temas (e.g. um cantinho do papel, outro cantinho de plantas, outro cantinho de esportes), e quando um grupo de crianças ia

---

[1] Os testes a que Hecht se refere são chamados, em hebraico, de Bagrut (בגרות), e consistem em uma série de provas sobre diversas disciplinas, como matemática, inglês, história, língua e literatura hebraica, aplicadas pelo Ministério da Educação de Israel. De forma semelhante ao ENEM no Brasil, a aprovação nesses testes confere ao estudante um certificado chamado Te'udat Bagrut (תעודת בגרות), que permite que ele se matricule na universidade (algumas instituições, porém, têm outros pré-requisitos além da aprovação no Bagrut). (N.T.)

até um desses lugares, uma das crianças assumia a responsabilidade pelas atividades naquela área em particular. Depois que a criança completava a atividade, ela repassava a responsabilidade para outra.

No todo, o experimento foi um sucesso. Dentro de duas semanas, a colônia de férias encheu de visitantes que tinham vindo assistir ao "milagre" – crianças sendo capazes de tomar conta de si mesmas e das outras. Um dos eventos mais emocionantes – e influentes – da minha vida aconteceu lá. Havia uma criança que aceitamos na colônia de férias, apesar dos avisos que foram dados acerca do seu comportamento violento. Era um menino da segunda série, portador de deficiência, surdo-mudo. Durante duas semanas ele participou das atividades, devagar e sempre acompanhado por sua irmã mais velha. No último dia da colônia, um dos supervisores adultos me chamou com urgência. Corri para ver o que estava acontecendo e parei, atordoado. Vi aquela criança falando em linguagem de sinais, com sua irmã traduzindo suas palavras para um grupo de 15 outras crianças, que estavam sentadas lá ouvindo com atenção às suas instruções e fazendo tal como eram instruídas.

Naquela hora, tive a impressão de ter descoberto o segredo da educação, o feito real do encontro educativo, a partir de uma nova perspectiva.

Saí determinado a fazer oficinas de "rotação" em todo o país, e novamente tive a impressão de ter entendido o suficiente para estabelecer uma fazenda educativa que operaria segundo esse método. À época, eu não estava ciente ainda do quão pouco eu sabia e como era longa a estrada que tinha à minha frente.

Be'er Sheva

Foi então que comecei meus estudos para obter um bacharelado em Educação e Geografia. Eu morava no bairro de Daled, considerado um dos mais barras-pesadas da cidade de Be'er Sheva, perto do deserto, mas, para mim, aquele lugar era um lar caloroso e receptivo. Foi no vazio do deserto de Negev que descobri os panoramas mais fascinantes da alma. Para mim, parecia que todo dia eu descobria alguma pessoa nova, ou um livro que eu ainda não tinha lido, ou algum assunto sobre o qual eu já tinha pensado e que de repente me dava conta de que outros já vinham lidando com isso há milhares de anos antes de mim. A biblioteca virou minha segunda casa. Foi lá que me encontrei pela primeira vez com A. S. Neill (1883-1973) e seu livro *Liberdade sem medo*

[*Summerhill: A Radical Approach to Child Rearing* (1960)][1].[2] Li Tolstói, Bertrand Russell, Dewey, Rousseau e Janusz Korczak. Era como se eu fosse um viajante vagando há anos por desertos interiores e de repente tivesse encontrado um oásis. E foi aqui que descobri que, não muito longe desse oásis, havia vastas planícies verdejantes oferecendo oportunidades de exploração e descoberta. Basicamente, eu tinha a sensação de que não estava mais sozinho no mundo.

A única coisa que acabou amargurando essa grande experiência foram as provas. Na minha primeira prova, tirei 40. O professor pediu para que escrevêssemos somente sobre o que ele havia ensinado, e escrevi também sobre as coisas que li nos livros. Depois que entendi isso, quando pedi para refazer a prova, então recebi uma nota alta. Aos poucos fui aprendendo a distinguir entre os rituais da academia e o processo real de aprendizado.

Por causa da localização remota da Universidade Ben Gurion, no deserto, uma comunidade de estudantes acabou sendo criada, o que, dada a falta de alternativas, transformou a atividade de estudo coletivo num evento social fascinante. Éramos um grupo de estudantes e professores inquisitivos, reunidos em torno de temas fascinantes. Passávamos todo o tempo que podíamos aprendendo coisas significativas.

Summerhill

No livro de Neill (1960), encontrei a resposta para a pergunta que vinha me atormentando desde que eu era criança: É possível ter uma infância feliz?

Ele dizia que a resposta era "sim" e apresentava dezenas de exemplos de vidas produtivas e fascinantes de crianças e adultos juntos Mesmo antes disso, eu havia chegado à conclusão de que é possível atingir a zona da felicidade só dentro do quadro de uma jornada pautada pelo livre-arbítrio. Eu já sabia que eu aprendia melhor quando o assunto me interessava – no bosque de Hadera ou dentro do campo da pedagogia. Porém, conforme fui lendo o *Liberdade sem medo*, as partes do quebra-cabeça, que passei a vida inteira tentando montar, começaram a se reunir e formar uma figura completa e coerente.

---

[2] Números dentro de chaves indicam referências. Ver a seção "Referências" ao final do livro, com os autores citados e informações adicionais.

Quando Neill escreve sobre crescer junto com as crianças, em todas as direções, ou sobre a dignidade humana para todos os seres humanos, ou sobre como a diversidade é uma coisa boa e que, ao contrário da opinião da minha mãe, não é preciso "ser como todo mundo" para ser feliz – eu sentia que ele estava falando comigo e sobre mim.

No verão, quando o meu primeiro ano na universidade acabou, visitei a Inglaterra para encontrar Summerhill.

Na universidade, me disseram que Summerhill já havia desaparecido havia muito tempo. Que Neill já tinha morrido. Que o lugar fora destruído num incêndio. Ninguém sabia me dar o endereço. Mas viajei até lá mesmo assim, e na Inglaterra descobri que Summerhill ainda estava era muito viva, e que a esposa de Neill continuava administrando o lugar com o mesmo ânimo.

Pela primeira vez na minha vida, conheci crianças que amavam aprender. Vi crianças para quem todas as opções estavam abertas – nadar, aprender matemática, jogar tênis, aprender história, subir em árvore, etc. E elas podiam escolher. Para o meu assombro, a piscina e a quadra de tênis não eram as opções escolhidas sempre em detrimento do estudo de matemática ou história. Mas era óbvio que todas as escolhas eram tomadas de livre e espontânea vontade e com entusiasmo. Quando eu era estudante na escola, como já mencionei, adorava jogar bola e detestava estudar na sala de aula. Mas mesmo os bons estudantes da minha turma viam o estudo como algo penoso, ou, na melhor das hipóteses, "algo que era importante fazer". Nenhum dos meus amigos via o estudo como algo que gostasse de fazer. Guardávamos os nossos sentimentos de amor para os jogos e relacionamentos com as meninas da turma.

Na Summerhill, pela primeira vez, eu vi crianças que *adoravam* estudar. Participei de uma "reunião", a assembleia geral de Summerhill, e vi crianças falando o que lhes vinha "na telha", sem medo e sem tentar agradar os adultos ao redor.

Essa visita foi um marco no meu pensamento, ainda que não sem reservas, especialmente no tocante à administração do lugar, que era um colégio interno, sem qualquer envolvimento dos pais. A estrutura da escola que eu tinha em mente estava começando a ficar mais clara para mim: uma estrutura democrática, como em Summerhill, mas que incluiria a influência da família nuclear nos processos em andamento na escola, com a compreensão de que no centro de todo o processo se encontrava a livre escolha por parte da criança.

Quando voltei de Summerhill, comecei a dar uma olhada em volta de Israel. Decidi procurar por essas escolas chamadas de "abertas" com a intenção de me afiliar a elas depois que completasse os meus estudos. Havia escolas assim em Haifa, Maagan Michael, Bat Yam, Rishon LeZion, Rehovot e Jerusalém.

A partir da minha leitura da literatura, me dei conta de que, na década de 1960, uma grande onda de escolas abertas foi criada em Israel, mas a maioria delas havia desaparecido em alguns anos (cf. Capítulo 6).

A visão de uma escola democrática estava em seus estágios iniciais ainda, mas os principais componentes do que eu queria me eram claros:

- A possibilidade de escolha de áreas de aprendizado; os estudantes escolhem o que querem aprender e como.
- Autogestão democrática.
- Avaliação com enfoque no indivíduo – sem comparação com os outros e sem testes e notas.
- Uma escola em que as crianças chegam a partir dos 4 anos e ficam até a idade adulta (18 e acima).

Descobri que em Israel não havia nenhuma escola que incluísse todos esses princípios que eu procurava: havia escolas que tinham educação ativa e criativa, que davam escolhas para os estudantes nas lições, mas com presença obrigatória em classe. Outras não tinham o sistema democrático de tomada de decisões, e outras ainda permitiam escolhas e chegavam a ter um sistema democrático, mas não tinham a continuidade que vinha do jardim de infância até a formatura do ensino médio.

Gravidez e filho

Foi no meu primeiro ano na Universidade Ben Gurion que conheci a minha namorada, Sheerly. O principal tema da nossa conversa como casal era como criar e educar as crianças, mesmo anos antes de nascer nosso primeiro filho.

Nossa relação me ajudou a consolidar o caminho que eu seguiria depois da formatura. Era claro que eu iria fazer alguma mudança, mas por um tempo fiquei deliberando entre me concentrar no sistema educacional e na própria universidade.

Certa hora, graças ao diálogo constante com Sheerly, me dei conta de que, para criar nossos filhos segundo os meus ideais e em Israel, eu precisaria fundar a escola que se encaixasse em nosso conceito.

Foi então que coloquei cartazes em universidades e faculdades convidando quem tivesse interesse em refletir sobre a criação de um tipo diferente de escola para uma primeira reunião em minha casa. A escola operaria com os quatro componentes que descrevi acima. Cerca de 20 jovens apareceram naquela primeira reunião, a maioria deles de estudantes. Começamos um processo de aprendizado, que continuaria semanalmente ao longo do ano inteiro.

Primeiro, estudamos os males do sistema atual. Lemos artigos e nos reunimos com o pessoal inserido dentro do sistema. Fomos nos familiarizando com o processo gradual, mas constante, de um sistema cujo funcionamento vinha dando problemas. Os educadores com quem conversamos, bem como os estudantes, relataram experiências semelhantes de alienação, irrelevância, tédio e violência.

Quando analisamos esses problemas, nós nos demos conta de que eles não caracterizavam o sistema só de Israel, mas eram uma constante no mundo inteiro, e transformavam essa crise educacional num problema cada vez mais profundo.

Diagnosticamos os três principais motivos que levaram a essa situação:

1. *A falta de diálogo entre o mercado de trabalho e o sistema educacional*

Presumindo que o sistema educacional deveria preparar os estudantes para o mundo que os espera fora dos muros da escola, além de representar um microcosmo da realidade, a "escola" que foi fundada nos moldes do treinamento e preparação para o trabalho nas fábricas da Revolução Industrial é incapaz de se adaptar às mudanças atuais e previstas no mercado de trabalho.

Essa "escola industrial" tenta preservar os moldes nos quais foi criada, num mundo em que o trabalhador de sucesso é "um robô melhorado" (como Charlie Chaplin no filme *Tempos Modernos*). De acordo com isso, a missão que o estudante tem em uma escola dessas é treinar sua obediência e sua capacidade de seguir instruções.

O modelo educativo que descende dessa escola (que continua a funcionar hoje, com pouquíssimas mudanças) tem dificuldades em ajustar a educação para desenvolver a iniciativa, a criatividade, o desenvolvimento da imaginação, do pensamento e da criatividade nos estudantes, que são as necessidades atuais e futuras de um mercado de trabalho progressista.

2. A revolução nos direitos humanos e das crianças e sua expressão nas escolas

As escolas tradicionais se estabeleceram num mundo cuja percepção dos direitos humanos tinha diferenças significativas em relação a hoje. O século XX foi marcado por uma conscientização bem maior e por um reconhecimento dos direitos das mulheres e das minorias de várias populações, e recentemente também nos conscientizamos mais em relação aos direitos das crianças. Em quase todo o mundo democrático, a família moderna se distingue de sua contraparte no começo do século XX. A principal diferença é que agora "ouvimos a voz" das crianças e das mulheres. A família moderna demonstra muita dificuldade em se adaptar à nova situação, em que o lugar da criança é diferente, complicado e ambíguo. A escola ainda não passou por aquela mudança vital que a revolução dos direitos humanos exige. É, por isso, um encontro difícil e complicado, que hoje pode acabar fazendo mal a muitos envolvidos nele. Basta observar, como prova disso, o número crescente de escolas em que há conflitos entre pais e professores.

3. A revolução da informação e da informatização e seu encontro com as escolas

A escola tradicional, que tem por principal objetivo transmitir às crianças um conhecimento que lhes falta, está rapidamente se tornando supérflua, conforme novos avanços tecnológicos nos permitem receber informação de maneiras que são muito mais eficazes e efetivas que as escolas.

O sistema educacional tenta agora lidar com as crises que já estão batendo à sua porta de três maneiras básicas. Watzlawick, Weakland e Fisch, em seu livro *Mudança* (1974)[2], as definem com base em três modelos básicos de tratamento inadequado de problemas:

a) A negação de que o problema existe – é necessário tomar alguma providência, mas ela não é tomada: "Não tem isso na nossa escola"; "não vamos exagerar, nós também somos produtos daquele sistema"; "o que quer que seja, isso é o que é agora e assim será; não temos qualquer controle sobre isso".

b) Tentativas de fazer mudanças em problemas que não podem ser alterados ou problemas que sequer existem – toma-se uma providência quando ela não é necessária. São instauradas mudanças nas escolas como parte de uma corrida, sem qualquer foco, atrás de novas modas educativas; as inovações às vezes se contradizem mutuamente. Como resultado, observamos a escola soterrada por uma enxurrada de projetos.

c) Quando a solução é, na verdade, um problema e tentamos resolver o problema através do "mais do mesmo": *mais* autoridade, *mais* disciplina, *mais* provas, voltando às soluções familiares que nos trouxeram onde estamos agora.

O sistema está tentando lidar com a crise utilizando ferramentas que ele reconhece como "criadores de mudanças no passado", isto é, o "mais do mesmo". É isso o que trouxe à tona a situação presente; em outras palavras, a presunção de que as soluções já são conhecidas e que só precisamos aplicá-las "melhor" ou "mais corretamente".

Os resultados que podemos de fato ver são um mero aumento na ineficácia e na irrelevância do sistema, além dos sentimentos dolorosos de frustração que se veem entre muitos dos que trabalham com educação – professores e legisladores de políticas educativas.

Poderia ser feita uma comparação aqui com a parábola do "sapo na panela" que aparece no livro de Peter Senge, *A Quinta Disciplina: A arte e prática da organização de aprendizagem* [*The Fifth Discipline: the Art and Practice of the Learning Organization* (1990)[3]], mencionada como um exemplo das "dificuldades de aprendizado" das organizações. Ela descreve como o sistema educacional foi gradualmente "fervendo" até enlouquecer nos últimos 100 anos, e daí partem as dificuldades de reunir as energias para trazer as mudanças que são tão necessárias: Segundo esta parábola, se colocarmos um sapo na água fervente, ele tentará saltar para fora da panela na hora. Mas ele vai pular feliz dentro d'água se a água estiver em temperatura ambiente. Se a panela for levada a uma fonte de calor e aquecida gradualmente, o sapo irá permanecer na água e será fervido por mais que não haja nada que o impeça de saltar para fora. Por quê? Porque o mecanismo interno do sapo que é responsável por reconhecer ameaças à sua integridade foi feito para identificar mudanças súbitas e não alterações lentas e graduais.

Assim como o sapo, também o sistema educacional não estava preparado para as mudanças sociais e culturais que vêm evoluindo devagar ao longo dos últimos 100 anos, e hoje ele se vê irrelevante para os seus próprios propósitos.

Dessa forma, chegamos à compreensão de que um novo sistema educacional precisa ser criado – um sistema cujas considerações seriam mais adequadas a um novo mundo conceitual, atualizado e democrático. A ordem do dia era pôr fim às tentativas fracassadas de melhorar o "velho sistema educacional", baseado nos valores de um mundo passado, sem consciência democrática. Para ser relevante, o sistema precisava ser submetido a uma mudança significativa na definição de seus propósitos e na definição dos métodos e ferramentas à sua disposição. Essa "nova definição" precisava, a nosso ver, levar ao surgimento de uma nova interpretação do conceito de "escola".

O "velho sistema educacional" visa a preparar o estudante para uma realidade que é percebida como "única" e inequívoca. O propósito de uma escola, após sua redefinição, seria desenvolver na criança o poder de escolher e de criar a realidade em que ela deseja viver, bem como a habilidade de ver a realidade de hoje como multipropósito e multifacetada.

Após essa "redefinição", o lugar passivo do estudante na escola mudaria. Se a "velha escola" era o que definia para o estudante suas metas, seus objetivos, a produção necessária e os métodos exatos de levar tudo isso a cabo, a escola do futuro que descrevemos seria um terreno para o estudante ser testado e treinado, no qual ele seria um fator ativo e operante no sistema.

Na escola, o estudante se concentrará na seleção e na identificação de seus objetos pessoais e sociais, e virá a desenvolver seus pontos fortes de modo a poder conduzir sua vida de acordo com esses objetivos.

Além disso, a escola os educará e os conduzirá rumo aos valores dos direitos humanos, garantindo que eles sejam aplicados em suas premissas.

Deliberamos longamente sobre que nome colocar nessa escola – experimental, aberta, livre, inovadora, humanista... Por fim, após longa reflexão, escolhemos o termo "democrática". Nós nos demos conta de que a democracia era um modo de vida, uma vida em cujos moldes escolhemos viver. Muitos enxergam na democracia um mero procedimento governamental, que não é o que queríamos dizer. A democracia é, antes de tudo, um conjunto de valores. É uma entidade cujo propósito é promover e implementar os direitos humanos na sociedade.

Churchill dizia que essa era a forma menos ruim de governo. Nós concordamos que, se a intenção não é o respeito pelos direitos humanos, é fácil pensar em modelos administrativos muito melhores do que o processo democrático. Porém, para todos nós, ficou bem claro, todo o tempo, que valia a pena suportar as dificuldades e desvantagens da democracia. Elas valiam a pena, contanto que o respeito pela humanidade e pelos direitos humanos fosse posto acima de tudo e servisse como propósito de todo o processo.

Devemos lembrar que nosso principal benefício como cidadãos num governo democrático se expressa não tanto nos procedimentos democráticos como na participação nas eleições a cada quatro anos ou na utilização do sistema jurídico (de que a maioria de nós nunca necessita). Por exemplo, neste momento, conforme escrevo, sem medo, sobre as minhas crenças e ideias, os meus direitos de liberdade de pensamento, opinião e expressão estão sendo postos em prática. Muitos outros direitos, expressos na vida cotidiana, não são tão autoexplicativos em outras partes do mundo.

A democracia não brotou de repente, nem surgiu de uma decisão arbitrária de líderes, mas, em vez disso, foi evoluindo através de longos processos de reflexão e luta. Os primeiros que começaram a discuti-la pretendiam a princípio proteger somente os direitos dos homens brancos aristocratas. Esses mesmos elitistas brancos não levaram em consideração o fato de que, nisso, estavam derrubando a primeira peça de dominó que mais tarde viria a afetar a mulher branca, a pessoa não branca e, mais tarde, também a criança.

Quando estávamos sentados e refletindo sobre a nova escola, é claro que podíamos ver muitas diferenças entre os adultos e as crianças em um grande número de áreas – fisiológicas e psicológicas –, mas ficou claro para nós que essas diferenças não contradiziam sua igualdade no tocante aos direitos e ao respeito. A menina e o menino, assim como os adultos, têm o direito de serem tratados com respeito.

O modelo de tratamento dos estudantes numa escola regular foi construído num mundo que ainda não era democrático. Portanto, as mudanças que levaram à sociedade democrática em que a maioria de nós vive hoje também devem encontrar expressão na área da pedagogia.

A escola que viria para dar conta desse desafio, portanto, recebeu o nome: a Escola Democrática.

A partir disso, derivamos os dois objetivos da Escola Democrática:

O primeiro é a *educação para a independência*. Hoje mesmo as pessoas já mudam de profissão ao longo de sua vida, e isso deverá aumentar ainda no futuro. Mas, mesmo que um indivíduo permaneça na mesma profissão ao longo de toda sua vida como trabalhador, ele deverá estudar e continuar praticando continuamente (o chamado *Lifelong Learning*). Nesse tipo de realidade, a capacidade do profissional de estudar com independência e a qualidade desse estudo independente se tornam um fator-chave para o seu sucesso econômico e social. A habilidade de estudar com independência se torna possível quando o indivíduo é capaz de determinar as suas próprias metas pessoais e autênticas e levá-las a cabo.

Definimos esses objetivos da seguinte maneira: *"auxiliar o estudante a criar e adquirir as ferramentas que irão ajudá-lo a realizar seus próprios objetivos"*.

Acredito que as pessoas que pertencem ao antigo sistema educacional prefeririam corrigir a nossa definição do seguinte modo: "direcionar o estudante rumo ao conhecimento e a aquisição de ferramentas que irão ajudá-lo a cumprir os objetivos *que os outros determinaram para ele ou os objetivos da sociedade*".

Por que escolhemos o termo "ferramentas" e deixamos de fora o "conhecimento"? Porque num mundo que muda rapidamente, certos conhecimentos específicos deixam de ter qualquer significância a longo prazo. Por um lado, a inteligência emocional, que um estudante desenvolve no processo de aprendizado, tem uma significância que transcende o espaço e o tempo. Isso é o que se sucederá com ele, vindo a lidar com o próximo objetivo (cf. também o Capítulo 3). Em outras palavras, podemos encontrar dois estudantes com a mesma idade e origem, com um conhecimento cognitivo semelhante, que na velha escola receberiam uma avaliação escolar idêntica. Mas um olhar sobre eles partindo de uma perspectiva diferente demonstraria que o processo de adquirir conhecimento acabou prejudicando seriamente um dos dois (prejudicando a sua autoestima, por exemplo) e fortalecendo o outro. Portanto, quando examinamos as duas crianças a partir da perspectiva da inteligência emocional, podemos observar grandes diferenças.

O termo "ferramentas" trata, portanto, do fortalecimento da inteligência emocional, que auxiliará o estudante a descobrir quais são os seus objetivos e a conquistá-los. O papel do adulto é oferecer assistência para criar e adquirir essas ferramentas, fortalecendo, com isso, a independência do estudante e reduzindo sua dependência sobre os professores ou outros fatores adicionais. Em outras palavras, o papel tradicional de repassar informação por si só não serve mais.

A questão-chave que irá acompanhar o professor na educação democrática é: em minha interação com o estudante, será que eu estou fortalecendo a sua independência?

O segundo objetivo é a *educação para a dignidade e o respeito humanos*. Num mundo que muda rapidamente, onde os poderes do livre comércio têm grande importância, há sempre o risco de a bússola dos valores tender para os fortes e aqueles que "valem a pena". Num tal mundo, a educação tem um papel central em reforçar a âncora dos valores. Devemos nos concentrar nas direções humanistas e democráticas e tomar medidas para promover os direitos humanos.

Nós o definimos do seguinte modo: "Desejamos criar um modelo educacional que tenha como seu objetivo principal a educação para a dignidade humana, como definido na Declaração dos Direitos Humanos". A educação democrática considera a proteção dos direitos humanos na escola uma condição básica e necessária para se começar a trabalhar por uma educação em prol da dignidade humana.

Tais intenções educacionais se passam em três esferas:
A primeira – os "meus" e os "nossos" direitos humanos.
A segunda – os direitos dos "outros" e do "diferente".
A terceira – os direitos do todo da humanidade.

A premissa básica de uma escola democrática é que um jovem, vivendo num ambiente que o respeite e proteja os seus direitos, terá no futuro a consciência para proteger os direitos humanos básicos em todas as três esferas. Um tal ambiente tentará criar um modelo de vida numa cultura democrática dentro dos moldes da escola.

Janusz Korczak escreveu, já no começo do século XX, numa coletânea de artigos seus intitulada *O direito da criança ao respeito*[4], sobre as tentativas de melhorar o sistema educacional ao pensar em termos de "educar as crianças para respeitar [...] em vez de concentrar os esforços em como melhorarmos a nós mesmos [...]", "[...] desistimos de nos debatermos contra nós mesmos, e colocamos todo o nosso fardo nos ombros das crianças. O educador está ávido para adotar os direitos do adulto. Não é a ele próprio que ele deve vigiar, mas às crianças; não são suas próprias transgressões que ele deve listar, mas as das crianças".

Korczak propõe mecanismos escolares que irão fazer da escola um lugar que proteja os direitos humanos. Por exemplo, o "Tribunal das Crianças" de que Korczak[4] escreve em seu livro *Como amar uma criança*:

> Se reservo bastante espaço, sem proporções, para o tribunal – eu o faço a partir da consciência de que o tribunal pode ser um elo que há de levar a criança para a igualdade de direitos, para uma

constituição, para a aplicação obrigatória da declaração dos direitos das crianças. A criança tem o direito à seriedade e à justiça em seus estudos e no tratamento de suas questões. Até o momento, tudo dependeu da boa vontade do educador, de seu humor, se bom ou mau. A criança nunca teve o direito de protestar.

Por volta do final do primeiro ano de trabalho do grupo, procurávamos por um lugar para testar a aplicação prática das ideias que havíamos formulado. Após procurarmos nos quatro cantos de Israel, eu me flagrei voltando para casa, em Hadera, para a minha "família estendida". Lá havia muitas pessoas, que eu amava e que me amavam, do meu passado, e mais tarde muitas outras que se uniram a mim na tarefa de estabelecermos a nova escola. A ideia de uma escola democrática deu a muitas delas a luz da esperança de uma nova criatividade. Cerca de 300 famílias se uniram à nossa organização com fins não lucrativos que foi fundada com antecedência para promover a escola. A grande experiência de nossas reuniões noturnas e o trabalho intenso me trouxeram de volta às histórias dos pioneiros sociais que haviam acontecido mais de 100 anos antes na terra de Hadera. Eu refleti sobre essa oportunidade maravilhosa para tornar um sonho realidade e compreendi que o retorno a Hadera não deveria ser acidental, pelo menos não se dependesse de mim.

Ao final de dois anos de trabalho exaustivo, lá estávamos nós diante dos portões da escola, com o sentimento de "dever cumprido". Na verdade, estávamos somente no começo de um longo, árduo e maravilhoso caminho. O caminho que levava à Escola Democrática de Hadera.

Capítulo 2
A Escola Democrática de Hadera

Parte I
Apresentações gerais

Sobre nossa localização

A escola se situa em meio a uma floresta de eucaliptos, numa colina no sul da cidade, entre os pomares, numa área verde ao ar livre. Nós nos mudamos para lá mais ou menos uns três meses depois que a escola abriu.

No segundo ano do ensino médio, entre os nossos muitos visitantes, chegou um grupo de estudantes de arquitetura da Technion (o Instituto de Tecnologia de Haifa). Eu me perguntei o que poderia ter motivado estudantes de arquitetura a virem visitar a escola, e, quando perguntei, a moça que estava liderando a visita me disse que os havia trazido para ensiná-los a relação entre crenças e ideais e sua aplicação arquitetônica.

Fiquei muito surpreso e lhe disse que o único princípio na construção da nossa escola foi o princípio do arbitrário. Havíamos procurado pelas estruturas mais baratas possíveis (porque nunca recebemos orçamento para construção) e as instalamos na área.

Ela me informou que o que tínhamos feito tinha o nome, em termos profissionais, de "arquitetura evolutiva". As pessoas constroem uma trilha só depois de terem passado por aquele caminho dezenas de vezes, e então sentem a necessidade de uma trilha. É assim que se constrói um lugar que expressa a conexão entre as crenças e a infraestrutura. "Olha", ela acrescentou, "nós estamos aqui há uma hora, caminhando, e até agora não fazemos a menor ideia de onde fica a sala do diretor ou a sala dos professores. Em escolas comuns, é fácil reconhecer essas instalações, porque costumam ser muito diferentes e se destacam em relação às outras na escola. E aqui, nós sequer conseguimos encontrá-las. A escola toda é construída num círculo, e não há distinção entre o lugar dos estudantes mais velhos e o território das crianças pequenas. Também não fica claro o que tem mais 'valor': a biblioteca não se destaca como um prédio em especial, os laboratórios não são diferentes das oficinas de arte. Nessa escola, encontramos a expressão do círculo da igualdade que é parte da sua ideologia, um círculo sem hierarquização".

Eu lhe agradeci por traçar essa distinção e lhe esclareci algumas coisas: "Não é que a sala do diretor e a sala dos professores que vocês estavam procurando sejam menores e de menor destaque. Elas simplesmente não existem".

Os primeiros anos

Nos primeiros anos da escola, os pais davam valor à liberdade no processo de aprendizado, mas diziam que "é tudo muito bom, contanto que as crianças tenham algumas matérias obrigatórias, como aritmética, inglês e Bíblia". E o mesmo se dava dentro da equipe da escola, onde só uma única pessoa de uma equipe de 25 acreditava que era possível abrir uma escola sem matérias obrigatórias.

As coisas sendo como eram, decidi então começar a partir do ponto em que a maioria dos membros da equipe e pais concordava, na maior área de concordância possível. Poderíamos continuar a partir daí, eu pensei. E se o sistema livre funcionasse bem, então a ideia de liberdade criaria raízes e cresceria naturalmente, na direção das escolhas de livre e espontânea vontade dos estudantes em todas as áreas.

Para uma escola como essas ser forte o suficiente para realizar essas mudanças, decidimos operar sob um sistema que tomasse decisões de forma democrática. Na nossa primeira etapa, montamos um Parlamento – uma assembleia geral de toda a comunidade da escola: estudantes, funcionários e pais. Eu acreditava que, se os cursos eletivos comprovassem seu valor, nós teríamos uma maioria disposta a mudar o modo de aprender na escola, e seria possível passar a decisão no Parlamento.

Inauguramos o primeiro ano da escola com um currículo que se dividia em dois: metade do dia para estudos obrigatórios e metade para matérias eletivas. As matérias obrigatórias incluíam religião, inglês, aritmética e hebraico. Dentro de um ano surgiu uma imagem clara dos resultados dessa divisão: durante as horas de estudos obrigatórios, funcionávamos como uma escola normal, com os problemas de perturbação e disciplina e gritaria, enquanto os estudos eletivos eram pura alegria, tanto para os estudantes quanto para os professores.

Aos poucos, os estudantes, professores e pais foram desenvolvendo uma forte oposição às matérias obrigatórias e trouxeram, várias vezes, o assunto à tona para discussão no Parlamento. No final do ano, por decisão do Parlamento, alteramos o currículo para que não houvesse matérias obrigatórias. Foi decidido que os estudantes poderiam aprender sobre o que quisessem. Porém, eles ainda precisavam ter pelo menos 24 horas de estudo por semana, dentro do quadro das aulas, firmando um acordo pessoal ou participando de um centro de estudos.

No segundo ano da escola, havia debates calorosos sobre essas 24 horas obrigatórias. Através de um processo gradual, conseguimos reduzi-las para 12 horas, mas, mesmo assim, continuava a tensão. Os estudantes não entendiam por que precisavam do estudo de coisas que não prendessem seu interesse, ou fazer promessas que não poderiam cumprir.

Eles tinham um slogan: "A coerção não encoraja a criatividade". Mas os pais e parte do quadro dos professores continuaram com a ideia de que, sem o esquema das aulas obrigatórias, o sistema todo iria "desmoronar" e que aí as crianças "não aprenderiam nada". As discussões eram muitas, e a atmosfera, tensa.

Uma alternativa em Boston

O evento que trouxe a mudança acabou acontecendo de verdade no exterior. No meio de nosso segundo ano, Sheerly e eu fizemos uma viagem para visitar um amigo em Boston por uma semana durante o feriado do Pessach. Eu tinha comigo uma lista de escolas alternativas na região e esperava descobrir que não estávamos sozinhos no mundo, além de receber apoio a partir da experiência de escolas mais antigas. O que me motivava era o impulso para encontrar alguma coisa que pudesse fornecer um ponto de referência para todos nós. Os pais e parte da equipe me disseram: "Somos a escola mais radical de Israel. Para que ir procurar outras mais extremas? Já temos só 12 horas de estudos obrigatórios! Isso já é o mínimo". Mas eu sentia que dava para irmos bem mais além, e o que nos impedia era um medo compreensível. Em outras palavras, eu precisava de uma noção de proporções.

O ano era 1989. A Internet era um sonho distante, e todas as informações que eu havia reunido partiam de amigos e boatos. Em Boston, fomos de escola em escola, mas não encontramos nenhuma que oferecesse liberdade. E, com certeza, não encontramos nenhuma que se parecesse com o que tínhamos. Estávamos já no nosso último dia do feriado quando ouvimos falar de "uma escola estranha que pode valer a pena vocês irem ver", a uns 10 minutos da casa dos nossos amigos. O nome era Sudbury Valley[5].

No momento em que chegamos ao estacionamento, percebi que havíamos pisado no lugar pelo qual estávamos procurando (anos depois tentei resolver a charada: como foi que tivemos essa sensação a 100 metros de distância da entrada? A resposta é o modo como as crianças andavam no entorno – como pessoas livres, em casa). Vimos um imenso prédio de rocha, vastos gramados verdes e um belo lago ao lado com uma represa que criava uma cachoeirinha. Era um panorama de sonho, e eu me sentia, por dentro, como se estivesse entrando nos meus sonhos mais secretos.

Internamente, o prédio parecia uma casa comum, com uma cozinha grande, uma sala de estar e muitas salinhas menores. A princípio, não vimos nenhum adulto, e então fomos mandados para o escritório, onde também só vimos crianças. De debaixo de uma das mesas saiu um adulto com uma chave de fenda na mão e nos saudou em hebraico. Em hebraico?!

Esse foi nosso primeiro encontro com Daniel Greenberg. Danny e Hanna, sua esposa, foram os fundadores da escola e trabalham lá até hoje. Hanna, de Jerusalém, conheceu Danny Greenberg, um judeu norte-americano, quando ele veio estudar na Universidade Hebraica de Jerusalém e ambos desenvolveram carreira acadêmica nos Estados Unidos. Mas, depois que nasceu o filho mais velho, Michael, a questão da educação se tornou um ponto central em suas vidas, o que acabou levando-os a abandonar a distinta cátedra da universidade em 1968, para estabelecer a Sudbury Valley.

Enquanto fazíamos o *tour* pela escola, vimos que não havia aulas predefinidas. Na verdade, sequer havia um currículo na escola. Por outro lado, havia lugares maravilhosos como bibliotecas, lagos e áreas de lazer. Havia adultos simpáticos – e crianças que aprendiam com tudo que acontecia em torno delas.

Nossa visita demorou horas, algumas horas mágicas durante as quais criamos uma primeira conexão que viria a se solidificar numa amizade próxima entre nossas famílias. Ao final do nosso *tour*, Danny e Hanna nos "sobrecarregaram" com livros e artigos escritos por Danny, e nos convidaram para ir a casa deles.

No momento em que comecei a ler os livros, me dei conta de que alguém já tinha escrito tudo que eu queria escrever. Outra pessoa já havia, na verdade, realizado os *meus* sonhos. Por um momento, me senti redundante. Mas, ao mesmo tempo, pude ver uma grande oportunidade diante de mim, pela qual eu havia procurado desde o começo dessa jornada – a oportunidade de "pular" para 20 anos depois, aprendendo com a experiência dessa escola veterana, sobretudo derivando a coragem para continuar seguindo as minhas ideias e sentimentos mais íntimos sobre educação. O encontro na Sudbury Valley, com estudantes e adultos que passaram suas vidas inteiras aprendendo num mundo de escolhas livres e autogestão, me deixou carregado de novos poderes.

Quando voltei a Israel, equipado com livros e artigos e com fortes impressões da minha visita a Boston, eu sabia que agora tudo iria mudar. No ano seguinte, com o acordo do corpo docente de Hadera sobre a importância da experiência de Sudbury Valley, mandamos uma delegação de estudantes e membros da equipe da nossa escola para Boston, e, ao mesmo tempo, recebemos um grupo de lá.

Alguns meses mais tarde, no terceiro aniversário da escola, o Parlamento aprovou a decisão de cancelar todos os estudos obrigatórios.

A estrutura da escola

No começo do nosso quarto ano, tínhamos 350 estudantes matriculados na escola, e esse número permaneceu o mesmo até o décimo ano. O número de estudantes era determinado a partir de uma decisão fundamental de não crescer mais do que isso, e manter nossa atmosfera de intimidade e conexões pessoais. Os estudantes mais novos na escola tinham 4 anos de idade, e os mais velhos, entre 18 e 19. A equipe consistia de 45 professores, dos quais 30 eram professores-tutores em tempo integral.

Os estudantes chegavam à escola vindos de todo o país. Tínhamos estudantes de desde as Colinas de Golã até Tel Aviv, e até de colônias no Negev (até que outras escolas democráticas fossem fundadas). Hoje, a população da escola vem principalmente da região de Sharon: Hadera, Pardes Hanna, Binyamina, Zichron Ya'acov, o Vale Heffer e até das áreas mais distantes de Ra'anana e Tel Aviv.

Não havia aulas de orientação (as chamadas *homeroom*) na escola. Cada estudante tinha um *professor-tutor pessoal*, que ele escolhia de nossa equipe. O tutor é o elo entre o estudante e a escola, tanto a partir de um aspecto organizacional (por exemplo, conferindo presença) quanto pessoal (por exemplo, os sentimentos do estudante na escola e fora dela) e também do aspecto pedagógico. O papel do tutor é ajudar o estudante em sua "jornada de aprendizado" na escola.

Oficialmente, a escola é repartida em três grandes divisões:

- Idades 4-8 anos – a divisão dos mais novos. Na escola de Hadera há três "casas", isto é, espaços que se parecem com casinhas onde há crianças de diferentes idades. As crianças nesta divisão ficam na área das casas, com dois professores-tutores para cada casa. Porém, essas crianças pequenas também podem participar de todas as atividades da escola. Na maior parte do tempo, é possível ver as crianças mais velhas, e mesmo os adolescentes, indo até a divisão dos mais novos para brincar.
- Idades 8-12 anos – a divisão primária. As crianças do primário têm um prédio central que parece um casarão. Elas devem entrar em contato com seus tutores todos os dias para avisar que chegaram. As atividades das quais participam depois dependem delas.
- Idades 12-18 – a divisão secundária. As atividades aqui são semelhantes às da divisão primária, exceto por um clube social separado para os estudantes do ensino médio. Tanto os estudantes da divisão primária quanto da secundária escolhem um tutor pessoal no começo do ano.
- Todas as opções para as crianças do primário e secundário estão disponíveis de acordo com a escolha dos estudantes, assim a maioria das aulas é para estudantes de diferentes idades, sendo fácil encontrar uma turma em que as crianças de 10 anos estudam lado a lado com os adolescentes de 15.

A escola opera como um tipo de microcosmo de um estado democrático, com dois pilares principais:

Um – o aspecto dos valores democráticos: respeitar todo indivíduo, seja adulto ou criança, e as condutas gerais, segundo a declaração de direitos humanos.

Dois – o aspecto procedimental: a operação dos mecanismos democráticos para a gestão da comunidade da escola.

Parte II
Modos de aprendizado

Quando um estudante da escola democrática, seja na divisão primária ou secundária, chega à escola, ele pode escolher o que vai fazer a partir de cinco opções oficiais de aprendizado. Além disso, pode iniciar e participar de um grande número de opções informais.

Na escola democrática, todas as atividades, incluindo lazer, caminhada e conversa com amigos, são definidas como aprendizado. As cinco opções que serão mencionadas abaixo são apenas os modos formais de aprendizado que a escola oferece.

1. Escolhendo uma lição a partir do currículo da escola

No começo do ano, um currículo e uma agenda são oferecidos aos estudantes do primário e do secundário, compostos de disciplinas eletivas (nenhuma é obrigatória). Na verdade, a cada hora do dia há 12 opções diferentes de aulas. Essas aulas são dadas em sua maior parte pelo corpo docente da escola, mas estudantes e pais também são convidados a darem aulas. Os temas das aulas são determinados em parte pelos professores (que escolhem um tema que lhes interesse e que eles gostariam de aprender junto com os estudantes), e em parte pelos estudantes. Deve-se mencionar que as aulas na escola não são dadas de acordo com a idade, mas, em certos casos, há pré-requisitos como conhecimentos prévios e familiaridade com o material. Há várias exigências para poder participar de cada matéria, condições determinadas pelo professor autônomo responsável. Quem quiser participar precisa cumprir esses requerimentos. Pode ser, por exemplo, que o estudante precise assistir às aulas regularmente, que entregue trabalhos ou que apenas não perturbe a aula. Nas lições que preparam os estudantes para a universidade, há exercícios de prática para testes, porém são apenas parte da preparação para universidade e não provas obrigatórias.

Em 1997, meu último ano como diretor da escola, ajudei a preparar uma "lição de busca". Trabalhamos com uma equipe de três professores: Idit Eisen, a professora de dança, Miri Spector-Tczernitz, a professora de artes, e eu, que vinha do mundo das palavras. Tínhamos um grupo de estudos com estudantes entre os quais o mais novo estava na quinta série, e os mais velhos, no terceiro e no quarto ano do ensino médio. Trabalhamos de forma cooperativa com ferramentas de arte, dança e textos, para lidar com questões da significância da vida. No começo do ano, determinamos normas para o trabalho no grupo, que eram as condições sob as quais os estudantes poderiam participar.

Determinar as normas para as aulas era algo que sempre fazíamos antes de inaugurar qualquer nova atividade na escola, e essas normas eram obedecidas à risca.

No mesmo ano, participei de uma matéria adicional, chamada de O Clube dos Direitos Humanos. Aqui também trabalhávamos numa equipe de três, e junto com os estudantes estudávamos vários problemas na área dos direitos humanos. Exigíamos de nós mesmos que fizéssemos estudos aprofundados de alguma área em particular em que estivesse havendo uma violação dos direitos humanos, e saíamos determinados a lutar de verdade por essa causa. Naquele ano, decidimos lutar pelos direitos dos trabalhadores estrangeiros e seus filhos.

Nas duas aulas que descrevi, e em muitas outras, tive o privilégio de passar por experiências incomuns de aprendizagem – conforme fui ensinando e aprendendo, e, enquanto estava sentado na sala com os estudantes, também estava envolvido com meu próprio desenvolvimento pessoal.

Porque eu lecionava em diversos institutos acadêmicos em paralelo com o meu trabalho na Escola Democrática, posso afirmar que a experiência da educação democrática é essencialmente diferente. É uma experiência que não se preocupa com resultados que são irrelevantes para o estudante, tais como "isso vai cair na prova?" ou "por que precisamos escrever isso?", mas, em vez disso, inicia um tipo diferente de discurso de classe, de caráter crítico, derivado da curiosidade e do interesse. Uma das expressões da raridade dessa experiência pedagógica é que muitas vezes meus estudantes traziam material para a sala de aula com o qual eu não estava familiarizado como professor. Outra foi o fato de que muitos estudantes não aceitavam as perspectivas que eu apresentava na lição como algo a ser dado por certo, e defendiam suas próprias perspectivas, ao mesmo tempo que conduziam a turma toda rumo a novas áreas desconhecidas de aprendizado.

Naquele ano, também lecionei aulas "normais" na escola. Dei, por exemplo, uma aula de educação cívica para os exames de acesso. As aulas de preparação para a universidade são diferentes das outras no currículo, porque o objetivo delas é claro e uniforme – o sucesso nas provas para ingresso na universidade. A partir desse objetivo, é derivado o método de aprendizado. Passávamos menos tempo lidando com assuntos de educação cívica e democracia de fato, e mais com os modos e métodos de passar no teste com uma nota boa. Os estudantes que ainda me pediam para estudar os assuntos mais a fundo poderiam ter outras abordagens na escola. Na aula para os exames de acesso, eu determinava normas claras exigindo presença, pontualidade e cobranças de leitura. Um estudante que quisesse estudar para o teste dentro dos moldes dessa aula deveria seguir as suas normas. Houve estudantes que queriam estudar para o teste, mas não nesses moldes, que vieram até mim e juntos criamos modos individuais de aprendizagem.

2. *Centros de aprendizado*

Há vários centros de aprendizado espalhados pela escola: um centro de artes, um centro de línguas, um centro de música, laboratórios de informática e de ciências, uma biblioteca, uma cozinha, um centro de audiovisual e mais. Toda criança pode chegar até esses centros sem precisar marcar com antecedência para aproveitar o que o centro tem a oferecer.

Um dos meus favoritos era o centro de arte. Cada vez que eu me sentia sem forças, deprimido ou cansado, gostava de ir lá para "recobrar as energias". O centro de artes se situa num grande espaço nos limites da escola, no final de um caminho que passa por entre as árvores. Lá você encontra várias áreas de trabalho: pintura, escultura, fotografia e mais. Qualquer estudante da escola pode entrar no centro quando desejar e trabalhar com arte do jeito que funcionar melhor para ele. De quatro a seis professores trabalhavam no centro por vez, e cada um tem o seu próprio método de dar aulas e perspectivas pessoais sobre o mundo da arte. Como resultado, os estudantes da escola também podem escolher o professor que melhor se der com eles. O centro de arte conta com uma galeria, que tem sempre uma agenda agitada de exposições com obras dos estudantes, além de um clube social para uso principalmente de quem trabalha com artes.

Minhas visitas ao centro aprofundaram meu entendimento da individualidade da experiência que a escola oferece aos estudantes. Na verdade, as pessoas, sobretudo quando definidas como "estudantes", não têm a oportunidade de lidar intensa e extensivamente com algo que as fascine. Em escolas normais de artes, elas precisam aprender todas as matérias em paralelo. E, depois do serviço militar, como todo mundo em Israel, elas têm que se preocupar com as questões de ganhar a vida, o que dificulta muito para que elas possam trabalhar com arte de forma profunda. Aqui, porém, o centro de artes da escola era um lugar aberto e "vivo", onde pela primeira vez na minha vida eu vi crianças trabalhando com arte em cada momento livre que tinham, às vezes durante meses ou anos. Vi criações maravilhosas serem feitas, e o progresso real de jovens artistas que levavam seu trabalho completamente a sério.

A cada período, novos centros eram criados na escola, segundo as necessidades das crianças. Houve uma época em particular em que tínhamos um grupo forte de crianças que queriam trabalhar com vídeo, e foi por iniciativa delas que foi criado um centro para edição e direção, e um professor adequado foi encontrado para lecionar lá. Num esforço coletivo por parte dos estudantes e professores, foi criada também uma sala para teatro e dança, bem como outros centros.

3. Acordos pessoais

Um terceiro modo de aprender na escola é através de acordos pessoais. Quando um estudante quer aprender sobre algo que não esteja sendo lecionado na grade padrão da escola ou em qualquer um dos centros, ele mesmo pode abrir uma lição pessoal ou em grupo. Esse tipo de aprendizado é possível tanto para um grupo de estudantes, como o que veio até nós pedindo para aprender mais sobre empreendedorismo, quanto para um único estudante, como foi o caso de Amir, um estudante do terceiro ano do ensino médio que pediu para estudar a fundo o cérebro e suas funções.

Quando os estudantes nos abordam desse jeito, a escola articula entre o estudante ou grupo a um membro do corpo docente que se interesse pela área solicitada. Em certos casos, precisamos contratar os serviços de um professor especial, familiarizado com o tema em questão.

Há duas histórias que demonstram bem esse tipo de estudo e suas consequências: houve um ano que recebemos um pedido de um grupo de crianças e adultos que queriam aprender japonês. Ao mesmo tempo, um grupo diferente pediu aulas de francês. Em ambos os casos, não havia um professor adequado na escola, por isso sugerimos a aquisição de fitas. Foi decidido que, se os resultados fossem insatisfatórios, tentaríamos novamente no ano seguinte procurar professores adequados.

Ambos os grupos publicaram a inauguração dessas duas novas áreas de aprendizagem no mural, e outros professores e estudantes se uniram a eles. Após alguns meses, cada grupo seguiu seu respectivo caminho.

O grupo do japonês não durou muito tempo e acabou se desfazendo. Por outro lado, o do francês transformou seu estudo cooperativo num evento central do seu ano letivo. Eles traziam café e *croissants* de manhã, faziam comida francesa juntos, e, no final do ano, solicitaram que trouxéssemos um professor de francês para o ano seguinte. E assim fizemos.

A propósito, mais adiante esse grupo também acabou se desmanchando, outra vez trazendo mudanças. Durante os 10 anos em que eu fui diretor – e até hoje – a mudança tem sido uma constante na escola.

4. O entorno da escola

Quando fundamos a escola, chegamos a uma compreensão importante: não é possível aprender tudo na escola, mesmo num lugar como o nosso, com seus modelos amplos para tipos diferentes de aprendizado. Essa compreensão levou à seguinte deliberação: será que os limites da escola devem ser os limites do aprendizado do estudante? O que fazer quando um estudante solicitar estudar a fundo um tema que não temos na escola? Será que ele deverá estudar "às próprias custas" fora dos horários escolares?

Não era assim que pensávamos. Para nós, quando um estudante escolhia uma área que não existia na nossa escola, era uma oportunidade de descobrirmos o nosso entorno – nosso entorno imediato, a comunidade em que vivemos, bem como aquelas um pouco mais distantes.

Houve um ano em que vários dos nossos estudantes queriam, mais do que qualquer coisa, aprender a surfar. Não tínhamos nem mar, nem professor de surfe na nossa escola. Porém, havia alguns clubes a poucos quilômetros de distância. Nós nos reunimos com os pais, os estudantes e um representante do clube de surfe e fizemos um arranjo com um planejamento de aulas para um ano, para os estudantes envolvidos, durante os horários de aula e com plena cooperação da escola.

Em outra ocasião, um estudante entrou em contato comigo, porque queria adquirir experiência com mecânica de automóveis. Em pouco tempo, fizemos um acordo com o dono de uma oficina próxima a Hadera, que concordou em deixar o estudante ser seu aprendiz. O tutor do estudante também esteve profundamente envolvido nesse acordo.

Outro estudante, desta vez meu, tinha interesse em biologia marinha. Num processo conjunto, fizemos um acordo para ele estudar no Instituto de Estudo de Lagos e Mares em Haifa, e depois ele fez um curso na área na Universidade de Haifa.

Ao longo dos anos, recorremos a muitas pessoas e apoios em nossa região, pedindo ajuda para auxiliarem nossas crianças em sua jornada rumo aos objetivos que elas haviam traçado para si mesmas. Havia crianças que estudavam música fora da escola, com nossa ajuda e apoio, enquanto outras viraram aprendizes de uma variedade de profissionais, como veterinários, artistas, cineastas, médicos e outros. Vimos nosso papel como sendo o de oferecer auxílio aos estudantes na coordenação e criação de acordos envolvendo acordos externos, e oferecendo apoio, suporte e segurança ao longo de todo o processo.

No cerne do processo de aprendizado, tanto dentro quanto fora da escola, estava a livre escolha do estudante. Por causa disso, o próprio estudante era o líder do processo de criar essa conexão com o mundo exterior, e, em muitos casos, depois de superar suas ansiedades iniciais, ele tinha a surpresa positiva de descobrir o quanto as pessoas ficavam felizes por ajudar alguém com um interesse genuíno na área em que trabalham.

Esse método de estudo criou conexões profundas com as pessoas na comunidade ao nosso redor, tanto que os profissionais com quem trabalhávamos ficavam decepcionados se houvesse um ano em que nós não os procurássemos.

5. Estudos em oficinas

A quinta opção para estudo na escola se dava através de oficinas. Todo mundo na escola pode anunciar, no edital, que tem interesse em abrir uma oficina e pode convidar os outros a se unirem a ele.

Entre outras coisas, foi desenvolvido o hábito de fazermos "noites brancas" – uma oficina de estudos que começava de noite e terminava no dia seguinte. Nós fizemos isso pela primeira vez na Festa das Semanas, seguindo o costume judaico das Tikun Shavuot (o estudo da Torá que dura a semana toda durante a Festa das Semanas), mas as noites brancas seguintes lidaram com uma variedade de temas: teve uma noite em que festejamos à moda do *Banquete* de Platão, uma noite em que discutimos o amor; outra noite, discutimos sionismo; e uma outra tratou-se de física e teoria quântica, visto que os estudantes decidiram estudar a teoria a fundo e tentar entendê-la.

O estudo nas oficinas deriva do conceito de que aulas semanais não são sempre o melhor modo de chegar a uma compreensão profunda do tema em questão. Às vezes, o estudo intensivo ao longo de uma semana ou uma noite inteira, numa área que fascine os estudantes, pode ser uma experiência pedagógica significativa para eles.

A criança em jogo

Mesmo depois de descrever tudo acima, eu ainda não descrevi dois modos adicionais e muito significativos de aprendizado em nossa escola. Na verdade, minhas descrições estão de acordo com os conceitos (mais ou menos) familiares do ato de aprender: há uma disciplina ou campo, e há um plano de aprendizado, por exemplo, uma aula, uma oficina, tutoramento externo, etc. Mas a criança aprende naturalmente e está constantemente engajada em aprender sobre si mesma e os seu entorno, usando duas ferramentas naturais: a brincadeira e o diálogo livre. E ela faz isso sem precisar de programas pedagógicos.

Não sei quem decidiu, nem o porquê, que brincadeira e aprendizagem são duas experiências diferentes. Na maioria das escolas que conheci, as duas coisas são tratadas separadamente. Durante o intervalo, as crianças brincam, e na aula, por outro lado, elas aprendem. "Parem de brincadeira durante a aula", diz o professor às crianças mais novas, que ainda estão expressando sua natureza de aprendizagem, "e prestem atenção no que estou dizendo". Essa determinação automática, que separa a brincadeira do aprendizado, distancia o adulto da compreensão do *aprendizado natural que se dá sem direcionamento.*

Na escola democrática, pede-se aos adultos que tentem observar o que as crianças fazem naturalmente, em vez de pedir aquilo que elas ainda não fazem, de acordo com as expectativas adequadas de cada idade.

Essa determinação que afirma que só se pode brincar até os 6 anos e depois se deve aprender a ler e escrever, depois aprender inglês aos 10 anos, e assim por diante, acaba criando etapas sem verificar se elas são ou não adequadas a todas as crianças. Tentamos lançar um olhar novo às crianças e compreender o que elas estavam fazendo e porquê.

Descobrimos, como escreve Danny Greenberg em seu livro *The Sudbury Valley School: Growing Up in Another Place*[5], que as crianças querem brincar a maior parte do tempo. Depois, vem a conversa. As proporções mudam quando elas envelhecem: perto do começo da adolescência, quando suas habilidades cognitivas amadurecem, as crianças geralmente passam a querer conversar mais e brincar um pouco menos.

Percebemos que a brincadeira é um processo de aprendizado complexo, derivado da livre escolha da criança, conforme ela determina objetivos claros para si mesma – e leva suas capacidades ao limite para conseguir sucesso. O jogo pode ser imaginativo, esportivo, social, ou de outra natureza. Em todo caso, é um processo que exige que a criança utilize todas as suas forças.

Se compararmos uma aula de matemática com uma experiência de brincadeira, podemos ver que, na aula, a criança ativa uma área em particular de seu cérebro e desenvolve uma capacidade em particular. No jogo, por outro lado, temos uma "multiferramenta", que desenvolve muitas habilidades amplas ao mesmo tempo: sociais, lógicas, intuitivas e fisiológicas.

Numa pesquisa sobre animais que brincam uns com os outros (cães, gatos e lobos) em oposição aos animais que não brincam (ovelhas, vacas e galinhas), descobriu-se que quanto maior a capacidade do animal de brincar, maior sua facilidade para se ajustar ao seu entorno. Portanto, fica aparente que há uma conexão biológica entre a brincadeira e a capacidade de aprendizado e adaptação a mudanças.

Sobre futebol e sucesso na vida

Durante um dos nossos primeiros anos, Yossi A. chegou à escola. Ele entrou na terceira série, tendo cursado dois anos na escola normal. Após um tempo, Yossi ficou viciado no campo de futebol. Na verdade, ele passava a maior parte do seu tempo lá, mal participando das lições e oficinas, e nem ia dar uma olhada para ver o que estava acontecendo nas aulas. O campo se tornou seu território favorito e exclusivo.

Yossi fez muito progresso no jogo. Durante os primeiros dias, eu o vi jogar com os olhos fixos no chão, sem sequer prestar atenção nos outros membros do time, nunca passando a bola. Aos poucos, aprendeu que a base do jogo era a cooperação e começou a erguer a cabeça e fazer ótimos passes. A certa altura, Yossi A. se tornou o líder indisputado do campo de futebol. Porém, nossas reuniões com seus pais não eram fáceis. A mãe era professora, e o pai, um profissional, e ambos estavam profundamente perturbados. "O que está acontecendo com Yossi?", eles não paravam de perguntar. "O que é que ele faz o dia inteiro?" Eu relatei a eles o progresso de Yossi no campo, as melhorias constantes em sua posição social, a capacidade de liderança que ele vinha revelando.

Os pais olhavam para mim como se eu fosse um excêntrico, mas, como eram pessoas legais e tolerantes, concordaram em esperar um pouco mais para ver o que aconteceria.

Yossi nunca largou o campo de futebol, não naquele ano e não durante a quarta série. Seu aperfeiçoamento era constante, tinha uma capacidade imensa para planejamento e era um líder nato. Ele ainda quase não participava das aulas, fossem elas de história, religião ou matemática. Seu foco era o campo.

O ano seguinte, a quinta série, foi igual. Yossi continuava no futebol e continuava melhorando suas habilidades. Seu *status* social já estava bem estabelecido e ele começou a dar aulas de futebol e a organizar os torneios da liga escolar. As aulas no currículo da escola não lhe interessavam.

No final da quinta série, os pais não aguentaram. "Yossi se sente ótimo na escola", eles me disseram com tristeza, "ele se tornou uma criança confiante, que sorri o tempo inteiro, cercado de amigos, mas estamos muito preocupados. Não dá para ele continuar assim. Decidimos tirá-lo da escola".

Na conversa seguinte que tive com seus pais, eles se confessaram angustiados com o que aguardava Yossi na escola normal. "Ele terminou os estudos da segunda série, jogou futebol durante três anos e vai entrar na sexta série, mas na verdade não aprendeu nada", eles diziam.

Eu não tenho o hábito de tentar prever o futuro ou fazer promessas. Porém, dessa vez tive um pressentimento diferente e disse aos pais que, dentro de alguns meses, Yossi seria um estudante excelente na escola nova e um líder da turma.

Depois de dois meses, os pais chegaram à escola, trazendo um grande buquê de flores. "Nós viemos lhe dizer que você tinha razão", disseram. "Yossi é um estudante excelente, líder da turma, popular tanto com os estudantes quanto com os professores. Não entendemos como isso aconteceu".

O processo pelo qual Yossi tinha passado era lógico e compreensível. Ele havia se tornado um especialista em determinar e realizar os seus próprios objetivos. No campo, descobriu seus muitos e variados talentos: planejamento, organização, liderança, perseverança. O jogo foi uma ferramenta significativa de desenvolvimento para ele – e quando ele se flagrou numa nova situação, teve facilidade para aplicar e realizar o que tinha aprendido com sucesso.

Da brincadeira ao diálogo

Conforme as crianças vão crescendo, os jogos começam a ceder espaço, aos poucos, para as conversas (mas o mundo da brincadeira continua existindo, em paralelo, em outros níveis). Na escola, descobrimos que as crianças gostam muito de conversar. Elas têm interesse no que os outros pensam e tentam aprender sobre o mundo pelo olhar dos seus amigos.

O discurso entre as crianças é multietário, e ao longo do dia veem-se grupos de crianças de diferentes idades se sentando juntas ao sol e conversando. A impressão que tenho é que essas conversas preenchem um espaço tão importante quanto o da brincadeira. Enquanto na brincadeira a criança aprende sobre o mundo a partir de suas próprias experiências pessoais, no diálogo ela aprende sobre o mundo pelos olhos do outro. Ela descobre que é possível aprender a partir do diálogo e da leitura sem precisar vivenciar tudo pessoalmente. Ela aprende a entender as mensagens dos outros, sejam implícitas ou explícitas. Ela aprende a compartilhar seus pensamentos com os outros e a ouvir com paciência o que o outro tem a dizer. Ela aprende a debater e a resolver conflitos. Através do diálogo, as crianças podem promover projetos, levantar questões e ideias e examiná-las, e se permitir a ter intimidade e amizade.

Em paralelo com o diálogo entre as crianças, há ainda o diálogo entre crianças e adultos, que pode ocorrer com o tutor pessoal da criança, que ela tenha escolhido no começo do ano, ou com outro membro do corpo docente. Os tutores, que conversam com frequência com seus estudantes, tentam lidar com o mundo da criança, com coisas que as incomodam e não com coisas que sejam importantes para os adultos. Se esse processo for bem-sucedido, o tutor se torna um tipo de irmão mais velho, e a criança pode partilhar sua vida, suas escolhas e suas deliberações com ele.

Pode-se aprender sobre a importância dessas conversas a partir da história de Oded, que chegou à escola na terceira série vindo de uma turma de educação especial, com um QI de 85. Quando chegou à quarta série, ele ainda não conseguia ler nem escrever. Eu o observei à distância ao longo dos anos. Parecia que conseguia fazer muito pouca coisa. Mal conseguia ler e escrever, e passava algum tempo trabalhando com vídeo, mas a maior parte do tempo ele ficava debaixo de uma árvore no pátio. Seus pais estavam muito insatisfeitos com sua falta de atividade na escola.

Quando Oded chegou ao terceiro ano do ensino médio, fomos visitados por diretores de várias escolas de Tel Aviv. Eu tinha o costume de pedir para algum estudante aleatório no pátio para se unir a nós no *tour* da escola. Dessa vez, chamei Oded. Sentamos juntos e expliquei sobre a escola aos diretores.

Depois de um tempo, Oded disse que a conversa estava chata e saiu. Um dos diretores se levantou de imediato e me perguntou: "Me diz uma coisa, Yaacov, todas as crianças na sua escola são que nem esta? Esse menino representa sua escola?"

"O que você quer dizer?", perguntei.

"Se você só for lidar com superdotados, tudo fica mais fácil", ele disse. "Se você me der crianças como o Oded, eu também vou fazer milagres na minha escola". Eu logo fiz mais algumas perguntas e descobri que a maioria dos outros diretores pensava a mesma coisa. Eles acreditavam que Oded era superdotado, que tinha talentos incomuns. E isso, porque ele tinha se dirigido a eles num tom direto, sem medo, olho no olho. Como diretores, eles não estavam acostumados a ver crianças se dirigindo aos adultos desse modo, encontrando com facilidade seu lugar natural na conversa. A propósito, por volta da época em que ele terminou os estudos, Oded se concentrou em trabalhar na salinha de audiovisual. Mais tarde, completou sua entrada na universidade depois de cumprir o serviço militar e se tornou um guia turístico popular.

Parte III
Um processo democrático

A comunidade da escola conduz a si mesma como uma estrutura democrática completa, incluindo quatro autoridades: a legislativa, a executiva, a judiciária e a crítica.

A *Autoridade Legislativa* é a assembleia geral – o Parlamento –, que se reúne uma vez por semana. Todas as decisões sobre as leis da escola são tomadas lá.

Nossas reuniões se dão todas as sextas-feiras de manhã e são abertas para a participação dos estudantes, dos pais e dos funcionários. O Parlamento é regido por uma equipe, que é eleita através de uma votação geral no começo do ano. Todo mundo na escola pode oferecer sugestões para discussão no começo da semana e depois o comitê do Parlamento põe um aviso no mural e manda um e-mail para a comunidade, anunciando os temas para discussão na reunião por vir.

Quem quiser influenciar as decisões sobre o tema a ser discutido pode participar de qualquer reunião do Parlamento. Como resultado, pode haver reuniões que registram um alto número de presenças, sobre temas que são importantes para todos, ou reuniões que interessam apenas a um número limitado de participantes. As decisões do Parlamento tratam do modo de vida da escola, incluindo: determinar as normas para as brincadeiras no pátio, as decisões sobre a estrutura do currículo da escola, novas instalações, o orçamento anual, etc. As questões pessoais dos professores e estudantes não são tema de discussão para o Parlamento. Os três membros da equipe parlamentar incluem: um presidente, que rege a discussão, uma pessoa responsável pela disciplina e um funcionário que registra o protocolo da discussão e notifica a comunidade em torno das decisões e leis que passaram.

Muitas vezes me perguntam se não me incomoda que o Parlamento tenha uma maioria definitiva de crianças. Minha resposta é que a distribuição típica de uma escola comum, em que crianças e adultos se situam sempre em posições opostas, não existe em nossa escola. Não consigo me lembrar de um único Parlamento, em todos os meus anos na escola, em que tenha havido qualquer união dos adultos contra as crianças. O que sempre houve foram grupos mistos de estudantes, professores e às vezes pais, que estavam juntos quando o assunto era um tema em particular, mas divididos na decisão seguinte.

Como adultos, é importante para nós que mostremos aos estudantes que também somos indivíduos, diferentes uns dos outros, com perspectivas e posicionamentos diversos. A escola não tem uma "irmandade dos adultos" que apoia automaticamente um as ideias do outro, mas, em vez disso, há opiniões diferentes e alianças que não têm a ver com idade. Muitas vezes aconteceu de eu não concordar com outro adulto e nossa discussão se deu na frente de todo mundo durante uma reunião do Parlamento.

Outra questão que muitas vezes me perguntam é se o Parlamento não é só uma engenhosa fachada sob a qual eu e os outros adultos podemos expressar nossa dominação. A ideia por trás dessa dúvida é de ocorrer ou não de os poderes do diretor (e o poder do corpo docente, como adultos) distorcerem os resultados das votações para que a escola seja, afinal, governada segundo nossos pontos de vista.

Acredito que esse é, de fato, um perigo em potencial – os adultos realmente têm o poder de expressar um ponto de vista dominante, além do carisma, para alterar os resultados. Devemos tomar cuidado para que tal não aconteça. Aqui fico feliz em compartilhar com vocês a frustração que vivenciei na primeira vez em que o Parlamento não aceitou uma decisão que eu queria passar. Saí da reunião magoado e com raiva, anunciando para quem quisesse ouvir que a escola tinha acabado de "dar um tiro no próprio pé".

Ao longo dos anos, aprendi que muitas das decisões que tentei promover eram equivocadas, e muitas às quais eu me opus funcionaram maravilhosamente. No meu último ano na escola, cerca de metade das minhas propostas foi rejeitada pelo Parlamento. Aprendi que essa era uma medida importante de uma democracia saudável.

A *Autoridade Executiva* funciona através de comitês. Os membros do comitê são escolhidos por voto secreto nas eleições democráticas do começo do ano, que incluem pais, estudantes e o corpo docente. Os comitês são as principais instituições nas quais se observa atividade multietária na escola. Diferente do Parlamento, em que os participantes por vezes mudam de acordo com o tema, a atividade no comitê se dá em pequenos grupos de 4-10 membros que trabalham juntos de forma intensiva. Essas atividades incluem reuniões fora do horário escolar, para que as relações que surgem nesses comitês assumam uma dimensão única e importante das relações entre adultos e crianças em nossa escola.

No começo, os membros do comitê escolhem um presidente e uma rotina de reuniões. Depois, leem protocolos da atividade do comitê do ano passado e se reúnem com os ex-representantes para um período de sobreposição. Na sequência, determinam-se os objetivos anuais, constrói-se um plano de trabalho, e as tarefas são distribuídas entre os membros do comitê.

Há comitês que trabalham em projetos em andamento, como os seguintes:

O *Comitê dos Docentes* lida com as relações entre estudantes e professores, e com contratação e demissão de professores.

O *Comitê de Matrícula* acompanha o processo de receber novos estudantes na escola, desde organizar a fase de registro, com os *tours* de apresentação da escola, até as conversas com as famílias interessadas em matricular suas crianças na escola, para que cada família possa refletir sobre sua decisão de forma aprofundada. Todas as famílias são inseridas numa lista de espera, e depois o comitê conduz uma pesquisa na escola sobre a distribuição de estudantes para o ano por vir, determina o número de vagas para cada grupo etário, e os candidatos da lista de espera são sorteados.

O *Comitê de Excursões* organiza as viagens da escola ao longo do ano. O Comitê Orçamentário define antecipadamente quantos dias de viagem o Comitê de Excursões pode bancar por ano, e é traçado um currículo variado de viagens, o que inclui excursões de um dia, viagens de uma semana, acampamentos, acampamentos itinerantes (que vão de ponto a ponto), caminhadas para quem faz trilhas, etc. Quando a agenda fica pronta, cada estudante pode escolher em quais viagens ele gostaria de participar, e se quer participar.

O Comitê de Excursões é responsável pela execução de todas as fases da viagem, desde a solicitação de transporte até a organização de equipamento e comida. As atividades durante a viagem são organizadas também pelo comitê, às vezes trazendo um guia externo, às vezes fornecendo um guia independente da própria escola.

No quadro das viagens escolares, os estudantes de diferentes idades, professores e pais criam um mundo mágico de experiências democráticas. Por exemplo, se eu estiver participando de uma viagem como diretor da escola, ainda assim pode ser que eu receba instruções de um estudante mais novo encarregando do jantar. Adultos menos familiarizados com as ideias da escola e que participam de nossas viagens (motoristas, guias, etc.) relatam que nossas excursões são uma experiência extraordinária para eles.

O *Comitê de Eventos* organiza o calendário de eventos do ano, o que inclui eventos regulares, como feriados e cerimônias para o começo e final do ano, bem como eventos especiais, como conferências e outros eventos que interessem aos membros da comunidade organizar.

O *Comitê de Infraestrutura* se encarrega do planejamento, construção e manutenção dos prédios e instalações da escola.

O tema da limpeza na escola surge pelo menos uma vez por ano na discussão do Parlamento, e quase todo ano muda-se a organização da limpeza da escola. Por vezes, professores e estudantes se encarregam de limpar a escola toda, e, em outras ocasiões, funcionários externos são contratados. Nas minhas conversas com os ex-estudantes da escola, eles disseram que me verem, como diretor, encarregado de limpar os banheiros (literalmente!), para eles foi mais significativo do que qualquer outra coisa na escola.

Além da limpeza, o comitê também lida com várias iniciativas e o planejamento estético e de infraestrutura da escola.

O *Comitê Orçamentário* se encarrega de aceitar solicitações de orçamento de todos os membros da escola e organizá-las numa proposta de orçamento sujeita à aprovação do Parlamento. Uma vez aprovada a proposta, o comitê se responsabiliza pela execução dos planos, enquanto permanece dentro do quadro do orçamento da escola.

Há outros comitês responsáveis por operar as alas e os centros de aprendizado na escola, como o *Comitê da Sala de Música* e o *Comitê da Sala de Audiovisual* e assim por diante. Há também comitês *ad hoc* estabelecidos para executar decisões do Parlamento.

A *Autoridade Judiciária* é composta pelo Comitê Mediador, o Comitê Disciplinar e o Comitê de Recursos.

Os membros desses comitês são eleitos em votações gerais e podem ser adultos (docentes e pais) e crianças de todas as idades. Os membros do comitê passam por treinamento especial em suas várias áreas de atividade. A autoridade judiciária lida com questões pessoais dos estudantes, queixas de violência, outras disputas ou qualquer caso em que um estudante ou um adulto se sinta lesado por outro estudante ou outro adulto.

O processo judiciário começa com o *Comitê Mediador*, quando um dos membros da comunidade se sente lesado e convoca a outra parte para mediação. Três mediadores presidem o comitê, cujo objetivo é ajudar as duas partes envolvidas a encontrarem uma solução para suas dificuldades. Se o Comitê Mediador não conseguir sucesso em sua tarefa, a polêmica é transferida para a discussão no *Comitê Disciplinar*.

No Comitê Disciplinar, três membros presidem como "juízes". Eles devem ouvir às duas partes, convocar testemunhas conforme necessário e então decidir se aceitam ou rejeitam as alegações. Quando necessário, o comitê pode decidir a punição, e um dos membros deve colocá-la em execução. Se o autor ou o réu discordar da decisão do Comitê Disciplinar, deve recorrer ao *Comitê de Recursos*, e o recurso deve ser discutido num prazo de 24 horas. De 5 a 7 membros presidem o Comitê de Recursos, e sua decisão é soberana.

Deve-se mencionar que, enquanto numa escola regular as leis são determinadas e aplicadas somente para os estudantes (e só os estudantes podem apresentar um "problema disciplinar"), numa escola democrática, as leis são feitas para todos, e, portanto, já aconteceu de tanto estudantes quanto membros do corpo docente que violaram as leis terem sido trazidos a vários comitês judiciários e punidos. Eu mesmo fui punido em diversas ocasiões pelo Comitê Disciplinar, a maioria das vezes por reincidência em adiar e cancelar aulas. Em tais situações, eu sempre tive diante de mim a imagem de Janusz Korczak, que, ao ter violado quaisquer das leis do seu orfanato, se submetia ao julgamento no "tribunal".

A *Autoridade Crítica* consiste num Comitê e um administrador externo à disposição da escola. Seu papel é o de avaliar o sistema executivo (todos os comitês e a administração da escola) e verificar se todas as decisões estão sendo levadas a cabo de forma adequada, ao mesmo tempo que implementa os procedimentos padrão adequados e preserva os direitos básicos de todos os envolvidos.

O Comitê de Crítica pode fazer a sua avaliação de forma independente, e todos na escola são bem-vindos para levar qualquer proposta para avaliação de qualquer uma das diferentes áreas de atividade da escola.

A cada três meses, um "relatório de avaliação" é entregue, indicando quaisquer problemas e os possíveis modos de melhorar a atividade da escola.

A *Constituição da Escola* é basicamente a Declaração dos Direitos Humanos. Em retrospecto, percebemos que foi um erro não determinar uma Constituição antes de fundarmos a escola. Ao longo de 10 anos, estabelecemos diversos comitês para tentar criar uma Constituição para a escola, mas não deu certo. As discussões em torno de cada palavra e ideia criaram um beco sem saída. Portanto, em 1994 o Parlamento da escola determinou que a Declaração dos Direitos Humanos seria o substituto da Constituição da escola. Foi decidido, além disso, que o Comitê de Recursos funcionaria, conforme necessário, como o tribunal constitucional da escola. Cada pessoa na comunidade que sentisse que algum de seus direitos tivesse sido violado por alguma decisão da maioria do Parlamento poderia recorrer ao tribunal constitucional para um inquérito, e, quando necessário, até mesmo para cancelar a decisão do Parlamento.

Um convite para um jogo assustador de democracia

Uma das perguntas que já me fizeram várias vezes foi se a inclusão dos estudantes no processo democrático da escola não me assustava. Quem pergunta geralmente descreve, na sequência, os perigos que se espera da participação de crianças no processo democrático.

O jogo da democracia de fato assusta – mas não só pela participação dos estudantes. A participação dos adultos é tão perigosa quanto, se não for até mais.

Vamos imaginar por um momento uma realidade diferente. Digamos que todas as escolas sejam democráticas e todos os países sejam ditaduras. Eis algumas coisas que provavelmente seriam ditas sobre a democracia:
- A democracia é boa quando você lida com grupos pequenos de pessoas, mas não funcionaria num país com milhões de habitantes.
- A democracia é adequada para as escolas, porque lida com questões de crianças, mas seria irresponsável dar ao povo ignorante e sem educação, que acabou de chegar de nações em desenvolvimento, o poder de tomar decisões sobre os destinos dos países ou sobre questões de vida e morte.
- A democracia é boa na teoria, mas como um professor e alguém que não sabe nem ler ou escrever podem ter a mesma voz?
- Como é possível que qualquer um possa ser candidato a Primeiro-Ministro? E se alguém mau ou idiota ou hipócrita vencer as eleições?
- Você acredita mesmo que milhões de cidadãos podem compreender e se lembrar de todas as leis? Que todos são capazes de entender os princípios da democracia? Estes são só para os intelectuais!
- Se todos no país puderem escolher sua própria ocupação, ninguém vai estar disposto a fazer o "trabalho sujo" e o trabalho pesado de verdade. Com um governo desses, o país todo vai desmoronar.
- Se cada pessoa decidir onde vai morar, onde vai procurar entretenimento e os motivos para entrar em greve e protestar, e se todo jornal for anunciar o que quiser – a anarquia vai tomar conta!
- A democracia é adequada para a escola. Lá tudo é pequeno e não há perigo. Mas, na realidade, nas vidas das nações, nunca vai dar certo.

Em outras palavras, por que a democracia na escola nos assusta, por que as nossas vidas num país democrático não nos preocupa? Na escola, as crianças passam pela experiência da democracia, mas estão protegidas. Todas as nossas decisões têm a ver apenas com a escola. Não lidamos com as questões de vida e morte da mesma maneira que os países democráticos.

É claro que, no processo democrático, tal como ele ocorre na escola, nós também temos a experiência dos "males" da democracia. Por vezes, as crianças votam contra sua própria opinião, por pressão social. Há crianças que não têm consideração pelas minorias, e há por vezes infrações sobre os direitos de vários grupos. Mas tudo isso são oportunidades para aprendizado. Depois das reuniões parlamentares, nós nos vemos discutindo o processo que acabou de ocorrer, abrindo outra vez a discussão sobre a dignidade humana dentro do processo democrático. Esse é um papel importante e central que os adultos têm no diálogo multigeracional da escola.

Será que é certo mandar nossas crianças para escolas em que elas têm a experiência de uma ditadura para depois esperar que sejam cidadãos modelo num país democrático? Ou será que devíamos dar-lhes a experiência ativa de uma vida democrática dentro do quadro da comunidade da escola — antes de se tornarem cidadãos que participam das eleições e das decisões sobre questões de vida e morte?

Crianças pequenas no processo democrático

Muitas vezes as pessoas me perguntam se as crianças mais novas na escola entendem o que é a democracia e se elas estão prontas para agir dentro de um sistema democrático numa idade tão precoce.

Na minha opinião, a maioria das crianças menores e algumas do primário não entendem o que é a democracia, certamente não em seus aspectos teóricos. Mas elas estão sendo criadas numa cultura democrática. Mesmo antes de saberem o que é um "Parlamento", elas sabem que lá é o local onde as leis da escola são determinadas, e, antes de compreenderem o que é uma "autoridade judiciária", elas sabem que a escola tem uma instituição na qual as situações em que as crianças violam as leis são examinadas.

Em paralelo a isso, a maioria das crianças nas escolas e nos jardins de infância comuns não sabe o que é uma ditadura. Mas aos poucos elas aprendem que são os adultos que fazem as regras, vigiam as crianças e as castigam e supervisionam os castigos. Em outras palavras, as autoridades executiva, legislativa e judiciária são uma só — uma autoridade que se encontra nas mãos dos adultos. Elas não aprendem sobre a ditadura — elas são criadas dentro dela.

Já os estudantes das escolas democráticas crescem numa cultura democrática. Devagar e aos poucos, elas começam a fazer perguntas sobre o processo. A princípio, sobre o mundo que as cerca: por que decidiram construir os balanços aqui e não lá? E quem decidiu? Ou então, como a criança é convocada ao comitê disciplinar? (uma vez ouvi uma menininha perguntando que altura tinha o comitê disciplinar e se não era perigoso cair dele[3]).

As regras do jogo democrático não são claras para as crianças, mas elas sabem que é no Parlamento que se define o que é proibido e o que é permitido, e elas compreendem desde cedo que há "votos" e "decisões". Elas não costumam participar das reuniões do Parlamento, e as discussões lá não lhes interessam, mas elas vivem num ambiente democrático e internalizam e desenvolvem seus valores naturalmente. Mais tarde, elas vão aprender a agir dentro de um modelo democrático, e, desse modo, uma hora acabarão entendendo os princípios subjacentes ao mecanismo democrático. Com isso, elas compreenderão a importância do envolvimento social, além de aprender a confrontar sistemas burocráticos, e não terão medo de agir para impedir a corrupção. Ao saírem da escola, o grande mundo da democracia irá parecer uma arena de atividades já muito bem conhecida.

Pode ser que as explicações e descrições que expus até agora tragam ainda mais dúvidas, em vez de respondê-las. No próximo capítulo, pretendo explicar com maior profundidade a filosofia por trás das nossas práticas, e no quarto capítulo responderei a algumas perguntas. Mas, antes disso, para concluir este capítulo, eu gostaria de contar uma história, uma das muitas que podem demonstrar a dinâmica eletrizante que se forma em uma escola democrática.

Jimmy Jolley – realizando sonhos

No começo do quinto ano da nossa escola, uma professora, Limor, e vários outros estudantes chegaram até o Parlamento e nos contaram de um arquiteto paisagista que viajava o mundo e montava playgrounds especiais. Eles propuseram que o convidássemos para nos ajudar a melhorar a aparência do pátio da escola. Todos no fundo acreditavam que isso não iria dar em nada. Eu disse que poderiam tentar entrar em contato com o arquiteto, conversar com ele sobre um orçamento, e aí veríamos. Para nós, isso já era o fim da história.

Uma semana depois, Limor e seus estudantes voltaram e nos disseram que tinham conversado com ele. Seu nome era Jimmy Jolley e

---

[3] Esse mal-entendido se dá porque, em hebraico, o verbo que se usa para dizer que alguém foi "convocado" para uma audiência, por exemplo, também tem o sentido de "subir". (N.T.)

ele tinha ficado empolgado com a ideia da nossa escola e estava pronto para trabalhar como voluntário. Tudo que precisava era um lugar para ficar, os gastos de estadia e materiais. Segundo os cálculos, o custo total deveria ficar em torno de 20 mil.

O Parlamento teve um acesso de riso. "Não temos dinheiro nenhum", alguns deles disseram, "o orçamento está fechado. Nunca conseguiríamos arrecadar um valor desses".

Ao longo dos anos, muitas vezes eu disse ao Parlamento: "Toda vez que uma nova ideia é bloqueada por argumentos do tipo 'não há dinheiro' ou 'o seguro não cobre' ou 'vai contra as leis do Ministério da Educação', é certo que alguém está tentando nos manipular".

Essa foi uma oportunidade excelente para testar essa mensagem. "Não há dinheiro" – dinheiro dá para arrecadar. "O seguro não vai cobrir" – dá para discutir com a seguradora sobre expandir a apólice. E quanto ao Ministério da Educação – sempre há a possibilidade de conversar com eles e tentar achar uma brecha para a mudança.

A burocracia não necessariamente bloqueia ideias. Pelo contrário, podem-se procurar modos criativos que permitam as burocracias a dar suporte a novas ideias.

Nesse espírito, Limor e seus estudantes também solicitaram a oportunidade de tentar arrecadar o dinheiro até o final do mês. Jimmy Jolley esperava uma resposta dentro daquele período de tempo, para que pudesse marcar a visita para o mês seguinte.

Depois do Parlamento, outros estudantes e membros do corpo docente uniram-se ao grupo que fez a proposta, e todos conseguiram organizar a escola toda em torno dessa ideia. Todo mundo trabalhou para arrecadar dinheiro: venderam plantinhas de vaso, lavaram carros, fizeram jardinagem, venderam biscoitos e outras comidas nas sextas-feiras, fizeram um "Dia dos Avós" especial, pediram para fábricas próximas doarem dinheiro e equipamento, e envolveram até o pessoal da prefeitura.

Por volta do fim do mês, a escola tinha à sua disposição cerca de 100 mil dólares em material, equipamento e dinheiro. Foi o suficiente para construir todas as instalações do playground da escola, bem como uma nova biblioteca.

Perto da data da chegada de Jimmy Jolley, foi reunida uma certa quantidade de equipamento. Algumas de nossas salas de aula viraram armazéns. Postes de luz, parafusos e cordas eram classificados e organizados. Grupos diferentes se sentaram e planejaram o playground. Cada grupo construiu uma maquete das instalações que tinham interesse em construir. Depois houve uma sessão agitada do Parlamento em que foram selecionadas as instalações a construir, e determinou-se um plano de trabalho. Alguns dos estudantes mais velhos, que estudavam para os exames de acesso, afirmaram que, mesmo durante o período de construção, durante o qual todo mundo estava sendo recrutado – docentes, pais e estudantes –, eles teriam que continuar estudando, do contrário iriam reprovar nas provas. Assim, uma sessão especial do Parlamento decidiu montar um centro de estudos no qual os professores de exames de acesso trabalhariam de forma rotatória, e onde os estudantes receberiam assistência e também estudariam de forma independente.

Nos dias de trabalho, a escola toda virava uma oficina intensiva. Queríamos utilizar essa oportunidade para construir tudo que não tínhamos tido tempo para construir desde a escola foi fundada: treliças, um playground, cercas, casinhas, um anfiteatro e um palco para shows e outras várias instalações. Todo dia a escola abria às 6 horas da manhã e continuava aberta até tarde da noite. Quase todos os pais vinham até lá (alguns com equipamento técnico) antes de irem trabalhar, de manhã cedo, ou de noite. Alguns chegaram até a pedir férias do trabalho para passar seus dias e noites na escola. Tanto estudantes quanto professores trabalhavam todo o dia. Com o tempo, uma cozinha provisória foi montada para fornecer alimentação. O círculo de atividades não parava de se expandir, e a cada dia mais e mais gente vinha participar dessa comemoração da criatividade na escola. Foram dez dias de puro entusiasmo, e o processo todo deu ainda mais impulso para que nos tornássemos uma comunidade ainda mais unida. Completamos as atividades de construção do playground no final de novembro de 1991. Uma semana depois, o tempo fechou e passamos juntos pela experiência do inverno mais chuvoso que o país já viu.

A história da construção do playground Jimmy Jolley foi um imenso marco na construção da escola. Nós vimos, diante de nossos próprios olhos, como o sonho de alguns poucos indivíduos – que haviam inflamado a escola toda com sua determinação e entusiasmo – se tornou uma realidade.

Capítulo 3
O aprendizado pluralista: aprendendo num mundo democrático

Parte I
A jornada rumo à singularidade pessoal

Perdendo-se

Quando tinha lá os meus 17 anos, fiz uma das minhas muitas caminhadas pelas dunas de areia ao norte de Hadera. Levei comigo meus binóculos, com o plano de observar os pássaros da região. Era um dia quente e desgastante. Grãos de areia colavam na minha pele, o suor escorria pelo rosto, estava com sede e não conseguia sentir o mesmo prazer que eu costumava sentir observando pássaros. Chateado e decepcionado, resolvi voltar para casa e segui para a direção Oeste, indo rumo à estrada. Eu conhecia bem o caminho, mas, irritado pela combinação de transpiração, impaciência e aquele sol lancinante, acabei me perdendo.

Fiquei vagando pelo que parecia ser muito tempo, mas todas as dunas tinham para mim exatamente o mesmo aspecto. Por um momento, imaginei que acabaria ficando preso lá para sempre, quando, de repente, avistei um morro que eu ainda não havia explorado. Senti uma centelha de curiosidade despertar em mim. Conhecia bem aquelas dunas, mas aquela lá eu não me lembrava de ter visto antes. Resolvi subi-la, enquanto maldizia a mim mesmo por minha curiosidade, até que cheguei no topo. Nunca vou esquecer a sensação. Um lago do tamanho dum campo de futebol brilhava, azul, bem no meio das dunas, com uma água límpida e convidativa, cercada de verde. Com um berro de alegria, corri duna abaixo, arrancando minhas roupas enquanto descia, e mergulhei na água fresca. Nadei por um bom tempo, batendo os braços e as pernas na água e gritando de prazer, maravilhado com a descoberta desse lago desconhecido. Depois me vesti e encontrei com facilidade o caminho de volta à estrada.

Uma semana depois, convidei alguns amigos para compartilhar essa minha descoberta. "Vocês não vão acreditar", eu disse a eles. "Esperem só para ver que beleza que é esse lago". Desta vez fomos de carro, chegando ao lago pela estrada de acesso mais próxima, e de lá demos uma caminhadinha rápida, subindo o morro. Estávamos lá, olhando para aquela água límpida, eu – cada vez mais elétrico – e meus amigos – surpreendentemente decepcionados. "Espera, é só isso? Que que tem de especial nesse laguinho?" Tentei explicar para eles o quanto aquele lugar foi especial para mim, mas não adiantou. Eu trouxe mais pessoas até o lago desde então, mas descobri que, cada vez que faço isso, eu me vejo incapaz de recriar nos outros a mesma sensação de empolgação e interesse que aquele lago tem para mim.

Essa história resume, a meu ver, o que acontece a uma pessoa durante um processo de aprendizado. O aprendizado é um processo de busca e descoberta, de grande empolgação e intimidade – e tudo isso é muito difícil de transmitir aos outros. Acredito que todo aprendizado é a descoberta de algo novo. A experiência da descoberta, o momento em que você descobre algo novo – encontrar uma planta que eu esteja procurando havia tempos, esbarrar num livro que eu nunca vi antes... ou qualquer outra descoberta, seja sobre o mundo ou sobre mim mesmo – é uma das experiências mais poderosas e comoventes que existem.

Mas o que acontece em escolas convencionais e conservadoras? A escola era para ser um lugar para as crianças descobrirem dezenas de coisas novas todos os dias, mas alguma coisa estranha acontece, em vez disso – as crianças ficam entediadas e não param de procurar maneiras de fugir das descobertas e experiências que aparecem em seu caminho. Até a palavra "escola" sozinha já desperta nelas um sentimento semelhante à reação que meus amigos tiveram quando lhes contei do meu laguinho: "Lá vem esse chato de novo com o lago esquisito...".

Parece que, para que a experiência de descoberta ocorra, é preciso que cada indivíduo atravesse primeiro seu próprio "deserto pessoal", para poder procurar e encontrar o seu próprio "lago pessoal". Essa experiência não pode ser transferida, porque é íntima e única. Mas quem passar por ela uma vez acabará sentindo depois a sede de vivenciá-la de novo e de novo. Sempre haverá aqueles que nunca tiveram essa sensação primorosa da descoberta, e então eles irão se perder no desejo por ela...

Para que todas as crianças descubram o seu próprio "lago pessoal", a escola deve permitir que as crianças vaguem nos seus "desertos". Elas devem escolher sozinhas o próprio caminho— mesmo que descubram ter tomado uma decisão errada, que estavam procurando no lugar errado –, porque essa descoberta pessoal terá para elas muito mais sentido do que qualquer tentativa de tomar um atalho ao fazer um adulto mostrar-lhes "o que é certo" ou apontar-lhes "os seus erros".

Há quem possa entender nisso que estou dizendo que eu me oponho ao aprendizado a partir da experiência dos outros, mas não é o caso. Na verdade, estou convencido de que a maioria das coisas que aprendemos é através da experiência dos outros – daqueles com quem escolhemos aprender. Acredito que as experiências alheias são fascinantes para todo mundo, sobretudo para crianças curiosas. Mas, ao mesmo tempo, acredito que, se permitirmos que essas crianças curiosas aprendam sem serem coagidas, elas ficarão fascinadas pelo mundo daquelas pessoas com quem escolheram aprender naquele momento em particular. Portanto, qualquer tentativa de impor a minha experiência ou a de qualquer outra pessoa sobre as crianças será um esforço estéril e desprovido de qualquer conexão com a jornada pessoal dessas crianças.

O aprendizado pluralista

Eu tive muita dificuldade para decidir como batizar o processo de aprendizado que ocorre numa escola democrática. Por fim, escolhi o nome de "aprendizado pluralista", porque ele vai direto ao cerne do conceito da educação democrática. É um processo de aprendizado que reconhece a diversidade entre os estudantes – um aprendizado com base em direitos iguais para cada indivíduo para expressarem sua singularidade, aquilo que faz com que cada um seja único.

Somos todos seres humanos e, por consequência, partilhamos de diversas características que distinguem a raça humana – e, no entanto, somos todos diferentes. Não somos exatamente parecidos entre nós, no sentido físico ou qualquer outro. A maioria de nós tem objetivos diferentes na vida e caminhos diferentes para atingir esses objetivos: há quem goste de cuidar de animais, enquanto outros têm aversão a eles;

há quem goste de trabalhar com crianças, o que para outros seria um pesadelo; há quem tenha facilidade em estudar de manhã, enquanto outros funcionam melhor à noite; há quem goste de estudar matemática, ao passo que outros se sentem entediados com a disciplina até o ponto da distração; há quem aprenda melhor assistindo palestras, o que, para outros, funciona como um remédio para dormir.

Eu poderia continuar, *ad infinitum*. O ponto a que quero chegar é: cada indivíduo na Terra tem um perfil único de aprendizagem.

A diversidade humana é uma das coisas mais belas que há; o combustível que movimenta nosso mundo. Ela deveria, portanto, ser a base para todos os modelos de aprendizado. A diversidade humana significa que os modelos de aprendizado devem reconhecer o fato de que eu sou diferente e único. Do contrário, então eles não me reconhecem: eles podem reconhecer pessoas semelhantes a mim, que se parecem comigo, mas não têm o menor interesse em conhecer o que faz de mim único.

Eu não sou a soma das qualidades que remetem a mim. Embora seja verdade que há muitas características que partilho com outras pessoas (e.g. sexo masculino, mais de 40 anos, israelense, graduado, etc.), essas características não compõem o meu retrato único, aquele "algo" sem igual que conecta todas as características rotineiras ao núcleo individual – o todo é maior que a soma das suas partes.

A resposta à pergunta "quem sou eu?" pode ser encontrada no "eu único e multifacetado" que conecta todos os infinitos elementos: o "eu" cujo principal interesse no momento é escrever as minhas ideias sobre o assunto da educação; o "eu" atualmente envolvido na questão do "como me fazer entrar num estado de escrita"; o "eu" que sabe como escrever de manhã cedo, mas não à noite; o "eu" que sabe como contar histórias, mas nem tanto como citar os outros; o "eu" que pensa através de cenas e imagens; o "eu" que tem paixões únicas, lembranças pessoais e certos indivíduos que o atraem. Todas essas coisas e mais são o "eu único". Esse é o "eu" cuja existência não é representada por uma lista ordenada de dados que podem ser encontrados nos ministérios do governo ou nos arquivos de escola.

O modelo de aprendizado que me reconhece me vê como um ser humano com um código genético multicelular que não tem qualquer outro equivalente humano. Esse modelo se baseia na percepção de que todos os seres humanos são únicos e que cada um oferece a sua própria contribuição ao mundo. É um modelo que ajudará a cada participante a reconhecer, aceitar e expressar aquilo que faz com que ele ou ela seja único/a.

Esse é o significado do aprendizado pluralista. Mas, antes que eu possa descrever como ocorre esse aprendizado, gostaria de esclarecer alguns termos relevantes.

"O quadrado"

Para o propósito dessa discussão, a seguinte forma representará o mundo do conhecimento.

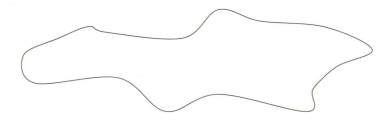

Para sermos mais precisos, vamos chamá-lo de "o mundo do conhecimento codificado" (isto é, o conhecimento humano), porque o mundo do conhecimento ainda não "codificado" não tem limites.

O "quadrado" representa o conhecimento que os sistemas educacionais no mundo decidiram que os estudantes precisam aprender na escola (ainda que diferentes países incluam diferentes conhecimentos nesse quadrado, o volume de cada quadrado é semelhante em todas as culturas).

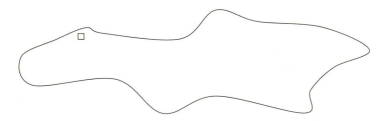

Por exemplo, o quadrado contém algum grau de conhecimento de ciência, mas a maior parte do conhecimento científico se encontra além dos seus limites. O mesmo vale para literatura, artes e todas as disciplinas estudadas na escola. Mundos inteiros de conhecimento existem além do quadrado. A noção em mente daqueles que criam o quadrado é a de que concentrar os elementos básicos de todas as disciplinas "importantes"

e expor as crianças a esses elementos irá permitir que elas expandam e aprofundem seus conhecimentos nas suas áreas de escolha no futuro.

Carl Rogers, um dos fundadores da psicologia humanista nos Estados Unidos, criticou há mais de 40 anos o conceito do "quadrado". Em seu livro, *Liberdade para aprender*, Rogers[6] escreve:

> Não faz muito tempo que desenvolvi um interesse pelos aborígenes australianos. Temos aqui um grupo que por mais de 20.000 anos conseguiu viver e existir num ambiente desolado no qual o homem moderno pereceria em questão de dias. O segredo da sobrevivência do aborígene tem sido a capacidade de ensinar. Eles repassavam até o menor traço de conhecimento sobre como encontrar água, como rastrear presas, como matar o canguru, como se encontrar no deserto sem trilhas. Um conhecimento desses é transmitido aos jovens como sendo *a única* maneira de se comportar, e qualquer inovação é malvista. Fica claro que o aprendizado forneceu ao aborígene o modo de sobreviver num ambiente hostil mas relativamente estável. Isso me traz para mais perto agora do cerne da questão que me interessa.
>
> O ensino e a transmissão do conhecimento fazem sentido num ambiente que não muda. É por isso que essa tem sido uma função que passa séculos sem ser questionada. Mas, se há uma verdade sobre o homem moderno, é que ele vive num ambiente que está em contínua mudança. Uma coisa de que eu posso ter certeza é que a física ensinada ao estudante de hoje estará ultrapassada até o final da década. O ensino de psicologia com certeza estará datado dentro de 20 anos. Os tais "fatos da história" dependem, em sua maior parte, do humor e do temperamento da cultura atual. A química, a biologia, a genética, a sociologia estão todas num fluxo tal que uma afirmação feita com firmeza hoje será certamente modificada quando chegar a hora em que o estudante terá que aplicar o conhecimento.

Rogers continua ainda:

> Estamos, a meu ver, diante de uma situação inteiramente nova na educação, em que o objetivo, se quisermos sobreviver, será facilitar a mudança e o aprendizado. O único homem que recebe educação é o que aprendeu a aprender; o homem que aprendeu a se adaptar para mudar; o homem que percebeu que nenhum conhecimento é seguro, que apenas o processo de buscar conhecimento fornece as bases para a segurança. A mutabilidade depender do processo em vez do conhecimento estático é a única coisa que faz sentido como objetivo para a educação no mundo moderno.

Rogers lança dúvidas sobre a noção de que há um reservatório de conhecimento geral que é independente dos seres humanos, da situação, do tempo e do lugar. Eu partilho dessa opinião. "O quadrado" não tem qualquer vantagem sobre qualquer outro ponto do território do conhecimento. Todos os pontos estão conectados a todos os outros. E a base para todo aprendizado, como disseram os nossos sábios, não se encontra no domínio geral, mas no coração humano: "Ninguém aprende a Torá exceto do lugar que o seu coração deseja" (Talmude da Babilônia)[7].

Por consequência, ao longo da jornada educativa em que embarcamos em nossas vidas, podemos abarcar apenas uma porcentagem minúscula do conhecimento global que aumenta constantemente. A verdade é que nunca poderemos saber o que perdemos.

Considerar os estudantes como um público uniforme leva à criação de currículos que dependem da idade e do conteúdo em vez da singularidade do indivíduo. O mundo do "quadrado" recebe outra definição do mundo dos adultos: a zona do "tempo bem aproveitado". Os adultos (e.g., os pais, o sistema educacional) sustentam que, quando os estudantes estão envolvidos em atividades dentro do quadrado, seu tempo é bem aproveitado, ao passo que, quando eles estão ativos em áreas externas ao quadrado, suas ações são definidas como sendo parte da zona do "tempo perdido".

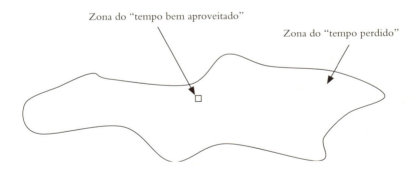

Essas definições levam a vasta maioria das crianças em idade escolar a se amontoar na área do quadrado. Acredito que isso tenha repercussões catastróficas: primeiro, que, como em qualquer área sobrecarregada, ninguém é capaz de ver a si mesmo ou aos outros com clareza. Segundo, que, porque os especialistas em educação estão convencidos que a avaliação do estudante individual é um processo vital, essa sobrecarga os forçou a criar um sistema que categoriza as crianças dentro do quadrado por meio de ferramentas que ignoram a avaliação individual. Essas ferramentas incluem uma divisão por faixas etárias ("Todas as crianças em uma certa idade são..."), sistemas de testes uniformizados ("Todos que receberem uma nota maior que X estão...") e outras ferramentas que avaliam o grupo dentro do quadrado, em vez dos indivíduos.

Além disso, a sobrecarga e a categorização motivaram o desenvolvimento de uma ideologia cujo processo é centrado no reconhecimento impessoal. Essa ideologia é chamada de "objetividade", um conceito que transforma os seres humanos em objetos – isto é, coisas – e, assim, faz com que eles sejam muito mais fáceis de ser comparados. Como sabemos a partir da teoria de avaliação, os sistemas que testam, de forma "objetiva", os estudantes (e, mais tarde, os adultos também) não descrevem uma realidade já existente – eles a criam.

Para a questão em jogo aqui, a grande indústria que age dentro do "quadrado" tenta medir a todos nós em relação ao modelo objetivo ideal. Ela ensina os estudantes a aspirarem pelo modelo ideal – em outras palavras, a se parecerem um com o outro.

O problema é que não somos semelhantes. Como já notei, mesmo que partilhemos de certas características, não somos parecidos uns com os outros nos detalhes daquilo de que somos compostos. Inserir todos os estudantes num mesmo quadrado amontoado e medi-los com ferramentas "objetivas" cria o que conhecemos como a "curva normal", dentro da qual as crianças são medidas e inseridas em categorias claras: as que estão na "média", as que são "excelentes" e as que são "fracas" – tudo isso em relação a um objeto ideal.

É presumível supor que, entre os leitores deste livro, a maioria foi categorizada na escola como "medianos", alguns como "excelentes" e outros, como eu, como "fracos".

Infelizmente, porque "o quadrado" é visto como uma "preparação para a vida", a maioria dos formandos tende a aceitar a avaliação categórica que durante 14 anos de sua vida escolar serviu para medi-los. A maioria de nós, de fato, se categoriza como mediana. Mas essa voz interior, que determina para a maioria de nós (incluindo aqueles que conseguem o sucesso) que "não somos bons o bastante" – de onde ela vem?

Eu acredito que é a culminância das vozes que ouvimos dentro do quadrado:

- Aquilo que faz com que você seja único não é relevante para a vida. O que é importante é o quanto você consegue se aproximar do "modo ideal", isto é, se você tem notas altas e é "excelente".
- Não há nenhum significado no valor que você dá a si mesmo. Para provar seu valor, você precisa receber autorização de um especialista de fora (o professor, o sistema, etc.).
- Poucos apenas podem ser excelentes. Na curva normal, a maioria de vocês será sempre mediana.

Em muitos casos, há um medo constante, mesmo entre os que são definidos como "excelentes" dentro "do quadrado", que na verdade são "medianos", ou talvez até "fracos", e são definidos como "excelentes" apenas porque aprenderam a como "enganar o sistema" para que ele os veja como tal.

Há quem possa me responder e dizer, "Desculpa ter que lhe avisar, mas seja bem-vindo ao mundo real. Já deu a hora de você descer das nuvens das suas teorias e pousar na terra por um momento. Abra os olhos, dê uma olhada por aí e você vai ver que as pessoas *são* medianas, que há pouquíssimas que são brilhantes e outras que são fracas. Você me diga uma coisa, onde é que você estava nas aulas de estatística?"

Esse é o ponto em que, no meu modo de ver, o sistema escolar conservador conseguiu seu maior "sucesso" em converter todos em "quadradistas", ao nos ensinarem a categorizar as pessoas de acordo com seu grau de sucesso dentro do mundo do quadrado. Mesmo quando nossa ocupação do quadrado termina, continuamos a preservar seus princípios de categorização automaticamente e, por consequência, continuamos acreditando que aqueles que "venceram" dentro do quadrado (que tiveram boas notas na escola, terminaram seu doutorado, etc.) são indivíduos de maior sucesso, mais importantes e melhores.

As aulas de estatística estão corretas só quando se medem os seres humanos segundo uma única escala – a escala do "quadrado", a escala do modelo ideal. Mas a situação muda quando às pessoas é permitido que escolham a área em que querem se desenvolver.

Áreas de força

Acredito que as áreas pelas quais as pessoas podem se interessar e mergulhar são potencialmente maiores do que o número de pessoas vivas hoje na face da Terra, e que cada pessoa viva tem uma "qualidade de gênio" em pelo menos uma área da vida. Acredito que todos os seres humanos, não só alguns poucos talentosos, podem se sobressair. Todos somos talentosos e podemos nos sobressair, mas cada um se sobressai numa área diferente.

Um sistema educacional que aceite essa perspectiva não pode abrir mão de seu principal recurso, que é o talento natural que cada estudante traz consigo. O sistema da educação democrática tem um compromisso em permitir a todos os estudantes que descubram e desenvolvam suas áreas de força individuais: as áreas em que a natureza individual de cada pessoa se sobressai em relação às outras. É de suma importância que, no início de nossas vidas, tenhamos oportunidade de crescer nessas áreas em que temos interesse e capacidade de aprender em alto nível; e tenhamos a oportunidade de experimentar o sucesso. O interesse e o sucesso são experiências essenciais para uma infância que possibilite o crescimento.

A percepção da humanidade no mundo democrático

A percepção da humanidade no mundo antigo, estratificante e antidemocrático (que, infelizmente, é adotada ainda pela maior parte dos países democráticos) é a de que a população pode ser dividida em três grupos: o grupo dos "excelentes" (os gênios), o grupo dos "medianos" e um grupo adicional dos "fracos".

O novo modelo, sugerido pela educação democrática, é um modelo em que *todas as pessoas* (e, é claro, todos os estudantes) têm áreas em que elas se sobressaem e outras em que são medianas ou fracas. Nesse modo de pensar, vê-se o todo da pessoa como composto de muitas e variadas capacidades, em vez de enxergar a pessoa como pertencente a um estrato em particular da sociedade.

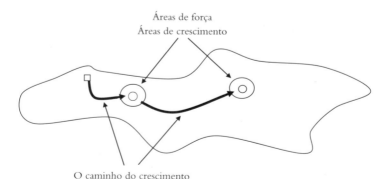

O propósito da educação democrática é fornecer aos estudantes as condições que irão encorajá-los a aventurar-se para fora do "quadrado", começando um processo de busca pelas áreas de força em que poderão aperfeiçoar sua confiança em suas próprias habilidades.

As regras da curva normal só "funcionam" dentro do "quadrado". Uma vez inseridos nele, a maioria de nós pode ser mediana ou medíocre. Apenas uma pequena proporção de nós terá qualquer sucesso real nas áreas do conhecimento dentro da caixa fechada (e outra pequena proporção irá claramente fracassar e ser expulsa do sistema).

Mas, quando saímos do quadrado, todo e cada indivíduo é capaz de se sobressair. Todo indivíduo é um gênio em pelo menos uma área: relações humanas, cuidado com os animais, salto à distância, geografia... As possibilidades são infinitas.

Quando não definimos um dado "quadrado" de conhecimento desejado, mas, em vez disso, abrimos um mundo inteiro de conhecimento, a curva normal perde a sua validade. Quando não determinamos um valor diferencial para conquistas diferentes, e.g., dizendo que um professor de matemática é mais importante do que alguém que cuida de cavalos, descobrimos que todo ser humano tem dentro de si a habilidade de ser um gênio em sua própria área de força.

Área de crescimento

A área de crescimento é o campo que, no momento, fascina o estudante mais do que qualquer outra área. É a disciplina, área de interesse ou busca que faz com que ele sinta a maior atração e curiosidade.

A área de crescimento é caracterizada por emoções intensas, como entusiasmo, empolgação, desafio e um desejo agudo de voltar a ela de novo e de novo. Quando crianças ou adultos entram em sua área de crescimento, mesmo por longos períodos de tempo (dias, semanas ou meses), eles não experienciam qualquer diminuição de energia, mas um *feedback* positivo, que as revitaliza.

Com as crianças menores, é fácil identificar essas áreas, por não terem ainda sido moldadas pelo julgamento social convencional. Quando a criança descobre que consegue andar, ela tenta de novo e de novo repetir a experiência. Elas apresentam novos desafios para si continuamente e se empolgam mais a cada passo dado – mesmo que continuem caindo. As crianças do jardim de infância podem passar horas com jogos de imaginação que as divertem, por mais que nenhum dos adultos possa compreendê-los. Note o que acontece quando uma criança descobre o jogo de bolinhas de gude, por exemplo: veja quantas horas ela passa sentada, tentando de novo e de novo atingir o alvo, com um entusiasmo que para nós pode parecer meio exagerado. "Você não quer ir fazer alguma outra coisa?", os pais às vezes perguntam, mas a criança está feliz em permanecer onde está.

Na área de crescimento, o fracasso não provoca desistência. Em vez disso, ele representa o desafio de uma nova experiência. Na área de crescimento, os estudantes usam suas habilidades ao máximo para obterem sucesso em desafios que parecem estar além de suas habilidades atuais.

A área de crescimento é necessariamente a nossa maior área de força. A partir das observações de crianças que crescem num ambiente livre, por vezes parece que elas optam por crescer em áreas que lhes são mais difíceis. Eu conheci um menino de uns 9 anos, cuja principal força não era a proeza física –, ele nasceu com uma deficiência motora considerável. Durante meses, esse menino praticou plantar bananeira, dar cambalhota e muitas outras atividades que eram particularmente difíceis para ele. Ele ficava horas a fio trabalhando num mesmo movimento. Observando-o à distância, ele parecia envolvido, entusiasmado, em profunda concentração, ainda que caísse com frequência e seus movimentos fossem tudo, menos fluidos.

Quando as crianças (e até os adultos, na verdade) têm a chance de permanecer em sua área de crescimento sem serem perturbadas ou forçadas a abandoná-la, elas adquirem habilidades cognitivas e emocionais consideráveis. O sucesso da criança que plantava bananeira se deu graças à sua crença na própria persistência. O menino aprendeu uma lição sobre superação de suas dificuldades e sobre coragem, tirando conclusões a partir de suas quedas, e assim cresceu sua capacidade de aprender. Na próxima vez que for entrar no processo de aprendizado, ele saberá usar as ferramentas que adquiriu de plantar bananeira. A habilidade de tirar conclusões a partir do fracasso, uma compreensão da importância da persistência e da paciência – tudo isso irá ajudá-lo quando tentar lidar com outras áreas de aprendizagem. A esse processo, chamo de "transferência".

O aprendizado pluralista, tal como definido aqui, ocorre dentro de áreas de crescimento. Não se trata do aprendizado daquilo que é feito, mas de como ocorrem os processos. Os contextos específicos em que o crescimento ocorre não são importantes. Não é o conhecimento de plantar bananeira e jogar bolinha de gude que tem significado.

O importante e significativo é o crescimento de forças internas que enriquecem e ampliam o repertório das ferramentas de aprendizado.

Quando os estudantes, ou quaisquer outros indivíduos, se envolvem com um assunto que os fascina, eles estão no ápice de seu potencial de aprendizagem. Nesse estado, suas capacidades físicas e mentais estão em seu ponto máximo.

Áreas de crescimento e inteligência emocional

Daniel Goleman começa o seu livro *Inteligência Emocional*[8] com a questão intrigante da correlação entre o sucesso na escola e o sucesso na vida. Goleman investigou um grande número de estudos sobre o assunto e, para sua surpresa, descobriu que não há qualquer correlação entre sucesso acadêmico na escola e os índices usados para representar sucesso na vida. Porém, quando ele procurou por algum tipo de âncora estatística para traçar uma conexão entre as habilidades da infância e da adolescência com o sucesso, Goleman chegou ao conceito de "inteligência emocional", que, diferente das boas notas na escola, pode servir como um instrumento para prever o sucesso na vida.

Segundo Goleman, a inteligência emocional é composta de quatro competências:

1. Autoconhecimento

Nesta categoria, Goleman inclui o autoconhecimento emocional, o que quer dizer a capacidade de ler as próprias emoções e as dos outros, a apreciação do impacto dessas emoções e o uso da intuição ao tomar decisões.

O autoconhecimento também inclui a capacidade do indivíduo de avaliar a si mesmo da forma mais precisa possível, e envolve o reconhecimento das próprias qualidades e fraquezas. A autoconfiança, que envolve ter uma noção razoável de seu valor próprio e de suas habilidades, segundo Goleman, também faz parte do componente de autoconhecimento.

2. Autogestão

Este componente inclui:

Autocontrole emocional: controle sobre os sentimentos e impulsos que perturbam a ordem.

Transparência: ser honesto, íntegro e confiável.

Adaptabilidade: a capacidade de ser flexível em situações mutáveis e em superar obstáculos.
Automotivação: o impulso para melhorar a própria performance e cumprir com padrões próprios de excelência.
Iniciativa: estar pronto para agir e agarrar as oportunidades.
Otimismo: a habilidade de ver o lado positivo das coisas.

3. Consciência social

Este componente inclui:
Empatia, definida como "a sensibilidade aos sentimentos dos outros, a compreensão da perspectiva alheia e o interesse pelas suas preocupações".
Consciência organizacional: a capacidade de sentir a política e as redes da organização.
Orientação de serviço: a capacidade de compreender e cumprir as necessidades dos subordinados.

4. Gerenciamento dos relacionamentos

Este componente inclui a capacidade de liderança, tal como expressa na habilidade de iniciar e coordenar os esforços de uma equipe de pessoas; gerenciamento de conflitos, expresso na capacidade de resolver desavenças; a habilidade de criar vínculos interpessoais; e a habilidade de pressentir os sentimentos, motivações e preocupações dos outros e compreender sua natureza.

A leitura das ideias em *Inteligência emocional* me levou à conclusão de que a educação democrática, sobretudo a educação pluralista, cultiva o desenvolvimento dessas características. Quando Goleman descreve os sistemas educativos que alimentam o desenvolvimento da inteligência emocional, ele descreve o processo como um "fluxo" e argumenta que a capacidade de entrar num estado de fluxo é o desenvolvimento da inteligência emocional em sua melhor condição.

É assim que o professor Mihaly Csikszentmihalyi[9], da Universidade de Chicago, um dos grandes estudiosos do conceito de fluxo dos últimos 25 anos (citado no livro de Goleman):

> O fluxo é um estado de autoesquecimento, o oposto da ruminação ou da antecipação: em vez de estar perdido numa preocupação nervosa, as pessoas em fluxo estão tão absortas na tarefa em que

estão envolvidas que perdem toda inibição, largando as pequenas preocupações do cotidiano – saúde, contas, até mesmo o seu desempenho. Nesse sentido, momentos de fluxo são momentos sem ego. Paradoxalmente, as pessoas em fluxo demonstram um domínio pleno daquilo que estão fazendo, com suas reações perfeitamente adequadas às demandas mutáveis da tarefa. E, ainda que as pessoas estejam em sua melhor forma quando entram no fluxo, elas deixam de se preocupar com o nível de seu desempenho, com pensamentos de sucesso ou fracasso – o mero prazer do ato já é o que as motiva.

Essas palavras descrevem, com uma precisão assombrosa, aquilo que acontece com os estudantes numa escola democrática, ainda que, até onde tenho conhecimento, Csikszentmihalyi nunca tenha visitado alguma.

No final do capítulo sobre fluxo, Goleman[8] proclama: "Aprendizagem e fluxo: um novo modelo para educação", e prossegue em sua explicação:

> O modelo de fluxo sugere que obter domínio de qualquer habilidade ou *corpus* do conhecimento é algo que idealmente deve acontecer de forma natural, conforme a criança é atraída às áreas que a envolvem espontaneamente – que ela ame, em essência. Essa paixão inicial pode ser a semente para níveis superiores de realização, conforme a criança se dá conta de que investir naquela área – seja essa área a dança, a matemática ou a música – é a fonte da alegria do fluxo. E já que é preciso levar a si mesmo ao limite para sustentar o fluxo, ele se torna o principal elemento motivador para o aperfeiçoamento constante; ele alegra a criança. Isso, é claro, é um modelo mais positivo de aprendizado do que o que qualquer um de nós teve na escola. Quem não se lembra da escola, pelo menos em parte, com incontáveis horas de tédio pavoroso, pontuadas por momentos de alta ansiedade? Buscar o fluxo no aprendizado é um modo mais humano, natural e muito mais provável de ser eficaz para canalizar as emoções em prol da educação.

De fato, o modelo de Goleman encontra sua expressão cotidiana no contexto da educação democrática, em que a ênfase não se encontra no "o quê" (aquelas áreas que os estudantes são obrigados a estudar na escola), mas, em vez disso, no "como" (aperfeiçoamento e controle das qualidades pedagógicas em seu ponto máximo, possibilitando ao estudante que estude em qualquer área pela qual tenha interesse).

A conexão entre a área de força e a área de crescimento

O objetivo do aprendizado pluralista é levar os estudantes até sua área de crescimento, onde as suas habilidades se encontram em seu ponto máximo (fluxo). O processo, demonstrado por Csikszentmihalyi, revela ter uma altíssima correlação com as várias definições da variabilidade de alegria e de criatividade. A transição pelas áreas de crescimento recarrega as baterias dos estudantes com a crença neles mesmos, o que os preenche com a percepção de que eles são "dignos" e "capazes". Esse processo vem em combinação com uma energização natural que se passa na área de força. Porém, porque as áreas de força em geral são fixas e as áreas de crescimento são dinâmicas e dependem do momento e da condição psicológica do estudante, cria-se uma situação única: para que o estudante possa alcançar uma área de crescimento, ele precisa primeiro deixar as áreas de força que não mais lhe interessam. Em certas situações, quando as dificuldades nas áreas de crescimento "sugarem" sua energia, ele precisa retornar à suas áreas de força para recarregá-las, antes de embarcar numa nova jornada em sua área de crescimento.

Em outras palavras, o estudante canaliza seu processo de aprendizado entre áreas de força e áreas de crescimento, em que as áreas de força servem como um "pit stop" para a jornada de crescimento:

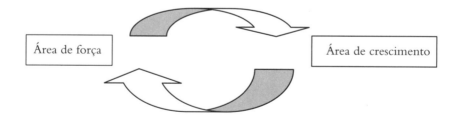

Depois que o estudante completa o processo de recarga na área de força, ele pode embarcar numa jornada de aprendizado numa nova área de crescimento.

Na maioria dos casos, durante a nova jornada de crescimento, o estudante explora as forças e habilidades que adquiriu na primeira jornada, e então usa essas habilidades para expandir sua capacidade de lidar com as dificuldades e obstáculos que o aguardam na segunda jornada.

Nesse ponto, é importante notar que a maioria dos estudantes tem mais de uma única área de força, e que, durante a jornada dentro da área de crescimento, eles encontram novas áreas de força que podem servir como reservas adicionais de energia pedagógica.

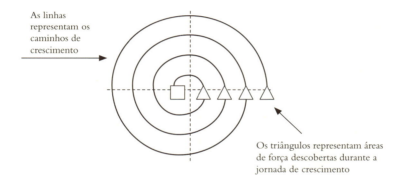

A espiral, que representa a jornada entre as duas áreas, demonstra como o aprendizado pluralista aos poucos expande a inteligência emocional do estudante e permite que ele embarque em jornadas cada vez mais profundas e rumando cada vez mais longe. O estudante adquire mais coragem e novas ferramentas para estudar as áreas que o fascinam.

Parte II
A arte do "desconhecer" – a jornada para a descoberta da diversidade de singularidades

O conceito do aprendizado linear

A diferença entre o aprendizado pluralista que ocorre na zona do "tempo perdido" e o aprendizado que ocorre na zona do "tempo bem aproveitado" se expressam não só no modo de aprender, mas também na percepção e na expressão do mundo do conhecimento.

Em escolas tradicionais, a ênfase é dada ao estudo e à aquisição do conhecimento: o conhecimento processado, o conhecimento preparado, o conhecimento correto, o conhecimento livre de dúvidas. O conhecimento servido aos estudantes não é o resultado de uma pergunta que foi feita ou de uma busca pessoal, mas um conhecimento que é dado como um presente das autoridades ao estudante.

O saber é adquirido de forma hierárquica, o que quer dizer que todo conhecimento serve como base para o conhecimento por vir. Numa jornada no mundo tradicional do conhecimento, o caminho segue da ignorância para a iluminação, visando satisfazer as autoridades.

Permitam-me que eu represente tal jornada do seguinte modo:

Depois setas adicionais são somadas, criando o que chamo de "aprendizado linear":

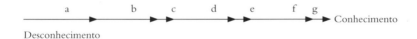

Nessa jornada, que se dá dentro do quadrado, os estudantes aprendem que:

1. existe um conhecimento "correto" e que ele está nas mãos das autoridades;
2. a sua busca pessoal não tem qualquer significância porque não é relevante para o aprendizado;
3. o seu posicionamento pessoal não é relevante, porque o conhecimento correto foi descoberto por indivíduos únicos e raros e repousa na mão das pessoas "certas";
4. qualquer descoberta que não se alinhe com o "conhecimento correto" está errada;
5. se espera que não se cometam erros (porque cometer erros leva o estudante a perder pontos em sua nota final);
6. é altamente importante provar que você tem a resposta certa.

Quando o estudante é exposto a uma resposta que não está na linha (como no seguinte diagrama), acende-se uma luzinha de "resposta errada", e, em casos mais extremos, acende-se um lustre inteiro de "desqualificação individual".

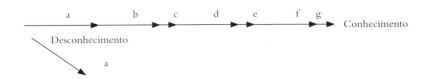

Encontrei um exemplo típico disso quando alguns estudantes de nossa escola expressaram desdém sobre uma descoberta avassaladora que fizeram: "A gente encontrou uns judeus religiosos, e você não vai acreditar como eles são burros. Eles acreditam de verdade que Deus criou o mundo".

Então eu lhes perguntei como eles achavam que o mundo tinha sido criado.

Eles olharam para mim com assombro e responderam: "Ah, vai, Yaacov, você está de brincadeira, né? Você não sabe? Todo mundo sabe que o mundo foi criado no Big Bang".

E eu lhes respondi: "Então, em que medida vocês são diferentes dessas crianças ultraortodoxas? Assim como elas, vocês sabem como o mundo foi criado. E, assim como elas, vocês sabem que qualquer outra resposta está errada. Vocês sabem até tudo que há para saber sobre os outros que ousam apresentar qualquer outra resposta: são uns idiotas..."

O conhecimento adquirido "na linha" não vem só do campo do conhecimento científico. É possível encontrar conhecimentos incontestáveis em muitas áreas: "Não existe vida sem avaliações para entrar na universidade"; "ler e escrever são a base de todo conhecimento"; "a universidade é o portal para a vida"; "dinheiro é o meio de obter tudo na vida"; e assim por diante, a lista continua.

Para descobrir se você pertence à escola de aprendizado linear, veja o quanto você se sente ameaçado ao encontrar perspectivas que se opõem às suas – se essas perspectivas fazem com que você se sinta estimulado ou a lutar contra os "traidores" ou a embarcar em novas jornadas de aprendizado.

A história da corda e do abismo
Para a maioria das pessoas na sociedade ocidental, a vida é como andar numa corda bamba estendida sobre um abismo. Ser capaz de andar de uma ponta a outra da corda é considerado a coisa mais importante do mundo, o verdadeiro teste do sucesso. Como consequência, as pessoas se concentram principalmente no perigo representado por aqueles que fracassaram nisso – o perigo de cair no abismo.

Começamos a andar na corda bamba desde o dia em que nascemos, e alguns dizem que ainda antes disso. A corda tem muitos pontos diferentes ao longo do caminho, por exemplo: aprender a ler e escrever na primeira série, as provas para entrar na faculdade aos 16-18, a universidade aos 20, o casamento, ter filhos, a alimentação, a saúde, o sucesso profissional, a família, a nação, e assim por diante.

Não sou de subestimar essas coisas: já visitei alguns desses pontos no passado e estou em alguns deles no presente. E, no entanto, há outros ainda que planejo visitar no futuro. Minha vontade, porém, é de levantar e gritar: "Não tem abismo nenhum debaixo da corda!".

E acrescentaria ainda que não há corda também, nem perigo de cair (exceto para aqueles que acreditam que estão de fato andando numa corda bamba sobre um abismo).

Algumas considerações sobre a corda e o abismo
Detalhes técnicos da corda:
- A corda é um lugar bem apinhado de gente. Essa superlotação leva a muitos problemas, e muitas quedas desnecessárias trazem desastre.
- Os pontos ao longo da corda são construídos de modo que nem todas as pessoas possam passar por eles. A superlotação
- perto dos pontos cria uma situação em que quase todos caem em algum momento.
- Há alarmistas profissionais ao longo de toda a corda, para lembrar sobre os perigos de cair no abismo a qualquer um que possa ter esquecido.

> **Lembretes e recomendações**
> - Nas áreas fora da corda há muito espaço para todos.
> - Fora do alcance da corda, pode-se encontrar ou criar pontos que possam interessar, pontos pelos quais se pode passar e encontrar gratificação e sucesso. Para se chegar nesses pontos é preciso ter a coragem de olhar além da corda.

Aprendendo na zona de "tempo perdido" ou aprendendo o "desconhecimento"

O que de fato existe "além da corda"? O que acontece com os que "caem no abismo"? Essas perguntas são significativas no campo do aprendizado pluralista e eu gostaria de examiná-las primeiro vendo aquilo que *eu sei*.

Por exemplo, como posso saber a resposta para perguntas portentosas como: Como chegamos até aqui? O que acontece depois da morte?

Minha resposta para essas perguntas é clara: *Eu não sei!*

Porque essas questões me intrigam, já indaguei muita gente sobre elas. Recebi muitas respostas que não me deram a menor sensação de ter adquirido um "conhecimento" novo, mas que me fizeram sentir que muitos de nós não fazem uma distinção clara entre as nossas crenças, ou pensamentos, e o nosso conhecimento.

Naturalmente, também tenho várias crenças e pensamentos sobre a vida, mas seria arrogante de minha parte achar que as minhas crenças incorporam a verdade absoluta para toda a humanidade. Em seu livro, *The Unfinished Revolution*, John Abbott e Terry Ryan[10] sustentam que 90 por cento do que sabemos atualmente sobre o cérebro foi descoberto ao longo dos últimos 100 anos. Eles presumem, portanto, que nos próximos três anos, noventa por cento do conhecimento na área será novidade – o resultado das pesquisas executadas nesses próximos três anos.

Acreditar que os meus pensamentos são a verdade absoluta é o equivalente a declarar a mim mesmo como Deus, e eu sequer sei se há um Deus...

Esta é a fonte do meu posicionamento no conceito de liberdade: eu não tenho o direito de forçar o meu desconhecimento sobre os outros, e eles não têm o direito de forçar o deles sobre mim. Há quem possa dizer que eu encorajo a ignorância, pois, se nunca poderemos realmente conhecer algo, então para que aprender?

Assim, deixem-me esclarecer o que digo. Vamos supor que o físico Stephen Hawking e eu sejamos convidados a participar de um debate sobre astrofísica e a questão seja: Como a Terra foi criada? Minha resposta, que receberia nota máxima, seria que eu não sei, e até hoje ninguém sabe de verdade. Hawking daria uma resposta parecida. Então, por que ele estudou tanto, quando qualquer um poderia dar uma resposta parecida para praticamente qualquer pergunta?

O motivo é esse: o desconhecimento de Hawking no campo da astrofísica é maior do que o meu! E esse desconhecimento é o resultado de muito aprendizado e estudo extensivo do conhecimento e descobertas nessa área. Em outras palavras, como muitos já disseram e muitos outros ainda vivenciam diariamente, quanto mais você aprende, maior o seu conhecimento, e a percepção do seu desconhecimento cresce de acordo (em outras palavras, adquirir conhecimento é uma condição de pré-requisito para desenvolver o "desconhecimento" de uma dada área).

Essa é uma situação comum, sobretudo quando nos envolvemos num processo de aprendizado profundo e significativo.

A seguinte espiral ilustra a relação entre o conhecimento e o desconhecimento numa dada área.

No começo, o conhecimento é limitado, e, como consequência, o desconhecimento também:

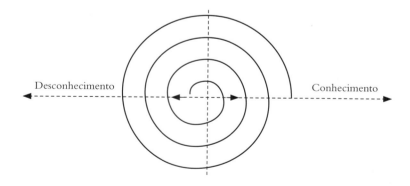

Mais tarde, conforme o conhecimento adquirido aumenta, a consciência do indivíduo do seu desconhecimento aumenta também:

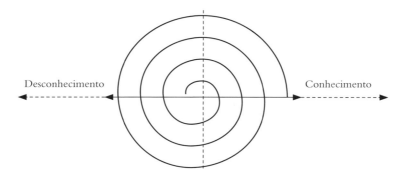

O modelo da espiral expressa o conceito de que, a cada etapa de aprendizado, eu continuo conectado tanto às minhas ideias atuais quanto às questões e dúvidas que alimentam minha busca por conhecimento.

Uma vida que combina o mundo do conhecimento e o mundo do desconhecimento cria as condições que encorajam o crescimento.

Num estado de crescimento, as perguntas e as dúvidas que existem na zona do desconhecimento não são varridas para debaixo do tapete. Elas são o motor que propulsiona a busca pelo conhecimento em seus níveis mais altos (fluxo e abertura). Nesse estado, perspectivas diferentes se tornam uma oportunidade para aprendizado e não mais representam uma ameaça ao estudante.

O crescimento da espiral também representa um *aumento das competências de inteligência emocional do estudante*, em concordância com os índices determinados por Goleman:

1. Autoconhecimento: o estado recíproco entre "conhecer" e "desconhecer" cria uma perspectiva constante de crítica e análise.
2. Autogestão: a busca pelo aprendizado é motivada pela curiosidade e pela responsabilidade pessoal.
3. Consciência social: permanecer nas zonas de desconhecimento é convidativo para diferentes perspectivas, e uma sociedade multicultural e de multiperspectivas passa a ser vista como oportunidade e não como ameaça.
4. Gerenciamento dos relacionamentos: o outro não é "julgado" com base em ser "a favor" ou "contra" nós. O outro representa uma oportunidade para novas descobertas e desenvolvimento pessoal.

> **"Conhecimento vivo"** *versus* **"conhecimento morto"**
> Vamos tocar agora na tensão que existe entre o conhecimento e o desconhecimento a partir de outro ângulo.
> Tente imaginar ou desenhar uma árvore.
> Suponho que a maioria de vocês deva ter imaginado uma árvore composta de um tronco, galhos e folhas que se parece esquematicamente com isso:
>
>
>
> Mas isso, é claro, representa apenas parte da árvore, a parte que é visível. Árvores também têm um sistema de raízes. A árvore acima é apenas uma meia árvore, ou, talvez, uma árvore cortada ou morta.
> A representação de uma árvore viva deveria se parecer com algo assim:
>
>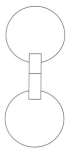
>
> Este exercício representa a conexão profunda entre o desconhecimento (as raízes que não se vê) e o conhecimento (o tronco e os galhos). Uma árvore sem raízes é uma árvore morta. O conhecimento desconectado das raízes da falta de conhecimento (isto é, perguntas, dúvidas e curiosidade) é um conhecimento morto. Infelizmente, tem se tornado bastante popular o hobby de colecionar "conhecimento empalhado".

Um argumento que pode ser feito contra o modelo da espiral é que, como qualquer descoberta atual pode se revelar, no futuro, como sendo errônea ou problemática, tal abordagem poderia esfriar a paixão pela busca e descoberta, que são o âmago de nossa motivação para procurar e explorar "novos mundos".

Eu encontrei uma resposta comovente para essa questão numa entrevista conduzida com o artista suíço Alberto Giacometti em 1961[11]:

> Para mim estava sendo cada vez mais difícil completar minhas obras. [...] Eu olho para as minhas estátuas. Todas elas, até as que parecem estar completas, são um fragmento, cada uma é um fracasso. Sim, um fracasso!
>
> Entretanto, em cada uma delas, existe algo daquilo pelo que estou me esforçando; algo disso existe em uma, e algo mais em outra, e até numa terceira, mas nessa há algo que falta nas outras duas. Mas a estátua que tenho em mente contém tudo, e nisso ela ofusca tudo que aparece nas outras estátuas. Isso é o que motiva o desejo poderoso de continuar trabalhando.

Giacometti descreve os dois extremos da criação e, talvez, um dos segredos da existência humana: de um lado, o conhecimento absoluto; do outro, uma busca dolorosa, repleta de fracasso e dúvida. Quando me dizem: "Para alguém que diz que não sabe nada, você me parece bem certo de si", eu penso na estátua que tem tudo e no artista que nunca conseguirá esculpi-la, mas sempre estará numa jornada com esse fim, sempre procurando.

Não há alternativa, senão tentar fazer as duas coisas – ter o conhecimento absoluto, a fé que nos permite agir dentro da realidade e tomar decisões, por um lado, e, por outro, permanecer com o sentimento de que não sabemos, que nos ajuda a lançar dúvidas, a mudar de direção e a nos renovar.

Em seu livro *Como amar uma criança*, Janusz Korczak[4] descreve a experiência de seu próprio desconhecimento:

> Como, quando, quanto – por quê?
>
> Eu observo muitas perguntas à espera de respostas, dúvidas que procuram esclarecimento.
>
> E respondo: "Eu não sei". "Eu não sei".
>
> Na ciência, essa é a névoa da formação, o aparecimento de novos pensamentos, que chegam cada vez mais perto da verdade. Mas o "eu não sei" para um cérebro que não está sujeito ao pensamento científico é um vazio perturbador. Eu gostaria de aprender a entender e a amar o maravilhoso "eu não sei", tão cheio de vida e de surpresas brilhantes – o mesmo "eu não sei" criativo da ciência contemporânea em sua abordagem sobre crianças.

> Eu gostaria que todos compreendessem que nenhum livro e nenhum médico ou cientista pode substituir o pensamento independente e o discernimento atento.

Cerca de 15 anos depois, na introdução à segunda edição de *Como amar uma criança*, Janusz Korczak[4] continua a descrever a experiência:

> Quinze anos se passaram. Muitas outras perguntas, hipóteses e dúvidas foram somadas, e a falta de fé em verdades predeterminadas aumentou.
>
> As verdades do educador são uma avaliação subjetiva de experiências, um momento único e final de considerações e sentimentos.
>
> Sua riqueza – o número e o peso dos problemas concernentes a ele.
>
> Em vez de corrigir e completar, é preferível apontar (em letra miúda) o que mudou ao redor e dentro de mim.

A jornada na espiral do desconhecimento

O que acontece quando uma criança ou um adulto procura sua área de interesse e reflete sobre o seu caminho dentro da área de crescimento?

Muitas vezes já ouvi pessoas dizendo: "As crianças em escolas democráticas vivem na moleza". O argumento é que, como não obrigamos as crianças a estudarem certas matérias, e elas escolhem por si próprias o que e como aprender, suas vidas são muito mais fáceis do que as das suas contrapartes no sistema escolar convencional. Eu diria que o oposto é verdade: procurar uma área de interesse é uma tarefa das mais formidáveis, e o processo de aprendizado dentro da área de crescimento exige enormes reservas de força interior.

Durante anos, tentei entender se havia alguma ordem ou organização em particular na situação de aprender o que me era apresentado no ambiente da Escola Democrática de Hadera e em outras escolas livres e democráticas que visitei. A tarefa parece impossível, por causa de toda a diversidade que há entre os estudantes.

Apenas recentemente fui capaz de formular um modelo que, a meu ver, expressa o aparente caos que se encontra no ambiente da escola democrática. Esse modelo pode não fazer sentido para todas a pessoas que trabalham na área, mas tenho esperança de que ele possa servir de base para pesquisas sobre novas áreas de estudo, que até agora não têm sido objeto de pesquisa no campo da educação.

A dinâmica no círculo do aprendizado pluralista

A jornada conhecida do aprendizado parte do desconhecimento para o conhecimento.

De acordo com uma visão linear da aprendizagem, a jornada do estudante deve continuar ao longo de toda a vida, e ele está continuamente fazendo descobertas. Porém, um olhar mais detido na escola democrática, e também na convencional, revela outras situações: há estudantes em descanso, outros com medo (e não só durante as provas), alguns em estado de crise, outros com tédio, etc.

Ao mesmo tempo, pode-se também achar estudantes que se encontram em mais de uma das situações descritas acima, e alguns ainda cujos sentimentos tendem para a mudança. Por exemplo, uma criança se vê envolvida profundamente num interesse em particular por alguns meses – todo o seu mundo é aquilo. De repente, ela se flagra num período de tédio, falta-lhe interesse em qualquer coisa e ela nem ao menos quer tocar em sua área de interesse anterior.

Usarei o modelo de espiral para explicar o que, na verdade, aconteceu com a criança.

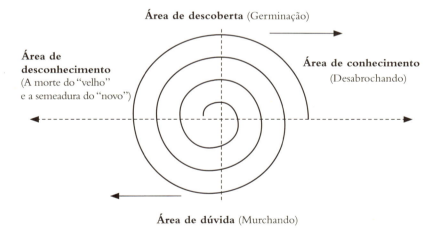

As quatro partes básicas da espiral do desconhecimento

O processo que descreverei aqui é um processo em espiral. Como consequência, terei que decidir exatamente por onde começar a descrevê-lo.

A inovação na descrição do aprendizado em espiral, em contraste com o aprendizado linear, é que aquele em espiral é uma jornada multidirecional. Ele não envolve o mero progresso linear a partir de um estado de desconhecimento para um de conhecimento, a ser seguido por ainda mais conhecimento, e assim por diante. O processo espiral é cíclico: uma direção segue a partir do desconhecimento para o conhecimento. Eu a chamo de "uma jornada de crescimento construtiva". Ao mesmo tempo, há outro caminho que se move do conhecimento para o desconhecimento. Eu a chamo de "uma jornada desconstrutiva de crescimento". Em outras palavras, tanto a construção quanto a desconstrução têm grande importante na jornada de crescimento pessoal pela qual passam os estudantes.

Essa jornada dentro do mundo do aprendizado não é do tipo cognitivo-quantitativo, como é a hipótese de várias teorias pedagógicas, mas, em vez disso, uma jornada multidimensional que inclui tanto o nível psicológico quanto o filosófico do processo.

Começaremos a descrição da jornada em algum lugar na "área de desconhecimento". Quando me encontro nesse estado, começo a criar interesse num assunto em particular, o que me leva a um alto nível de aprendizado (um estado de fluxo), até chegar ao estágio em que eu me considero um especialista no tema em que estou interessado. Nesse ponto, eu chego na "área de conhecimento". Escolhi descrever esta etapa como sendo a primeira de quatro.

A área de conhecimento – o desabrochar

Nesta área, sentimos que chegamos ao que estivemos procurando por muito tempo. E não só "chegamos" como nos sentimos "em casa" lá. Quando dominamos as aptidões necessárias para desempenharmos em nossa área de interesse, a situação pode ser descrita como a de completar todas as partes de um quebra-cabeça para formar uma única imagem completa.

Nos níveis mais altos desta etapa, o estudante descobre que atingiu sua área de força e é capaz de obter novas revelações nessa área. Nesse ponto, ele vivencia um sentimento de realização e satisfação pessoal do tipo que se sente ao fim de uma jornada árdua – uma sensação de exaltação, um surto de energia e poder.

Mas é precisamente por causa dessas emoções que esta etapa é repleta de perigos, pois é a etapa que pode trazer o processo de aprendizado ao seu fim, em vez de lançar uma jornada de novas coisas para se aprender.

O *perigo da primeira etapa* é que a experiência da realização possa inflar o ego ao ponto de que o que os outros dizem possa parecer desimportante ou irrelevante. O indivíduo começa a sentir que dominou tudo, que é "dono da verdade" e que todo o resto "não está à sua altura".

A isso eu chamo de *a armadilha da arrogância*, que é comum na fase do desabrochar. Os estudantes nesta etapa tendem a evitar aprender com os outros e dependem apenas de sua própria experiência, o que, por sua vez, reduz o nível de seu aprendizado.

O segundo perigo é a *armadilha da segurança*, uma situação em que o estudante ganha uma posição de respeito entre os seus colegas e a admiração dos seus pares. Seu domínio sobre a sua área traz um salário confortável, mas ele deixou de ter um interesse real nela. A "armadilha da segurança" prende o estudante na "área de força" (o seu sucesso), que deixa de ser sua área de crescimento.

Como apontei antes, a área de força permanece fixa, enquanto a de crescimento varia. Por consequência, a descoberta da área de força pode servir de incentivo para embarcar numa nova jornada, mas a "armadilha da segurança" pode pôr um fim em futuras áreas de crescimento, porque impele o estudante a desistir do controle e do domínio sobre a situação, para que adentre um espaço de incertezas. Quando o indivíduo consegue evitar a armadilha, ele deixa de ter interesse naquilo que buscou até então e se permite dar prosseguimento ao processo. Depois, ele chega à próxima etapa da espiral.

A área de dúvida – murchando

Nesta etapa, a área de força muda. O estudante sente haver rachaduras que fazem com que o seu quebra-cabeça perfeito comece a ruir. As rachaduras podem ser uma falta de confiança nas descobertas feitas numa etapa anterior ou um sentimento assombroso de que o seu nível de interesse na área está diminuindo.

Esta etapa faz com que seja necessário abrir mão de posições de defesa e de autojustificativa. O estudante precisa abrir mão das descobertas do passado e transicionar para um estado de atenção. O que é exigido nesta etapa é a coragem para ouvir às vozes das dúvidas e a desafiar o que é autoevidente.

O estudante então entra na etapa de desconstrução – as rachaduras no quebra-cabeça vão crescendo e um estado de incerteza toma conta.

Aqueles que conseguem superar todos os obstáculos entram num processo de aprendizado na área de dúvida. Os estudantes podem a princípio se sentirem amargurados, desconfiados e até mesmo com raiva.

Aos poucos, sobretudo se forem capazes de entender que esta é uma etapa natural no processo de crescimento, novas experiências chegam – como a percepção de que "esse é o primeiro passo rumo ao começo de um novo caminho".

A etapa da dúvida exige vastas reservas de força interior, porque significa que é preciso deixar um espaço confortável e recompensador para obter crescimento num outro desconhecido e perigoso. Além disso, o processo muitas vezes impele o estudante a abandonar suas percepções anteriores de si mesmo. É por isso que um grande número de armadilhas diferentes pode aparecer nesta etapa:

- Negação do processo de fluxo ("Preciso tirar essa bobagem da cabeça", "Preciso ser realista e descer das nuvens").
- Um "retorno ao rebanho", que envolve uma consagração do conhecimento anterior, uma falta de desejo de abrir mão do que foi conquistado.
- A adoção de um conhecimento único e claro – Em vez de possibilitar o processo de desconstrução, o estudante adota o conhecimento único sem antes passar pelo processo de aprendizado pluralista, isto é, sem primeiro fazer uma verificação profunda de suas dúvidas pessoais.
- Para passar pela etapa de dúvida, o estudante precisa ter a coragem de perder o controle e acreditar que o processo de crescimento pessoal o levará à descoberta de novos mundos.
- Essa etapa exige uma fé profunda nas capacidades pessoais, por um lado, e, por outro, uma disposição para abrir mão da motivação do ego, que provavelmente levaria os estudantes às armadilhas mencionadas acima.

A área do desconhecimento –
a morte do "velho" e a semeadura do "novo"

Esta área se situa em torno da linha do desconhecimento. É uma área de caos na vida, a etapa em que o estudante se sente totalmente perdido. As peças do quebra-cabeça parecem impossíveis de montar, toda a sua visão de mundo anterior sofre um desmoronamento completo, e o estudante oscila entre o total desespero pela morte do "velho" e um sentimento intervalar de tranquilidade e "recarga das energias" como preparação para a semeadura na nova área.

Os estudantes, nesta etapa da escola democrática, relatam sentimentos de tédio, falta de interesse em todos os acontecimentos na escola e, em casos extremos, até depressão.

A importância da passagem por essa área é enorme. Uma pessoa que aprende a fazer a transição entre as áreas descobre que elas representam uma garantia de renovação e criação pessoal que está diretamente conectada à personalidade única do indivíduo.

Esse período se parece com as etapas finais da gravidez, que – ainda que por vezes insuportáveis – são essenciais para o nascimento.

Já vi estudantes que, nessa etapa, demonstraram entusiasmo, mas não se pressionaram a continuar. Eles utilizaram seu tempo para descansar, conscientes de que estavam seguindo na direção do aprendizado criativo e a descoberta de novos lugares (apesar de não terem ideia de quais lugares seriam esses). A expectativa foi acompanhada por um sentimento de grande exaltação. Outros estudantes, porém, caíram nas armadilhas.

Nesta etapa, as armadilhas são de dois tipos principais:

1. Evasão – um desejo de escapar dos medos e das tensões enquanto se abre mão do "nascimento da própria singularidade" – a interrupção, em outras palavras, da atenção às vozes interiores. Nesta etapa, o estudante retorna "automaticamente" à sua área anterior de força, um movimento que não está orientado para os interesses atuais, mas sim para reunir as forças necessárias para sobreviver.

2. O caos leva à "adoção" em vez do "nascimento" – os estudantes vivenciam uma experiência de completo desamparo e não conseguem encontrar conforto nas realizações anteriores. Esse desamparo não permite que o motor da criatividade dê ignição, e o único bote salva-vidas capaz de salvar o estudante é a "adoção" do que quer que pareça adotável, por mais que não tenha parentesco com a área de interesse pessoal e seja motivada apenas por fatores de sobrevivência.

Essas armadilhas resultam em dependência de fatores externos e no "travamento" do "eu único", culminando, mais tarde, numa crescente falta de autoconfiança do estudante em suas próprias habilidades.

A área de descoberta – germinação

Momento de germinação e conhecimento, a área de descoberta transporta o estudante da crise do desconhecimento para a área de conhecimento.

Esta é a etapa em que várias partes do quebra-cabeça se reúnem para formar uma nova imagem. Nela, o estudante não precisa mais de apoio externo, porque suas energias estão em seu auge. Ele desfruta de um sentimento de completude e satisfação, vivenciando ao máximo as experiências significativas de seu aprendizado.

O estudante entra em estados frequentes de fluxo e tem um sentimento forte de que está descobrindo novos mundos quase todo dia.

A armadilha desta etapa é ficar preso numa área de força que não sirva como área de crescimento: durante a jornada em áreas de descoberta, há uma grande probabilidade de que ele encontre áreas de força até então desconhecidas. Esses encontros podem desencadear mudanças no direcionamento do crescimento do estudante, e qualquer mudança desse tipo é bem-vinda. Porém, um encontro com uma área de força que não interesse ao estudante pode fazer com que ele rapidamente fique preso numa "armadilha de talento" ou "armadilha de segurança".

Esse é, em termos bem gerais, o modelo de espiral, que ilustra o processo do aprendizado pluralista. Ele não aponta apenas para o aprendizado dentro dos muros da escola ou numa área em particular. Todos os indivíduos em qualquer etapa de suas vidas podem se ver em qualquer uma das etapas da espiral. Há pessoas que, durante toda sua vida adulta, completarão apenas uma única volta da espiral (ou passarão muitos anos de suas vidas em uma das armadilhas) e há os que circulam entre os processos de murchar e germinar e de volta à dúvida, em ritmos variados.

Naturalmente, o modelo é mais complexo do que o apresentado aqui, porque, na vida, os processos costumam trabalhar juntos – esses processos não são isolados, e podemos passar por eles num grande número de áreas ao mesmo tempo. É por isso que nos sentimos em áreas de força em certas áreas, enquanto em outras podemos estar numa área de desconhecimento, e navegar entre as várias áreas é de uma importância singular.

A educação democrática permite que coexistam espirais em áreas diferentes e lhes dá suporte. Ela não impele os estudantes a passarem para a próxima etapa nem a permanecerem onde estão. Isso possibilita que eles vivenciem um processo aprofundado de aprendizagem de todas as variedades e com todos os seus componentes desde cedo.

A criança aprende a amar a experiência de andar no deserto, orientando-se e encontrando o seu caminho e a ver a experiência de perder-se como uma oportunidade para um mergulho maravilhado nas águas do laguinho que descobriu.

Parte III
Os resultados do aprendizado pluralista – uma cultura democrática

O aprendizado convencional se concentra na assimilação do "aprendizado linear", absorvendo quais são a "resposta certa" e a "resposta errada", quem são as pessoas "que sabem" e as que "não sabem", e o quanto é perigoso cometer erros.

Os resultados disso são:
- Estamos o tempo todo verificando em que ponto estamos da curva normal para ver qual o nosso valor e o que a sociedade espera de nós.
- Estamos o tempo todo nos inserindo na curva também, de modo que não nos envolvamos – bate na madeira! – com as pessoas que não estão "no nosso nível".

Em outras palavras, tudo isso leva a uma estratificação social.

Os efeitos individuais do aprendizado pluralista que ocorrem dentro da espiral são bem diferentes. Eles fazem com que o estudante:

- Encontre suas áreas de força, para recarregar as baterias de modo que possa ser ativo em suas áreas de crescimento (interesse).
- Tenha a percepção de que está numa busca em que precisa abandonar os conhecimentos antigos para poder crescer nos novos, que, ele se continuar nessa busca, eventualmente também serão abandonados.
- Veja uma perspectiva diferente como uma oportunidade de acelerar o processo de aprendizado em que estamos envolvidos.
- Encontre os aspectos únicos dos outros indivíduos e assim incremente seu próprio desenvolvimento individual.

Há quatro critérios numa escola que são indicativos do sucesso do aprendizado pluralista:

1. A própria escola muda – novas vozes levam a novas criações. Isso se expressa em todos os aspectos da escola: as instalações, a organização e o plano de aulas, as disciplinas estudadas. Tudo está sujeito à mudança.
2. Dá-se ouvido a vozes diferentes na escola – a escola não está preocupada em fazer propaganda do seu sucesso, mas, em vez disso, preocupa-se em encorajar as diferentes vozes que se ouvem dentro dela como uma oportunidade para o crescimento da escola como um todo. Vozes diferentes não são caladas ou deixadas de lado: elas são colocadas no centro do palco. Em seu livro *Real Education*, o educador inglês David Gribble[12] descreve 14 escolas sem igual em todo o mundo. Uma delas é a Escola Democrática de Hadera. Uma das características que contribuem para esse caráter da escola, diz Gribble, é o fato de que todos os aspectos da escola estão abertos para debate, e o debate é completamente transparente para todos, incluindo visitantes de fora da escola.
3. A violência logo diminui – eu vejo a violência como um dos pesos da balança, o outro sendo a criatividade individual. Quando os estudantes estão cheios de fé em suas próprias capacidades (isto é, eles descobriram suas áreas de força) e envolvidos nos processos de fluxo em sua jornada para realizar seus objetivos, eles não têm qualquer necessidade de violência ou destruição para declararem sua existência (cf. Capítulo 8).
4. Um grande número de grupos espontâneos se organizando para realizar atividades – a observação prolongada das atividades de professores e estudantes demonstra muitos casos de grupos que se organizam de forma espontânea, para que estudantes e professores realizem uma ampla variedade de objetivos. Tais objetivos podem incluir a organização de uma equipe para produzir uma revista em vídeo, encenar uma peça, montar uma colônia de férias na escola, organizar equipes de estudo em várias áreas, e assim por diante. Os professores se reúnem para dar aulas multidisciplinares e há também equipes mistas de estudantes e professores. A quantidade de atividades espontâneas em equipe em escolas democráticas é muito maior do que o que se vê em outras escolas (incluindo as que definem

o "trabalho em equipe" como um de seus objetivos declarados). Um olhar mais aprofundado sobre a escola demonstra que quanto mais os estudantes e os professores continuam na escola, maior a quantidade de trabalho em equipe com o qual eles se envolvem. A meu ver, a organização espontânea em equipes é um dos principais indicadores do sucesso de um processo de aprendizagem pluralista.

Quando as pessoas descobrem sua própria singularidade, ainda falta metade do caminho da jornada. Aos poucos, elas descobrem que estão vivendo numa sociedade composta de indivíduos únicos, singulares. Como a maioria das tarefas com as quais eles têm de lidar é multidisciplinar; é mais fácil numa sociedade desse tipo encontrar pessoas que possuem as habilidades que eles não têm, a fim de criar uma equipe vencedora.

Muitos estudantes já perceberam que, do seu ponto de vista, o que faz com que a Escola Democrática de Hadera seja única é a reunião incomum de tantas pessoas talentosas em muitas diferentes áreas. Eu respondo que é improvável que muitas das crianças estudando na escola de Hadera sejam diferentes de quaisquer crianças ao redor do mundo, exceto que a maioria das crianças estuda em escolas convencionais que não permitem que os estudantes se vejam como indivíduos por causa da superpopulação dentro do quadrado e da busca intensa pelo "aproveitamento máximo do seu tempo".

A conclusão é que o processo de aprendizado pluralista cria uma *cultura democrática*, uma cultura que conduz adiante cada indivíduo rumo ao lugar em que pode descobrir o seu indivíduo singular interior e assim também se conscientizar da importância enorme de descobrir a singularidade dentro de outros indivíduos e expressá-la em sua colaboração com eles.

Em seu livro *Democracia e educação* [*Democracy and Education: an Introduction to the Philosophy of Education*], John Dewey[13] define o conceito de cultura do seguinte modo: "A cultura significa, no mínimo, algo que é plantado e cultivado, algo maduro, em oposição ao que é tosco e cru". Segundo Dewey, o processo ocorre quando "o que alguém é como pessoa é idêntico a aquilo que essa pessoa é tal como associada aos outros, num fluxo livre de intercurso".

Quando Dewey fala do desenvolvimento daquela/s pessoa/associações e a manutenção de uma cultura democrática, ele chega às seguintes revelações:

> Um indivíduo não seria um indivíduo se não houvesse algo de incomensurável nele. Seu oposto é o medíocre, o mediano. Sempre que uma qualidade distintiva se desenvolve, surge a distinção da personalidade, e, com ela, uma promessa maior de um serviço social que vai além do estoque em quantidade de commodities materiais. Pois como pode haver uma sociedade que realmente valha a pena servir a não ser a que seja constituída de indivíduos com qualidades pessoais dignas e significativas?

Em outras palavras, o principal resultado de um aprendizado pluralista é a criação de uma cultura democrática. O pilar central de uma cultura democrática é a habilidade de encontrar o que há de único em cada indivíduo e colaborar com ele ou ela para que se crie algo juntos.

Capítulo 4
A vida numa escola democrática: os estudantes num círculo de aprendizado pluralista

Um olhar externo

Há duas opiniões principais que os visitantes da escola costumam expressar, que, na verdade, se contradizem mutuamente:

"Vocês precisam admitir", eles me dizem, "que a vida numa escola democrática é mais fácil, porque todo mundo faz o que quiser". Por outro lado, eles sentem que as crianças são incapazes de dar conta das árduas demandas da liberdade de escolha, ou acreditam que lidar com esse problema de escolha deveria ser adiado até que estejam mais velhas, mais próximas da idade adulta.

Quanto à primeira opção, para que todo mundo possa fazer "o que quiser", as crianças estão constantemente deliberando sobre qual seria o melhor modo de passar o seu tempo, as coisas que elas consideram desperdício de tempo e o que configura um tempo bem aproveitado. A necessidade de traçar os seus caminhos todos os dias (apesar de certas decisões formais tomadas no começo do ano letivo) exige recursos mentais e muita força, e, assim como no mundo adulto, às vezes é muito difícil, às vezes tedioso, às vezes maravilhoso e alegre, às vezes triste e deprimente. Mas raramente é "fácil".

Quanto à segunda opção, acredito que a pessoa "liberada" de ter que tomar decisões durante os primeiros 20 anos da sua vida terá dificuldades para ter uma visão clara do que a interessa de verdade e o que lhe é importante na vida. Essas dificuldades têm muitos nomes já bem conhecidos, tais como "crise dos 20 anos" ou "crise de meia-idade".

Essas são as encruzilhadas em que paramos e perguntamos para nós mesmos: Como foi que eu cheguei aqui? O que estou fazendo agora? O que eu quero fazer de verdade?

A educação democrática acredita em propor essas perguntas desde cedo: O que eu quero fazer? Como eu gostaria de fazê-lo? Quando? Com quem?...

Isso não implica crianças de 4 anos deliberando sobre sua futura profissão ou sobre o que será importante na sua vida adulta. Nós lhes oferecemos a chance de lidar com questões relacionadas à sua vida presente: Passar o dia lá fora ou na sala acolchoada? Ou ir brincar com um amiguinho na sala de jogos? Como lidar com situações sociais complexas? E assim por diante. Essas decisões envolvem escolhas significativas para ela. A criança adquire, através dessas decisões, a habilidade de escolher, de decidir, de dar expressão prática às suas ideias. Conforme se desenvolve, os campos de interesse e objetivos que a motivam também mudam, mas sua capacidade de ser uma pessoa automotivada irá acompanhá-la em sua vida adulta também.

Na abertura deste capítulo sobre a vida dos estudantes da Escola Democrática, eu escolhi tratar das respostas para duas perguntas que representam a complexidade da vida. Se alguém tentar pintar essa imagem em preto e branco, palavras como felicidade, alegria, curiosidade e amizade podem aparecer lado a lado com outras, como anarquia, hedonismo, desordem e negligência. A imagem, pelo visto, é muito mais complexa do que isso e composta de diversas nuances de cor.

Uma jornada pessoal rumo à escolha e à responsabilidade

Um estudante numa escola democrática, vivendo uma vida de procura e aprendizado, tem uma rotina diária variada e mutável. Ela tem algumas partes permanentes ("a ementa") e outras partes que são espontâneas e mudam de dia para dia e momento para momento. Essas últimas incluem jogos, interações com amigos e com o corpo docente, bem como uma variedade de atividades que cresce e muda a cada dia.

A rotina diária de uma escola democrática nos lembra nossas vidas como adultos num mundo democrático – todos os dias, devemos tomar decisões. Devemos determinar o que queremos fazer com nossas vidas e como realizar esses desejos. Então, exige-se de nós que nos responsabilizemos pelas escolhas tomadas – e, é claro, que lidemos com nossos sucessos e fracassos. A vida das crianças na escola democrática não é diferente. Todos os dias, elas devem escolher o que fazer e decidir como fazê-lo. Com esse processo, elas aprendem a se responsabilizar por suas vidas.

Dentro do quadro da escola democrática, cada estudante gerencia sua própria rotina diária. Ainda assim, tentarei descrever o meu próprio ponto de vista sobre as vidas dos estudantes, pelo olhar do círculo de aprendizado pluralista. Nessa etapa, porém, preciso enfatizar que esse ângulo em particular é um de muitos. Não é possível prever, via teoria, a vida de qualquer estudante em particular.

O conceito de "responsabilidade" se encontra no centro do processo de aprendizado de uma escola democrática. O estudante é direcionado para que se responsabilize por sua vida. Ele precisa escolher seus objetivos e seu caminho e lidar com os resultados de suas escolhas. Ele não tem a opção de responsabilizar o sistema pelos resultados de suas ações ("a escola é uma fábrica de notas...") ou nos adultos ("o meu professor é um...").

A jornada do aprendizado independente leva o estudante ao círculo do aprendizado pluralista. Ele começa numa área de desconhecimento — uma condição que o obriga a embarcar numa jornada de busca e reflexão sobre a direção e o conteúdo das suas ações. Ele continua na área de crescimento, caracterizada por um processo de aprendizado e aprofundamento numa disciplina de escolha do estudante. Ele chega à área de descoberta, onde realiza seus objetivos ou fracassa. Depois, desenvolve-se a área de dúvida, em que o estudante reflete e avalia sobre o lugar em que se encontra agora.

É muito difícil criar uma imagem uniforme do dia de uma criança na escola, desde o momento em que ela entra de manhã cedo até o final do dia. Ela pode jogar futebol, visitar várias aulas do currículo ou gastar o concreto do pátio. A imagem varia muito de criança a criança, mas é possível ver claramente que depende do estágio em que a criança está do seu círculo individual de aprendizado.

Se estivermos falando de um novo estudante, seu dia é bastante afetado pelo modo como ele entra na escola.

"Bem-vindos à Escola Democrática"

Quando uma criança entra na Escola Democrática, ela precisa lidar com o que parece ser, à primeira vista, um mundo desordenado, além de experimental e tempestuoso. Em nosso processo de absorção, percebemos três tipos de situações comuns:

- estudantes que vivenciam um "choque de liberdade" ao entrar na escola;
- estudantes que estão tentando um sucesso "maior do que na escola anterior";
- estudantes que chegam com facilidade e sem maiores atritos.

O choque de liberdade

A primeira sensação de uma criança ao encontrar a escola é que ela veio a um lugar mágico. Ela se sente zonza, inundada pelas muitas possibilidades que a escola lhe oferece e diz a todo mundo que "nunca houve um lugar como esse". Mas essa primeira sensação logo se dissipa, substituída pelo que chamamos de "choque de liberdade". Essa experiência de liberdade causa o colapso de tudo que a criança conhecia anteriormente, tanto sobre si mesma quanto sobre os papéis assumidos pelo seu ambiente.

Vamos dar uma olhada no exemplo de Rami, que veio até nós aos 13 anos de idade. Seu encontro com a Escola Democrática começou com comemoração. Ele determinou para si alguns objetivos sérios: completar todos os exames de acesso dentro de dois anos, tornar-se presidente do Parlamento e promover conexões com crianças de escolas democráticas em todo o mundo. Na verdade, seus planos deram errado, mas, pela primeira vez em sua vida, Rami não pôde dar as suas desculpas de sempre por sua falta de sucesso (atribuindo-o à escola ou aos professores). Pelo contrário, ele teve ajuda da escola, mas descobriu aos poucos que os planos não estavam funcionando como planejado. Sentiu dificuldades em cumprir com as exigências para os exames de acesso, descobriu que não era fácil ser eleito presidente do Parlamento e que os estudantes de outros países não queriam cooperar. Ele sentia que havia um grande número de possibilidades, mas nenhuma opção prática real. A liberdade – como um imenso espelho – exigia que encarasse a si mesmo. Uma dificuldade dessas é tremenda, complicada para qualquer um que não tenha passado por ela pessoalmente possa descrevê-la. Rami não conseguiu lidar com sua posição nesse lugar complicado. Ele tentou estratégias ilegítimas, por exemplo, oferecendo doces às crianças menores para que votassem nele como presidente do Parlamento. Conforme cresceu sua frustração, seus métodos foram se tornando menos refinados e por fim acabou recorrendo à violência física e verbal contra seus oponentes.

Há crianças que pulam a fase de maravilhamento e caem direto no choque de liberdade. Elas não têm ideia por onde começar, após todos esses anos sem que em qualquer momento tivessem realmente parado para pensar por si próprias naquilo que lhes interessava e no que queriam fazer de verdade. Elas se sentem mal por isso, então, e não sabem como fazer para melhorar.

O sentimento de que "está tudo desmoronando" leva as crianças tocadas pelo choque de liberdade rumo a uma reflexão radical sobre os limites desse novo espaço. Elas querem ver se "podemos mesmo fazer o que quisermos". Os professores estão realmente do seu lado? É possível mesmo passar o dia todo no pátio, sem participar de nenhuma das aulas? E assim por diante. Por vezes, sentindo essa "inebriação de liberdade", conforme elas examinam seus limites, chegam a experiências que são danosas (a si próprias e aos seus entornos) e até mesmo a atos criminosos. Esse processo de reflexão pode durar algum tempo, e o resultado varia de criança para criança. Algumas terminam esse processo dentro de um mês, enquanto outras demoram um ano ou mais. Geralmente ocorre que a criança emerge do seu choque de liberdade depois de encontrar, dentro do caos, uma área que lhe interesse de verdade, para a qual ela possa se dedicar – e alcançar suas áreas de crescimento.

No contexto dos processos de aprendizado, descritos no Capítulo 3, na condição de choque de liberdade a criança logo é trazida para o reino do desconhecimento e o sentimento de que está devidamente equipada para lidar com isso.

Um dos incidentes pelo qual passei com Rami demonstra essa etapa:

Um dia vi que Rami estava amarrando uma corda no galho de uma árvore alta, colocando as crianças para sentarem e usando-a como balanço, empurrando as crianças na direção do tronco da árvore. Eu corri até lá e lhes disse que a brincadeira era perigosa e pedi que parassem. Rami se recusou, dizendo que eu não tinha autoridade para impedi-lo, e que, se eu quisesse, teria de apontá-lo para o Comitê Disciplinar. Eu lhe disse que isso era o que iria acontecer de fato, mas também lhe expliquei que, enquanto isso, em minha capacidade como responsável pela segurança da escola, eu estaria pondo um fim à brincadeira. Rami se recusou, portanto retirei a corda da árvore pessoalmente e disse a ele que, se ele julgasse que eu tinha infringido as normas da escola, ele tinha o direito de me convocar no Comitê Disciplinar. Achei que o problema tinha parado por aí e me virei para ir embora. Imediatamente, porém, ficou bem claro que eu estava enganado. Alguns segundos depois, no que eu saía do pátio, Rami começou a amarrar a corda de novo. Voltei e expliquei novamente que isso era proibido, mas ele me apontou para o Comitê Disciplinar, dizendo que era direito seu continuar a brincadeira enquanto isso. Todas as minhas tentativas de explicar que, "enquanto isso", um desastre poderia acontecer fracassaram. Então, pela primeira vez em todos os meus anos na escola, eu usei da minha autoridade como o responsável pela segurança da escola para retirar a criança antes do processo do Comitê Disciplinar. Acabei tendo que mandar Rami para casa.

Ele reagiu de forma imediata. Contrariado, entrou em todas as salas da escola para reclamar, com um tom dramático, que o diretor era um "ditador". Ele foi para casa depois que terminou.

No Comitê Disciplinar, Rami me acusou de ter infringido as normas da escola, enquanto eu o acusei de ter colocado em perigo as vidas dos estudantes. Depois de uma discussão difícil, o meu ponto de vista foi aceito.

Surpreendentemente, porém, esse incidente melhorou a relação entre nós. Nós nos tornamos mais próximos, e Rami começou a dividir comigo mais e mais os seus pensamentos e planos para "conquistar o mundo". A partir daquele momento, sua vida na escola começou a mudar também. Aos poucos, foi se tornando uma figura central na escola. Com o tempo, ele acabou desenvolvendo de fato as conexões que tinha planejado com as outras escolas ao redor do mundo, organizou delegações e foi até convidado a visitar várias escolas em todo o mundo para apresentar-lhes ideias sobre escolas democráticas.

Rami acabou estudando medicina e hoje trabalha na área.

Nesses momentos (de choque de liberdade), os adultos em torno da criança têm um papel crucial, sobretudo quando lidam com as crianças mais velhas que chegam à nossa escola vindas de escolas normais. Essas crianças sabem que, em situações semelhantes em suas antigas escolas, os adultos reagiriam com raiva e negação. Elas esperam a mesma reação em seu novo ambiente também, e por isso será difícil para elas estabelecerem uma relação com os adultos ao seu redor.

O papel dos adultos/tutores é multidimensional e nem um pouco simples. Por um lado, não podemos abrir mão dos limites da escola, enquanto, por outro, não podemos desistir das crianças e de nossas relações com elas (no Capítulo Cinco abordarei novamente esse assunto).

Eu colocaria do seguinte modo a mensagem que o adulto deve transmitir à criança: "Olha, nós sabemos que agora você se sente como se estivesse no meio do oceano, sem conseguir ver nada no horizonte, mas há uma praia próxima e você irá alcançá-la. Eu estarei com você nesta jornada e, mesmo que seja difícil para nós dois, você poderá vir até mim a qualquer momento. No entanto, você deve se lembrar que a nossa jornada se dá *sobre a água*. Eu nunca vou deixar você se afogar, nem afogar ninguém mais perto de você".

Ao longo dos anos, escutei das crianças que reuniões como essas com os tutores na escola democrática causaram mudanças em suas visões sobre o mundo adulto.

Um dos meus estudantes me disse numa discussão final: "Essa foi a primeira vez que eu recebi apoio de um adulto – não por ter conseguido fazer algo que me mandaram fazer, mas por ter entrado num lugar difícil mesmo, um lugar de fracasso". Quando um adulto acredita na criança e a aceita, é possível chegar ao litoral da segurança.

A experiência do choque de liberdade não é exclusiva das crianças que chegam de outras escolas. Até mesmo as crianças mais novas, que chegam às primeiras séries, podem passar por um choque ao entrarem na escola. Em sua maior parte, esse choque assume a forma de um vagar sem rumo pelo pátio da escola, com as crianças não conseguindo encontrar qualquer coisa em que possam se prender. Elas irão reclamar que estão entediadas, é possível que elas chorem e até mesmo não queiram ir para a escola de manhã. Claro que nos casos dessas crianças pequenas há também uma grande importância no papel do tutor adulto. É seu o dever de se encontrar com a criança a partir de uma perspectiva de intimidade e apoio, apesar da dificuldade do "estou entediado". Aqui também o objetivo é conter a criança sem temer o seu tédio e sem tentar preenchê-la com conteúdos.

O que fica para nós, os adultos, como lembrança da experiência dessas crianças na escola são, principalmente, os processos criativos impressionantes pelos quais elas passaram. Mas, o que é o mais surpreendente, muitos dos formandos dizem que foi essa fase do choque de liberdade a experiência mais importante pela qual passaram em todos os seus anos na escola.

"Mais do que uma escola comum"

As crianças nessas circunstâncias tentarão provar que, por mais que tenham chegado num mundo de liberdade, elas são capazes de realizar mais do que podiam numa escola comum. Na faixa etária dos menores, vemos crianças de 5 e 6 anos entrando nas turmas das crianças mais velhas e estudando disciplinas que numa escola comum só seriam ensinadas anos mais tarde. É importante afirmar que há crianças que escolhem essas disciplinas não porque são "estudiosas". A diferença está nos objetivos. Com os "estudiosos" há a sensação de que eles entram na aula de inglês (por exemplo), não por um interesse pessoal real, mas porque querem ser "os primeiros a aprender a língua" e para alcançar os outros – em sua maioria amigos e parentes estudando em outras escolas.

Há estudantes mais velhos que escolhem completar todos os seus exames de acesso, em todas as matérias, e tomam para si aulas que não existem em outras escolas. Eles estudam muitas horas todos os dias e muitas vezes pedem para fazer os exames de acesso antes da idade normal.

Geralmente, uma criança desse grupo vai passar por um período inicial de sucesso e prazer. Pode-se presumir que ela irá receber um apoio considerável da família e do meio no qual está inserida. Seus pais podem contar para os outros sobre o seu sucesso: "O nosso filho frequenta uma escola democrática, e ele está curtindo a vida escolar e também fazendo os exames de acesso e isso tudo ainda no primeiro ano do ensino médio". Ou, então, eles podem se orgulhar de ter um filho de 6 anos tendo aula junto com as crianças de 12 e aprendendo inglês.

A partir da nossa experiência, na maioria dos casos, a sensação de realização passa e é substituída por uma queda. No caso da criança menor, veremos que ela não vai mais participar das aulas de inglês e não vai mais nem querer saber da disciplina. As crianças mais velhas podem passar por experiências mais difíceis, sentindo que não têm mais para onde correr. Nesses casos, as famílias não conseguem lidar com a dificuldade e retiram a criança da escola.

Se elas "aguentarem firme" e deixarem o processo continuar seu curso natural, com a ajuda dos tutores e outros adultos na escola, então a "queda" – o colapso de toda a grade escolar glamorosa – irá abrir o caminho para novas possibilidades. Uma hora a criança criará uma rotina de aprendizado equilibrada para si própria, com base nos seus interesses verdadeiros. Esse caso também exige que o adulto seja contido, para ajudar a criança a passar por esse período com paciência, na fé de que ele uma hora virá a encontrar seu caminho pessoal.

Durante os anos, vimos outros casos também, em que crianças com um poder tremendo continuavam pelo caminho da conquista em todos os seus anos na escola. Essas crianças obtêm sucesso em sua trajetória graças ao apoio que recebem de casa e do seu meio. Elas não criam vínculo com a ideia de procurar por áreas de crescimento e preferem criar um sistema normativo de conquistas. Elas também precisam ter um adulto por perto, mas um adulto que não irá julgá-las, e que, em vez disso, reflita para elas a diferença entre aquilo que captura o interesse delas e aquilo que elas "precisam fazer". Numa última discussão que tive com Shuval, um dos formandos da escola, ele me disse: "Eu fiquei aqui uns quatro anos, e na verdade nunca me permiti me libertar, nem um único dia, para ter a experiência da escola".

"Nascidos na escola"

Há crianças que parecem ter sido nascidas numa escola democrática. O que as caracteriza é que, após um mês, é como se elas tivessem vivido ali durante anos, e essa sensação é comum tanto para as crianças quanto para o corpo docente. Sua conduta na escola é livre tanto do choque de liberdade quanto do frenesi das conquistas. Elas logo se conectam com o que lhes interessa e começam a agir. As mais novas demonstram uma variedade de interesses: em interação social, brincadeiras independentes ou no reino do aprendizado. Elas parecem ocupadas o dia todo, sem quase quaisquer áreas de tédio, e estão, na verdade, inseridas num processo diário de fluxo e progresso. As crianças mais velhas logo encontram suas áreas de interesse e entram num processo de aprendizado de longo prazo.

Por exemplo, ainda em seu primeiro mês na escola, Orli, de 13 anos, conseguiu dar um jeito na sala de vídeo e continuou liderando toda a disciplina de cinema na escola até se formar.

Já a história de Narkis é particularmente interessante, porque, segundo todos os sinais de aviso, ela deveria ter sido o exemplo perfeito do período de dificuldade em se ajustar à escola. Segundo o pessoal do *kibbutz* em que ela vivia, em tudo ela era incontrolável. Ela foi descrita como uma menina violenta, sem limites. Bem, desde o dia em que entrou no pátio da escola pela primeira vez, nós não observamos nada dos fenômenos sobre os quais fomos avisados. Narkis se tornou uma líder social, preenchendo um papel central nas atividades dos comitês da escola, oferecendo auxílio e apoio para as crianças necessitadas. Embora estivéssemos esperando uma crise de choque de liberdade, essa crise nunca veio.

Anos depois, quando fui comentar isso com Narkis, ela me esclareceu que sua entrada fácil na escola se deu porque, para ela, a escola foi "o começo de uma vida nova". Ela sentia que as pessoas botavam fé nela, e, para ela, esse era um sentimento muito visceral. Ela sentia que tudo estava aberto, que qualquer coisa era possível e que em qualquer evento ela encontraria apoio. Hoje Narkis é professora em uma escola democrática.

Estudantes nas ondas do aprendizado pluralista

Após a etapa de entrada, as crianças entram nos círculos de aprendizado descritos no capítulo anterior. Esse, é claro, é um processo complexo, que varia de criança para criança, de acordo com a personalidade, a faixa etária e outros fatores. Mesmo no caso de uma única criança o processo não é contínuo e consistente. Seria possível também descrever a espiral do aprendizado pluralista como um movimento ondulado. No começo do processo de aprendizado, as ondas são frequentes e não muito poderosas, e, conforme o aprendizado continua, as ondas crescem em poder na medida em que sua frequência diminui.

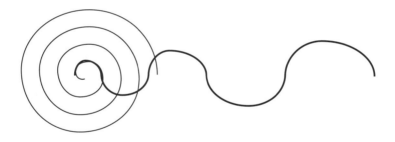

Com as crianças menores (no geral, não necessariamente para todos os casos específicos), eu consigo distinguir ondas de curto alcance. A criança pode demonstrar interesse durante uma semana num assunto em particular (conhecer um novo amigo, passar os dias cavando buracos na caixa de areia, desenhar por dias a fio, etc.). Mais tarde, esse interesse se dissipa e, por alguns dias, ela parece estar vagando sem rumo – quando, de repente, ela entra em outro campo de interesse outra vez. A espiral que representa o movimento entre o desconhecimento e o conhecimento existe por breves espaços de tempo.

Por vezes, as ondas continuam por mais tempo, quando parece que a nova área de interesse empolga a criança, preenchendo-a por completo. Por exemplo, uma criança pode estar aprendendo a ler muito intensamente, e seus pais relatam que, em casa também, ela pede para ler todos os nomes de marcas nas caixas e todos os títulos de livros. Ou também pode ser uma criança que trabalhe o dia todo com os animais. Na maioria dos casos, essa onda também vai passar.

Essa pode ser uma experiência frustrante para os pais. Eles já contaram para o mundo inteiro que a criança tem um interesse profundo em leitura e está progredindo numa velocidade impressionante e eis que então a criança abandona completamente a leitura e transfere seu interesse para o campo de futebol. Os pais temem que ela nunca volte ao interesse anterior, e sua ansiedade só cresce se as áreas envolvidas forem consideradas de prestígio, como leitura, matemática ou inglês.

Meu filho mais velho, dos 4 até os 10 anos, dedicava um mês por ano a desenhar. Ao longo daquele mês, o desenho preenchia o seu mundo inteiro. Depois de um mês, ele abandonava o desenho como se nunca tivesse mexido com isso e retomava as atividades no ano seguinte. Descobri que a qualidade dos seus desenhos melhorava a cada ano, como se processos internos estivessem ocorrendo mesmo durante os meses "vagos".

Como observo muitas outras crianças, posso concluir que isso me parece um caminho natural para os seres humanos – engajar-se com um tema a fundo, depois deixar fluir naturalmente, com ondas de interesse profundo e períodos de menor interesse.

É possível identificar ondas semelhantes em crianças mais velhas. Porém, o alcance de tempo é maior. Por exemplo, uma criança em particular pode aprofundar seu interesse em escrever e ajudar a produzir o jornalzinho da escola. Durante vários meses, ou até mesmo vários anos, o jornalzinho, em todos os seus aspectos, será o centro de suas atividades. A criança pode expandir seus interesses – de escrever para o jornal até produzi-lo, editá-lo e até vendê-lo e anunciá-lo. Ela pode até tomar a escrita para o jornal como um ponto de partida para escrever no geral. Nesse caso, ela pode ainda fazer aulas de teatro, para se especializar na redação de peças, ou pedir ao professor de literatura que a ajude a escrever roteiros, contos e outros.

Essa onda também passará e será seguida por um período de esvaziamento, cujas dimensões não conhecemos. Apesar da dificuldade, essa situação não se parece com o que foi descrito como "choque de liberdade". Quando as crianças atingem esse período, elas se parecem com mergulhadores subindo para respirar e ganhando força. Em todo caso, a "pausa" não é uma experiência fácil para as crianças mais velhas, e por vezes elas temem ter exaurido suas habilidades e que podem acabar não encontrando um novo desafio na escola. Em outros casos, elas podem refletir sobre a possibilidade de expandir sua antiga área de interesse em outra escola (por exemplo, passar para uma escola de artes). Geralmente, após um período de repouso e com o apoio dos adultos ao seu redor, elas conseguem encontrar uma nova área de crescimento. Em sua maior parte, a nova área de crescimento se conecta de forma associativa à antiga área de interesse. Quando as crianças descrevem esse sentimento, dizem que "há uma conexão por dentro". Elas dizem isso mesmo quando parecem estar descrevendo uma mudança difícil de aceitar, como, por exemplo, do futebol para a física.

A jornada da "recarga" numa área de força para a "luta" numa área de crescimento

Quando uma criança chega numa nova área de crescimento, ela precisa de uma força considerável para lidar com a frustração e falta de sucesso. Eu já vi crianças disléxicas que começaram a escrever no nosso jornal. Já vi uma criança com problemas de fala que lutou e conseguiu sucesso em se tornar presidente do Parlamento. Já vi uma criança com sérios problemas em aritmética simples que se sentia atraída pelas ciências e acabou estudando na Technion. Já vi muitos outros exemplos de crianças que foram atraídas, como se através de fios mágicos, a áreas que muitas vezes pareciam impossíveis para elas.

Ao longo dos anos, aprendi que três principais pré-requisitos eram necessários para passar por uma nova área de crescimento, com todos os seus desafios e dificuldades:

***Primeira condição** – Essa área de crescimento deve derivar de sua motivação pessoal e não de um desejo de impressionar ou satisfazer outra pessoa*

Nesse caso, pode-se presumir que, em vez de causar um colapso, os fracassos servirão para criar oportunidades. Havia crianças trabalhando em lugares que eram muito difíceis para elas, no entanto, suas experiências trouxeram oportunidades e não desastres.

Uma dessas crianças, uma menina que tinha 10 anos à época, chamada Sigal, insistia em estudar inglês, apesar de ter grandes dificuldades com aquisição de língua. Quando perguntei por que ela continuava, respondeu que era muito importante para ela, porque tinha interesse em filmar vídeos e a maior parte do material sobre o tema estava escrito em inglês. A resposta pode ter sido simples, mas demonstra uma fonte de motivação para o aprendizado. Sigal não disse que "é importante saber inglês para ter sucesso na vida". Em vez disso, ela explicou a importância pessoal que aprender inglês tinha *para ela*.

Entre as crianças mais novas, particularmente nas primeiras séries, os fracassos e as frustrações ocorrem diariamente, só que essas crianças logo aprendem que o fracasso não é uma desgraça, mas sim parte importante do crescimento. Os adultos que as cercam repassam uma mensagem que, assim como o sucesso, o insucesso é também uma parte natural do processo de aprendizagem.

A segunda condição – O poder deve partir de áreas de força e de um sentimento de capacidade, de modo que a frustração não ameace a autoimagem do estudante e sua própria fé em seus poderes

Esse fato é particularmente evidente em bebês. Nós os vemos repetindo um movimento em particular durante um longo período de tempo, mas, para nós, parece que já esgotaram todas as possibilidades desse jogo/processo. Eles não se cansam, mas o repetem de novo e de novo.

Na verdade, os bebês estão engajados em recarregar as baterias em sua "fé nas próprias capacidades", ao permanecerem numa área de força recém-adquirida. Só depois de estarem com a "bateria cheia" é que passam para a próxima atividade, na qual se encontram de volta na estaca zero (uma área de crescimento) e precisam lidar com muitas frustrações. Essa "bateria" lhes confere o poder para superar essa nova área de frustrações.

De modo semelhante, crianças em idade escolar embarcam numa jornada na qual elas começam com um acúmulo de energia em suas áreas pessoais de força e, com isso, partem para a luta com as áreas de crescimento.

Um exemplo disso é Yaron, um menino que foi diagnosticado com dislexia severa. Durante seus anos na escola, investiu esforços consideráveis em ler e escrever, passando por vários momentos sérios de dificuldade. Em paralelo, ele investiu seu tempo em vários tipos de esporte e se envolveu em muitas atividades na esfera social, levando seus amigos a um grande número de projetos, sobretudo na área de educação física da escola.

Nas muitas avaliações diagnósticas de Yaron, é possível observar o seguinte comentário: "Nunca conheci uma criança com dificuldades desse tamanho, mas com uma autoimagem tão boa e sem medo de entrar num processo de aprendizado que envolva ler e escrever".

A terceira condição – Um exemplo central

Há muita significância em como uma criança absorve o modo como seus pais/tutores lidam com dificuldades. A maioria de nós aprende que não atingir um objetivo desejado é igual a: fracasso e vergonha. Temos isso internalizado de modo que a maioria de nós se critica de forma severa e destrutiva. Quando isso acontece, servimos de exemplo desse mesmo comportamento destrutivo para as crianças.

Muitas vezes nos perguntamos o porquê de nosso encorajamento e apoio não servir para despertar as crianças e estudantes para o processo desejado de aprendizagem. A partir da minha experiência, o caminho para o sucesso deve vir de nós mesmos. Sem uma mudança pessoal nos pais, não haverá, na maioria dos casos, uma mudança de atitude nas crianças em relação ao fracasso.

Como a maioria de nós tem dificuldade em ver o fracasso como oportunidade para crescimento, é melhor deixar a criança sozinha em seus momentos de insucesso (isto é, se ela ainda não tiver adotado nossos padrões de comportamento) e assim permitir que ela lide com a dificuldade e cresça com ela. Nossas crianças geralmente têm mais coragem do que nós e são capazes de dar esse passo. Só precisamos estar lá para elas e acreditar em sua capacidade e, nesse caso, aprendermos com elas.

A capacidade de lidar com a dificuldade é afetada consideravelmente pela situação pessoal da criança. Se ela tiver experiência numa área de força, pode-se presumir que a dificuldade será um desafio para ela, e ela não irá se esconder atrás de outras atividades no momento em que esbarrar num obstáculo. Um processo fluido inclui dificuldades diárias, e a criança aparenta aceitá-las naturalmente. Mesmo quando o desafio parece impossível para o observador externo, o comportamento da criança demonstra que ela não tem medo de tentar de novo e de novo.

Vamos retornar agora para a espiral do aprendizado. A área de crescimento e desenvolvimento está sempre onde vemos aquela pontinha do "algo mais", o desafio real. Lá vemos um fluxo, e, a partir do que vimos, as crianças não têm interesse em menos do que isso. Há muitos anos, um grupo de crianças na escola me pediu para construir uma parede de escalada com doze metros de altura. Os adultos explicaram que isso criaria dificuldades intransponíveis. O Parlamento não tinha orçamento para uma parede dessas; seria necessário receber cartas de aprovação complicadas da prefeitura e do Ministério de Educação, e ao final seria necessário encontrar uma empresa de seguro disposta a segurar os participantes. Apesar de todas as explicações, seu entusiasmo não oscilou nem por um momento. Elas chamaram um engenheiro de segurança, arrecadaram dinheiro com trabalho e contribuições, e fizeram uma solicitação ao município e ao Ministério da Educação. Um ano depois, lá estava a parede de escalada. As crianças foram responsáveis pelo processo de planejamento, a obtenção da aprovação e a realização.

Por vezes, a inexperiência das crianças abre portas que pareciam trancadas para muitos adultos, por causa de sua própria experiência. Não há sentido em tentar protegê-las do fracasso que ninguém sabe quando ou se irá ocorrer.

Acredito que devemos dar apoio às crianças, mesmo quando achamos que as chances de sucesso são ínfimas, como no caso da parede de escalada. E devemos oferecer-lhes apoio mesmo quando elas caírem, como vimos em muitos casos na escola. É nosso trabalho lançar luz nas oportunidades que o fracasso abre para nós.

Perguntas e respostas
A vida no círculo do aprendizado pluralista

Como as crianças vão saber como escolher, se não estão familiarizadas com as possibilidades?

A premissa básica da escola normal é que "se aprendermos um pouco de tudo, quando a criança chegar à idade do ensino médio, ela será capaz de escolher o que quer estudar a fundo". A premissa básica da escola democrática nisso também é um pouco diferente:

É desnecessário e impossível ter a experiência de "todas as opções". A alegação de "estar ensinando às crianças um pouco de tudo" é falsa por natureza. Como já mencionamos, o conhecimento humano aumenta numa taxa de 40-50% a cada ano. Para sabermos um pouco de tudo, teríamos de passar nossas vidas inteiras estudando, e ainda assim não seria o suficiente. A outra opção é presumir que os adultos sabem de antemão o que se deve saber, e, portanto, a escola deve elencar para os estudantes aquilo que é mais ou menos importante. A perspectiva subjacente a isso é que a escola descobriu o "caminho mágico" que é mais eficaz e levará a criança ao "sucesso".

Na perspectiva da educação democrática, essa premissa é arbitrária. Não há nenhum acordo universal sobre o que é considerado sucesso e os caminhos definitivos de obtê-lo. Cada pessoa precisa deliberar e escolher seus próprios objetivos e os meios de atingi-los. Nós não fazemos nossas escolhas graças ao conhecimento, mas à sua falta. Quando observo o meu cotidiano, outro ponto de vista sobre essa questão surge: Será que eu, por exemplo, escolhi a minha profissão depois de ter "provado um pouco" de todas as profissões? Escolhi minha esposa depois de ter "experimentado todas as mulheres"? Ninguém considera chegar às decisões mais importantes de sua vida desse modo. Se é assim, então por que a criança deve provar "um pouco de tudo" para escolher aquilo que desperta seu interesse? Os sentimentos que acompanham as áreas de crescimento, como as descrevi no terceiro capítulo – interesse, entusiasmo, um sentimento de fluxo, a capacidade de superar obstáculos –, servem todos para mensurar a decisão certa, tanto na vida da criança quanto na do adulto.

Não sabemos quais são as "coisas sem as quais não dá para se virar na vida". Se eu soubesse quais coisas são essas, é provável que eu quisesse forçar os meus filhos a conhecê-las também. Mas o que são elas? A trigonometria, por exemplo, é uma disciplina obrigatória em todas as escolas de ensino médio de Israel. Gerações de estudantes investiram horas de suor e muitas vezes lágrimas em compreender a matéria. Quando eu era novo, perguntava aos meus professores: "Por que é importante que eu saiba trigonometria?" Eles diziam que eu não entenderia na época, mas que, quando crescesse, iria entender. Cresci desde então e até agora estou esperando a resposta. Será que eu estaria errado em afirmar que nós não nos lembramos de 80% das matérias que são "importantes para a vida" segundo as nossas escolas? O que, de fato, eu me lembro da minha época escolar? O que é relevante para a minha vida hoje? O processo democrático visa libertar a criança desses 80% de matérias aparentemente importantes para a vida (de quem?) e permitir aos estudantes que adquiram as ferramentas de aprendizado que irão ajudá-los a obter qualquer conhecimento que seja importante para eles.

"O Básico"

Mas e "o básico"? Talvez seja verdade que a trigonometria não é importante para nós como adultos, mas certamente a habilidade de ler e se expressar por escrito, a aritmética básica e o inglês – tudo isso é relevante para quase todo adulto no mundo de hoje. Será que a escola não deveria obrigar os estudantes pelo menos a aprender "o básico"?

Nisso também a premissa básica da educação democrática sobre as crianças difere da premissa da educação conservadora.

Antes de tocarmos no assunto em si, devo comentar que mesmo a expressão "o básico" não deve ser dada como garantida. Seria certo incluir entre os elementos básicos – ar, nutrientes, amor, etc. – as disciplinas de ler, escrever e aritmética? Não sei a resposta, mas é uma pergunta importante de se fazer.

Concordo, porém, que todos devem dominar as capacidades de leitura, escrita, aritmética básica e inglês. A questão é: como vamos conseguir que a maioria dos estudantes tenham sucesso nessas matérias? Uma escola normal presume que o esforço traz o sucesso, mas ignora as condições particulares do indivíduo, operando processos de coerção adequados para a média daquela faixa etária. Testes de compreensão de leitura, expressão por escrito e compreensão matemática em escolas primárias nos mostram os resultados desses processos de coerção: 20-30% dos estudantes reprovam em uma dessas matérias, sendo, portanto, considerados como portadores de deficiências de aprendizado.

O aprendizado coercivo do básico só causa prejuízos à curiosidade natural das crianças. Quando obrigamos uma criança a aprender a ler quando ela não tem interesse em leitura, desenvolvemos um bloqueio psicológico nela, que fará com que não consiga dominar a leitura mais tarde, quando o interesse surgir.

A esse princípio eu chamo de "o princípio do borscht". Quando eu era criança, minha mãe tinha certeza sobre qual era a comida mais saudável do mundo (o "básico" da alimentação). Por mais que houvesse muitos tipos de comidas no mundo, eu só seria uma criança forte e saudável se comesse borscht. Fui crescendo, e ela continuou tentando de novo e de novo me fazer comer borscht. O resultado é que, hoje, só de ver beterraba, eu já sinto náuseas. Até a palavra, "beterraba", me faz querer vomitar. Encontrei o fenômeno do borscht de novo quando virei estudante da universidade. Entre outras disciplinas, estudei estatística.

E então descobri que muitos estudantes que eram brilhantes em várias áreas de conhecimento sentiam uma pressão horrorosa quando precisavam lidar com qualquer campo que os fizesse lidar com números. Eles me disseram que não conseguiam pensar durante as aulas de estatística, que eles suavam, com o coração acelerado – o que era bem os meus sentimentos a respeito de beterrabas. Quando eu tentava descobrir onde isso tinha começado, quase sempre chegávamos ao professor da escola primária, que "queria ajudar" e exigia um maior investimento de esforços em matemática, trazendo à tona todas as suas angústias.

Voltemos agora às capacidades de ler e escrever. Ao observar as crianças, é fácil ver que a curiosidade é parte de sua abordagem natural ao mundo. Ler e escrever são ferramentas úteis para todos os adultos em torno delas, e parece razoável que sua curiosidade natural irá levá-las para essas áreas de aprendizado, quando chegar a hora certa.

Porém, a faixa etária é muito mais ampla do que geralmente se aceita e varia de 3 a 11 anos. Qualquer tentativa de encontrar um fator comum em que todas as crianças se encaixem irá ferir certa porcentagem delas, fazendo com que passem a operar sob o "princípio do borscht". Por isso, encontramos crianças que "morrem de medo" de matemática, crianças que fogem de textos e adultos que têm muita dificuldade em se expressar por escrito.

O que motiva as crianças a abordarem o básico?

Acompanhei muitas crianças que tentaram aprender a ler e escrever e descobri que todas as crianças são diferentes de um jeito distinto e único. Meu filho, de 6 anos, passou as últimas semanas hipnotizado pelos livros, imaginando o que está escrito neles. Ele ainda não sabe como lê-los, mas esse me parece ser o começo do seu caminho. Outra criança que conheci tinha interesse em carros e andava por aí com um catálogo automobilístico, tentando entender o que estava escrito neles. Outras crianças se interessavam por animais e queriam saber o que estava escrito sobre os seus objetos de interesse nas enciclopédias de zoologia. O processo já foi descrito aqui. A criança se identifica com aquilo que a fascina e começa a crescer a partir disso. Nesse processo de crescimento, ela geralmente precisa de palavras por escrito para poder se desenvolver. Nessa situação, ela precisará pedir ajuda com leitura, e assim a leitura ocorrerá de uma forma natural/aleatória, para ser canalizada no principal tema que lhe interessa.

Coisas semelhantes acontecem com a aritmética. Conheço crianças que aprenderam a calcular o troco a ser recebido na lojinha da escola, muito antes de "aprenderem" aritmética formalmente. Outros aprendem com jogos que requerem pensamento matemático.

O inglês é mais relevante para os estudantes israelenses do que as outras disciplinas, por sua conexão com filmes e jogos de computador nesse idioma (em outras palavras, há uma motivação extrínseca, não vinculada à escola ou à aquisição de linguagem). O exemplo que pode demonstrar o fenômeno oposto é o completo fracasso do sistema educacional em transformar os estudantes judeus em conhecedores do idioma árabe, apesar das muitas horas obrigatórias investidas em seu ensino. As crianças judias de Israel (infelizmente) não sentem que o árabe é relevante para o seu mundo. Por causa desse sentimento de irrelevância, os estudos de árabe via coerção não atingem seu objetivo. Pelo contrário, eles fazem com que as crianças criem resistência e rejeição ao idioma árabe e sua cultura, como a rejeição de todas as disciplinas obrigatórias que são irrelevantes para as vidas dos estudantes.

Para quem ficar chocado com esse exemplo e ainda sentir que os estudantes devem ser obrigados a aprender árabe por causa de sua importância, sugiro que substituam a palavra "árabe" por "física". Quantas crianças foram motivadas a aprender física porque foram forçadas, e quantas passaram o resto da vida rejeitando a disciplina? Em minhas estimativas, se a física fosse uma matéria eletiva (não como parte do currículo do ensino médio, mas eletiva desde cedo), uma alta porcentagem dos estudantes teria a experiência dessa disciplina e aprenderiam as coisas maravilhosas que ela tem para ensinar. Em vez disso, hoje a maioria dos estudantes jamais chegará perto dela.

Devo acrescentar, a partir da minha própria experiência como pai, que lidar com o básico é tudo menos claro e simples. Ainda acredito que devemos possibilitar que as crianças cheguem ao aprendizado da leitura (como com qualquer outra coisa na vida) em sua hora e seu ritmo pessoais. Ainda assim, estou consciente do fato de que mesmo uma criança completamente livre, sem sofrer qualquer pressão dos pais, pode desenvolver uma barreira psicológica e uma autoestima baixa como resultado de seu encontro diário com um mundo que ainda espera que essas aptidões sejam desenvolvidas dentro de prazos determinados.

Não tenho nenhuma solução inequívoca para esse problema, exceto a sensibilidade dos adultos que cercam a criança e sua capacidade de ajudá-la na hora e lugar adequados, para que haja uma integração do lugar interno da criança e sua necessidade de integrar-se à sociedade.

Crianças com dificuldades

Como a escola democrática se relaciona com as crianças que têm dificuldades em chegar "naturalmente" ao aprendizado do básico?

Para responder a essa pergunta, não podemos evitar voltar ao conceito normativo, segundo o qual as crianças devem ter sucesso nessas tarefas – ler, escrever e aritmética – por volta dos 7 anos ou, no máximo, 8 anos. Qualquer um que alcance essa linha de chegada sem o conhecimento necessário é geralmente definido como portador de "dificuldade de aprendizado". Não preciso nem dizer que qualquer um que seja assim definido responderá a essa classificação com uma imagem de baixa autoestima e sentimentos naturais de inferioridade.

Se tratássemos as crianças do mesmo modo quando elas começassem a andar ou falar e criássemos toda uma indústria (diagnósticos, institutos, aulas particulares, etc.) para o desenvolvimento das capacidades de falar e andar, o critério de idade iria aparentemente diminuir (pois, afinal de contas, quanto mais cedo melhor), e, como resultado, a população daqueles "com dificuldades" para andar e falar seria consideravelmente maior do que é agora.

Moshe Feldenkrais apontou que as crianças mais velhas de uma família costumam ter uma porcentagem mais alta de problemas de coluna do que a média geral. Ele presumiu que os pais mais jovens e inexperientes faziam os filhos "andarem" antes de eles estarem prontos para isso, e assim causavam danos ao desenvolvimento da coluna vertebral das crianças, prejudicando suas capacidades motoras. Mais tarde, os pais se acalmam e aprendem que as crianças começam a andar naturalmente e na hora que lhes é mais adequada, sem precisar da "ajuda dos pais".

De forma semelhante, crianças que vivem numa sociedade letrada, em que as pessoas leem e escrevem, começam a ler e escrever na hora que for mais apropriada para elas, dependendo de suas habilidades cognitivas e interesse no tema. Não faz sentido tentar "fazê-las andar". Assim a educação democrática rejeita todo um conjunto de definições sobre o que é um "déficit de aprendizado" e a faixa etária em que ela se baseia. Nunca encontrei crianças que não quisessem ler, mas já encontrei crianças exaustas pelas tentativas de "ensiná-las" via coerção.

Elad chegou à Escola Democrática de Hadera quando estava no final do segundo ano do ensino médio. Na conversa inicial que tive com seus pais, eles me disseram que, nas escolas anteriores, ele foi definido como "portador de severos déficits de aprendizado" e que não tinha a menor capacidade de ler e escrever. Os pais chegaram com diagnósticos de psicólogos e neurologistas, todos explicando sua incapacidade. Elad ficou sentado em silêncio durante a conversa. Ele era uma criança alta e magra, sem autoconfiança. Durante os primeiros meses na escola, eu o observei passando como uma sombra entre as árvores, curvado e cauteloso, como se tivesse medo de ser visto pelos outros. Em minhas conversas com ele, entendi que o medo de Elad de ser visto derivava não apenas de sua falta de confiança no novo ambiente, mas também de um medo real de que as pessoas reconhecessem seus déficits de aprendizado.

Depois de cerca de dois meses na escola, sua mãe pediu para partilhar comigo um problema que eles tinham em casa. Ela disse que Elad havia parado de falar com seus pais, que havia meses que ele não dizia uma única palavra. Quando tentavam forçá-lo, ele abandonava qualquer coisa que estivesse fazendo e corria para se trancar no quarto. Quando perguntei a ela o que ela havia tentado conversar com ele, ela disse que perguntava para ele como estava a escola, o que ele tinha aprendido, e assim por diante. Ao final da conversa, sugeri que a mãe tentasse um experimento: "Não pergunte para Elad nada da escola, só sobre outras coisas". Ela concordou.

Algum tempo se passou e depois nos reencontramos. A mãe começou: "Durante dois meses nós não dissemos uma única palavra sobre a escola – e nada mudou! Ele ainda não está falando com a gente!" Mas, antes que eu pudesse responder, Elad se colocou entre mim e sua mãe e gritou numa voz que eu nunca tinha ouvido vindo dele: "Vocês não falam! Mas os seus olhos falam!" Depois de alguns momentos de silêncio, Elad e sua mãe caíram, os dois, em prantos. A mãe abraçou o filho, dizendo que entendia e que ele tinha razão. Ela tinha tantos medos em relação à escola que era difícil para ela aceitar seu filho como ele era.

Imediatamente depois da conversa, houve uma mudança na relação de Elad com seus pais em casa, acompanhada por uma mudança em paralelo com ele na escola. Elad começou a demonstrar interesse em pintura. Ele desenhou miniaturas em preto e branco que deixaram a professora de artes maravilhada. Perto do final do ano, ele começou a pintar pequenos quadros coloridos e aos poucos a pintar quadros de tamanhos diferentes. Dentro de alguns meses, ele se tornou um astro na escola na área de pintura. Todos os dias, crianças e formandos vinham ver o que Elad estava pintando na sala de artes. No final do ano, Elad organizou o cenário para a festa de formatura. Foi uma criação imensa, de 6 x 6 metros. Nunca se viu algo nem parecido na história da escola. Ao mesmo tempo, pude ver que Elad já não andava se escondendo entre as árvores, mas agora tinha a autoconfiança para atravessar o pátio, onde todos poderiam vê-lo. Ele concordava em ser "visto". Mesmo o seu porte físico mudou. Ele cresceu e agora andava com a postura ereta, parecendo mais velho e mais bonito. Sua mãe me disse que houve mudanças em casa também, e que era como se fossem uma nova família. "Todos esses anos, eu estava preocupada com diagnósticos e tratamentos", ela disse. "Agora, de repente, consigo ver meu filho".

Elad estava muito apreensivo com a vinda das férias de verão, temendo ser separado de sua âncora social e criativa que era a escola. Mas, durante as férias, ele descobriu que seus vínculos sociais não enfraqueceram, mas, em vez disso, se aprofundaram, e seu trabalho independente com pintura continuou e rendeu frutos. Em seu segundo ano, na terceira série do ensino médio, Elad continuou florescendo. A sala de artes virou "a salinha do Elad" – um centro de atração para muitos estudantes. Por volta do final do ano, sua mãe pediu para discutir comigo as possibilidades de Elad entrar no exército. Pensei que poderia haver algum problema ainda, já que a IDF[4] não tem muito interesse em aceitar recrutas com dificuldades básicas em ler e escrever. A mãe dele me olhou, surpresa: "Você não sabia que faz mais de um ano já que o Elad vem lendo e escrevendo?" Eu fiquei estarrecido. Senti calafrios de tanta empolgação, e mesmo agora eu ainda os sinto, quando reconto a história. Quando me voltei para ele, entusiasmado, e perguntei, "É verdade?" Elad respondeu, "Sim, não é nada demais. Nem eu sei como isso aconteceu", e depois começou a falar sobre o que ele achava de servir o exército. Também não consegui descobrir na escola como foi que aconteceu. Os tutores de Elad disseram que não tinham ensinado nada para ele.

---

[4] O termo IDF, com base na sigla do nome em inglês, Israel Defense Forces (Forças de Defesa de Israel), é o nome pelo qual são chamadas as forças militares israelenses na mídia internacional. (N.T).

Aprender a ler e escrever era uma aptidão que aparentemente estava disponível a Elad havia anos (apesar dos diagnósticos dos neurologistas), mas a barreira psicológica da "criança com deficiência" evitava que ele fosse bem-sucedido. Foi só depois de descobrir sua área de força na arte e sentir-se pleno com as energias das pessoas que o respeitavam e o amavam, que ele pôde se livrar dessa barreira. Mais tarde, Elad me pediu para fazer os exames de acesso, mas não passou em nenhum deles. Não era fácil, mas a crise foi menos séria, porque, enquanto isso, ele havia descoberto uma nova área de crescimento — fotografia e vídeo. Elad foi cativado pela câmera e suas possibilidades artísticas. Nesse campo também ele obteve sucesso muito rapidamente.

Perto da época da formatura, Elad me perguntou se eu achava que ele seria aceito na unidade de vídeo da IDF. Respondi que não tinha ideia de como era o processo, mas sugeri que ele descobrisse quem era o comandante da unidade e tentasse conversar com ele.

Depois, perdemos contato. Então, um dia um amigo meu que vivia no Norte chegou para me contar "uma história incrível de um estudante da sua escola". Ele me contou, então, que um jovem ligara para o comandante da unidade de vídeo de um dos batalhões do exército, solicitando uma reunião pessoal antes do seu alistamento, para explicar o porquê de ele precisar entrar naquela unidade. O comandante era amigo desse amigo e, como ele disse, foi a primeira vez que uma coisa dessas acontecia — ser abordado por um jovem recruta sem influência ou conexões.

O menino era Elad, que, de fato, acabou cumprindo seu período de serviço militar naquela unidade, e o completou como um soldado de destaque.

Não posso terminar essa história, porém, sem antes descrever o meu próximo encontro com Elad. Vários anos haviam se passado, e procurávamos por um novo professor de fotografia. Uma de nossas professoras me falou sobre um rapaz incrível que trabalhava com o seu marido numa empresa de vídeo. Ele é um sucesso e uma pessoa muito sociável — algo extraordinária. Fui então conhecer esse tal rapaz... e era Elad. Ele lecionou na escola e mais tarde veio a se desenvolver em sua área em outros locais.

A história de Elad e muitas outras parecidas que vivenciei em meu trabalho na escola me levaram a acreditar que realmente não há lugar para um termo como "dificuldade de aprendizado", que indica existir um processo de aprendizado "correto" com base em medidas de conteúdo, tempo e aptidão.

Prefiro falar em termos de *"diversidade de aprendizado"*. Cada um de nós desenvolve um ritmo e um estilo de aprendizado de acordo com aquilo que faz com que cada um de nós seja único, caracterizado por diferentes áreas de força e crescimento. Essa "diversidade de aprendizado" se torna um déficit só nos olhos dos educadores que vivem em sistemas unidimensionais, que operam segundo um único trilho predeterminado. Infelizmente, esses sistemas não conseguem enxergar, valorizar e utilizar as aptidões que se encontram além desse "trilho".

Cerca de 20-30% dos estudantes, que não conseguem cumprir com as condições do "trilho correto", são definidos como portadores de "dificuldades de aprendizado". A vida num trilho não serve para eles, e isso não deixa que descubram suas "áreas de força", criando uma barreira psicológica que é muito difícil de romper. Portanto, quando esses estudantes chegam à fase cronológico-cognitiva em que são capazes de adquirir a capacidade de ler e escrever, eles ainda continuam com muita dificuldade para aprender. O que os impede é a sua própria baixa autoestima, que se desenvolve como resultado de sua incapacidade de cumprir com as exigências do trilho. Essa autoimagem é quase impossível de modificar e determina que "não sou bom nisso", "não consigo dar conta das expectativas dos professores ao meu redor". Como resultado, a criança que aprende a ler e escrever aos 10 anos ainda assim vai se ver como um fracasso, porque não cumpriu com as expectativas do sistema.

Deficiências fisiológicas de aprendizado

Apesar de tudo que descrevi, cerca de 1-2% das crianças terão dificuldades na aquisição da leitura e da escrita mesmo aos 11 anos, e podem nunca conseguir. São crianças cujas deficiências fisiológicas não permitem que tenham acesso a essas áreas. É possível uma escola democrática lidar com elas também?

A questão é, qual é o sentido da expressão "lidar com elas"? Significa "continuar tentando fazer com que elas leiam"? Ou é deixar que esses estudantes aceitem sua dificuldade natural e aprendam a conviver com ela, como com qualquer dificuldade ou deficiência com a qual se nasce, e então identificar suas áreas de força em outros lugares?

A seguinte história da escola pode ajudar a esclarecer a questão. Muitos anos atrás, uma nova família chegou à escola com duas crianças. Uma delas entrou no primeiro ano no ensino médio e a segunda entrou nas séries mais primárias. As duas pertenciam, à primeira vista, ao grupo das crianças para quem era particularmente difícil aprender a ler e escrever. O irmão mais velho havia passado por muito sofrimento nas escolas anteriores. Seus professores o classificaram como portador de "deficiência de aprendizado". Seus colegas o chamavam de burro. Depois de muitos anos no sistema da escola comum, ele tinha uma alfabetização básica, mas um ódio profundo a tudo que tivesse a ver com isso. Na escola democrática, ele demonstrou preferência pelo ramo técnico, e encontra-se lá desde então.

Seu irmão mais novo veio até nós na idade pré-escolar e também se formou no quarto ano do ensino médio com baixa alfabetização, assim como seu irmão mais velho. Porém, diferente do irmão, ele era fascinado pelo mundo da leitura. Era interessante observar que suas áreas de força se encontravam na atividade social e no abrigo para animais, que ele mesmo organizava. Sua época lá, aliás, foi considerada o ponto máximo do interesse no abrigo da escola para animais. Mas os lugares que o atraíam (suas áreas de crescimento) se encontravam no campo humanista e filosófico. Hoje ele está concluindo um mestrado em história.

A educação democrática permite que as crianças com deficiências orgânicas verdadeiras descubram como a vida é complexa e rica em possibilidades. Portanto, mesmo que possuam um obstáculo intransponível, elas ainda assim podem se engajar em seus campos pessoais de interesse (áreas de crescimento) ao desenvolverem modos de dar a volta nos caminhos comumente aceitos, em vez de ficarem presas em suas barreiras.

Estímulos

Será nosso dever criar estímulos para encorajar as crianças a descobrirem suas áreas de interesse, sem os quais elas não as alcançariam naturalmente?

Vivemos num mundo inundado por estímulos, o que é uma situação relativamente nova, iniciada há aproximadamente 30 anos. O problema para a maioria das crianças de hoje não é uma falta de estímulos, mas, em vez disso, um excesso deles. Cerca de 20 anos atrás, passava na televisão israelense a série *Little House on the Prairie* [*Os Pioneiros*, no Brasil]. Entre outras coisas, a série contava com uma escola pequena com estudantes de idades diferentes, na qual os protagonistas estudavam. Naquele mundo, no final do século XIX, era de grande importância expor as crianças a áreas às quais, sem esse incentivo, elas nunca chegariam. A professora contava às crianças de sua pequena turma sobre lugares que elas nunca viram com os próprios olhos, e era provável que nunca vissem. Dá para comparar as crianças de *Little House on the Prairie* com as de hoje? Uma hora de televisão oferece às crianças de hoje imagens, estímulos e coisas para pensar o suficiente para vários dias. A escola conservadora ainda se enxerga como o lugar onde as crianças receberão estímulos e serão expostas a mais e mais imagens da realidade. Na verdade, para as crianças, ela é como se fosse apenas mais um "canal de TV" – e nem é dos mais interessantes – que lhes oferece opções irrelevantes. É o equivalente a uma criança se afogando numa piscina, enquanto o salva-vidas (o professor) corre até ela para jogar mais água em cima. A meu ver, a escola precisa parar de lidar com "estímulos" e começar a lidar com um novo campo – o aprendizado. Não estimular, não classificar, não mensurar, mas começar a ensinar de verdade na escola.

E o aprendizado só é possível quando há curiosidade. O novo papel da escola é ligar a curiosidade que reside em todas as crianças e fortalecê-la. O grande desafio é como não apagar o fogo da curiosidade, um processo no qual as escolas "estimulantes" se tornaram especialistas ao longo dos anos.

Para a educação democrática, a pergunta importante é: quem irá decidir o que é relevante, dada a imensa variedade de estímulos que nos cercam? O currículo que foi determinado sem nenhuma criança específica em mente ("hoje aprenderemos sobre alvéolas", porque isso é o que foi decidido quatro anos atrás, quando o currículo foi escrito), ou a criança?

Acredito que, para que haja um aprendizado significativo, devemos escolher a segunda opção e possibilitar que a criança se envolva com temas que a interessem. Do contrário, passamos a ideia de que as áreas da curiosidade da criança não nos interessam e, assim, "apagamos" sua curiosidade natural.

Grupos de idade mista

Por que há uma mescla de idades na escola democrática? A vantagem das crianças mais velhas não é prejudicial para as crianças menores? Por outro lado, as crianças mais velhas não se entediam ou sentem que os colegas mais novos estão atrapalhando?

Na Escola Democrática de Hadera, as crianças pertencem a três grupos etários amplos: a divisão dos mais novos (4-8 anos), a divisão primária (9-13) e a divisão do ensino médio (14-18).

O aprendizado formal e o informal permitem a mistura completa das idades de acordo com o nível de interesse e a capacidade dos participantes. É claro que a maioria dos grupos de aprendizado está alinhado com a divisão social dos três grupos etários. Mas, junto com eles há aulas e atividades que têm um alcance etário mais amplo (vide os exemplos no Capítulo 2).

A mescla de idades não começou como um posicionamento ideológico, mas se originou com o fato de que, quando começamos, tínhamos relativamente poucos estudantes, e vários grupos etários acabaram reunidos. Mais tarde, nos demos conta de que essa mistura tinha grandes vantagens para as crianças. A mescla de idades:

- *Desfaz os preconceitos relacionados à idade.* Numa escola democrática não há perguntas como "Em que série você está?" Muitas crianças não sabem ao certo quantos anos têm seus amigos, ou, se sabem, é só vagamente. Crianças de 5 anos brincam com as de 7 e com as de 4 anos. Em alguns jogos, elas podem até mesmo participar junto com as mais velhas. Para todas as partes, sejam eles mais novos ou mais velhos, fica claro que o sistema é igualitário e as crianças mais velhas protegem as mais novas.
- *Permite reuniões de idade mista em torno dos campos de interesse.* As crianças preferem aprender com as mais velhas. Pode-se observar isso em casa, na medida em que os irmãos mais novos preferem aprender muitas coisas com seus irmãos mais velhos do que com os pais. A abordagem de idade mista permite reuniões naturais de crianças de diferentes idades, fornecendo a todas as partes possibilidades fascinantes de aprendizado.
- *Ensina tolerância e respeito com os outros.* Muitas vezes observamos estudantes do ensino médio, com 15 anos ou mais, passando tempo na área da divisão dos mais novos, ajudando os tutores dos pequenos a cuidar deles. Esse encontro é aparentemente importante para todos os envolvidos, visto que ele se dá por escolha própria e não a pedido dos adultos. No meio disso tudo, as crianças mais velhas aprendem a demonstrar tolerância, cuidado e uma abordagem direta com as crianças menores.

Um dos problemas da mescla de idades é como ela pode ser resolvida com os estágios de desenvolvimento mental segundo Jean Piaget. Piaget divide as qualidades do pensamento em vários estágios que se desenvolvem em idades diferentes, as quais parecem exigir uma divisão etária. Mas, de acordo com essa noção, a etapa do pensamento formal (por exemplo) ocorre por volta dos 12 anos, com um desvio estatístico permitindo uma variação de dois a três anos para mais ou menos, ou seja, entre 10 e 14 anos. Isso significa que não há necessariamente uma diferença de pensamento entre uma criança da quarta série e uma do segundo ano do ensino médio. A tentativa do sistema conservador de determinar divisões de um ano só, aparentemente baseadas em capacidades cognitivas, não conta com o apoio, até onde sei, de qualquer pesquisa. A alegação de que as capacidades cognitivas crescem em ritmo anual ou uniforme para todos da mesma idade não tem qualquer fundamento científico. Na verdade, a divisão em séries não passa de uma mera organização tradicional. Por que não dividir os estudantes em grupos de 2 anos ou de meio ano? Não há qualquer motivo real.

Dados estatísticos não são relevantes para se trabalhar com uma criança em particular. Devemos enxergar cada criança como um indivíduo completo e independente.

Só imagine: você estaria disposto a viver num mundo adulto que fosse dividido em faixas etárias anuais, ou até mesmo quinquenais? Um mundo em que é determinado que uma atividade em particular é adequada apenas para os indivíduos entre 35-40 anos? Estaríamos dispostos a dizer que, porque as nossas capacidades mentais começam a entrar em declínio depois dos 60, as pessoas com mais de 60 anos não poderiam manter posições executivas ou políticas? Claro que não. Mas aquilo que nos recusamos a determinar para os adultos é completamente aceito no tocante às crianças no sistema educacional.

Medidas de realização

Provas e séries são parte do nosso mundo. A escola democrática, ao não ensinar os estudantes a lidarem com as provas, não é causa de seu fracasso?

Primeiro de tudo, eu gostaria de saber o que é que as notas demonstram. Quando eu era criança, era costume dar nota para educação física, conforme nossas proezas em vários tipos de esporte. Eu, por exemplo, nasci alto e fazia um salto a distância muito bom. Como resultado, minhas notas em esporte eram altas. O que me renderam essas notas? O pacote genético com o qual nasci. Outra criança poderia investir muito mais esforço do que eu nisso, mas, por ter nascido com um pacote genético diferente, ela recebe uma nota menor. O método é uma distorção, porque valoriza demais o produto final (que muitas vezes depende da genética) e não o processo. Um exemplo oposto vem da minha vida particular, o caso do inglês. Na escola eu achava que o inglês era a matéria mais importante e investi a maior parte do meu tempo e esforço nisso. Ainda assim, sempre tive notas baixas. Aparentemente, a minha constituição interna inclui um déficit na aquisição de línguas. Minha esposa, Sheerly, desde muito cedo sabe ler, escrever e falar em inglês fluente, sem qualquer conexão com suas aulas de inglês no colégio, que, em sua maioria, ela quase não frequentou. Em seu caso também, esse dom (a habilidade com línguas) é nato e não resultado do "método pedagógico".

É importante compreender que o processo de avaliação não só observa a realidade existente, como ainda cria uma realidade para a criança. No mundo físico também, por exemplo, na área da pesquisa da mecânica quântica, é conhecido que não existe observação neutra. O mero ato da observação causa uma mudança nos dados e a criação de uma nova realidade. Nos sistemas da educação comum, os testes e as notas se tornam o objetivo e a principal ferramenta para criar o "preconceito do quadrado" (vide Capítulo 3).

Que realidade se cria na consciência de uma criança quando suas realizações são avaliadas numa prova? Na verdade, o processo de avaliação ("como estou me saindo, em comparação com a média das outras crianças da minha idade?") leva a criança a se comparar com os outros e encontrar o seu lugar "real" na curva normativa. Nos termos que utilizei no capítulo anterior, a criança é empurrada *para dentro do "quadrado"*. É isso que acontece quando uma criança é reprovada em inglês: ela aprende que, no geral (e não só no inglês), ela é um fracasso em comparação às outras crianças da sua idade.

Outro problema das provas é a tentativa de quantificar o conhecimento com números. Alguns anos atrás, estive envolvido numa tentativa de criar um novo exame de acesso em educação cívica. Infelizmente, não pude entrar com uma câmera escondida na discussão, o que teria revelado o que acontece nos bastidores do processo de avaliação escolar. Os especialistas e os professores que participam da discussão tentaram responder à pergunta: Quantos pontos devem valer respostas diferentes numa prova? Por exemplo, quais palavras devem aparecer numa prova "correta" e quantos pontos dar se uma palavra em particular não aparecer. Pedíamos aos professores para que respondessem às perguntas, e toda vez – ao longo dos três anos em que acompanhei o processo – havia um abismo do tamanho de uma resposta inteira entre eles! Em outras palavras, havia quase sempre uma resposta que recebia a pontuação inteira de um avaliador e um zero de outro. No final, sempre precisávamos fazer uma votação para decidir quais das avaliações aceitaríamos.

Minha conclusão, a partir dessas discussões, foi que, se um estudante quisesse uma nota alta numa prova, ele precisava dar "a resposta segundo o livro", da forma mais exata que pudesse, e não complicar as coisas dando uma opinião, ou escrevendo qualquer coisa que fosse aprofundada, criativa ou diferente.

Em todo caso, a preparação para o teste de educação cívica foi muito séria. A equipe responsável por planejá-lo e prepará-lo tinha vários anos de experiência. Mas também poderíamos perguntar: O quanto um professor médio investe na elaboração das provas que aplica para sua turma?

Aqui é importante nos lembrarmos de duas coisas importantes a serem consideradas ao se preparar uma prova: as questões de validade e confiabilidade. A *validade da prova* é a medida em que ela examina aquilo que deveria examinar. A *confiabilidade da prova* é a medida em que as provas utilizadas poderão obter resultados semelhantes em momentos diferentes com avaliadores diferentes. A validade de uma prova sobre a Bíblia, por exemplo, depende do quanto a prova demonstra de verdade o conhecimento do estudante sobre a Bíblia e não o seu domínio das capacidades de expressão por escrito, memória de curto prazo ou níveis de ansiedade. A confiabilidade da prova depende de ela refletir o nível do conhecimento do estudante em momentos diferentes (não só no momento da aplicação da prova) e de avaliadores diferentes lhe darem a mesma nota.

Os professores examinam a validade e a confiabilidade das suas próprias provas? Essa pergunta me deixou perturbado, e tentei examiná-la com vários grupos de professores que conheci ao longo dos anos do meu trabalho. Infelizmente, nunca conheci um professor – nem um único professor – que aplicasse às suas provas os testes de validade e confiabilidade. Esse fato só mostra o quanto os próprios professores levam a sério "o conhecimento do quadrado" em seu trabalho.

As provas na escola são um tipo de ritual sem qualquer conexão com a verificação de fato do conhecimento. A meu ver, o propósito do ritual é servir à necessidade de controlar os estudantes e direcioná-los à prisão na qual os próprios professores se encontram. Se nós, os adultos, estamos numa prisão intelectual, que nos direciona a nos ocuparmos com notas que não avaliam o conhecimento de verdade e que nos convencem a acreditar em provas inúteis, que direito as crianças têm de fugir dela?

A noção básica, porém estranha, do mundo "daqueles que sabem", e entre eles os professores, é que o conhecimento é um processo cognitivo bem definido e compreendido. Essa noção ignora por completo o conhecimento da psicologia, segundo a qual a maior parte do aprendizado envolve processos inconscientes. Quando perguntamos à criança: "O que você aprendeu hoje na escola?", não existe uma resposta real. Muito do aprendizado se passou num nível inconsciente e só ficará aparente para a criança no futuro. Parte disso se manifestará em mudanças de comportamento e nem sempre em sua consciência verbal.

A avaliação na Escola Democrática

Há crianças que desejam receber uma avaliação por escrito no final do ano. Para elas, nós criamos um "boletim verbal", que descreve as opiniões dos professores e tutores daquilo que o estudante fez ao longo do ano. O estudante também anota sua própria avaliação das atividades nesse "certificado" e seus sentimentos e opiniões sobre os professores e as aulas.

A história de Hadar demonstra o método de avaliação de nossa escola. Hadar veio até nós na sétima série. Ela se sentia perdida, não conseguia participar das atividades diárias. Sendo eu seu tutor, ela me pediu para criarmos uma rotina em que, no começo da semana, eu lhe perguntaria o que ela queria fazer e, no final, o que ela fez de fato. Nas nossas primeiras reuniões, Hadar disse que eu não estava fazendo meu trabalho direito, porque eu não reagia com severidade suficiente quando ela não fazia o que tinha sido determinado fazer. Ela me instruiu no caminho do tipo de trabalho de orientação de que ela precisava na época. Nossas reuniões continuaram assim por cerca de meio ano. No final desse período, Hadar me disse que sentia que tinha a força para funcionar sozinha agora. Eu continuei sendo seu tutor por vários anos depois, e tínhamos reuniões regulares de orientação. Muitas vezes ela me lembrou de nossas primeiras reuniões, que a ajudaram a participar das atividades da escola.

Acredito que, no cerne de uma educação democrática está a relação entre o tutor e o estudante. Ao longo dessa relação, o estudante deve questionar o mundo com o qual está familiarizado e fazer perguntas, testar suas atividades e também reunir as forças para continuar. Quero enfatizar que essa é uma relação complexa (os pais também devem estar envolvidos – vide Capítulo 5), cuja principal ferramenta é o diálogo. Através do diálogo relaxado e sem julgamentos, forma-se uma relação entre o tutor e o seu estudante. Se falamos apenas em termos de "avaliação", é numa tentativa de dissecar toda essa relação e atribuir significado a partes dela apenas.

O objetivo do tutor é possibilitar que a criança examine a si mesma à luz dos objetivos que ela determinou para si. Quais objetivos são esses? Em que altura ela está de realizá-los? E será que ela ainda os deseja? Além disso, o tutor precisa ajudar a criança a examinar sua própria conduta na escola, à luz dos objetivos da própria escola: ter um estilo de vida independente, livre escolha e respeito e dignidade humanos. O tutor examina regularmente, junto com o estudante, se ele está exercendo sua independência em suas escolhas, quais os seus sentimentos em relação a elas, e se ele é capaz de notar os outros ao seu redor.

Exames de acesso

Digamos que uma criança que estuda na Escola Democrática seja bem-sucedida nas suas áreas de força (por exemplo, ela monta sites, tem talento com música, etc.). Isso basta? Será que ela pode avançar, social e profissionalmente, na vida real, sem um certificado dos exames de acesso?

Irei reiterar um dos principais objetivos da educação democrática: *ajudar o estudante a adquirir as ferramentas para a realização de seus objetivos.*

Se o estudante quiser um certificado dos exames de acesso, a escola o ajudará para que adquira as ferramentas necessárias para concretizar seu objetivo.

Mas como os estudantes vão passar nos exames de acesso se nunca foram testados na escola?

Quando os estudantes que atingem a idade do ensino médio expressam interesse em fazer os exames de acesso, nós os ajudamos a aprender a passar nas provas de maneira eficaz. Por exemplo, temos um curso de história para todos que tiverem interesse em aprender história, e há um curso separado que prepara os estudantes para fazer os exames de acesso em história. Não é uma aula aprofundada de história, mas um curso de "como passar numa prova de história dos exames de acesso". Temos estabelecido toda uma bateria de cursos sobre como estudar para essas provas. Neles, as crianças fazem vários simulados, sem a pressão de um teste "de verdade", só para adquirir a aptidão de fazer prova. Essa é outra ferramenta que o estudante adquire para ajudá-lo a realizar seus objetivos – como todas as outras adquiridas na escola.

Quanto aos exames de acesso, como com qualquer outra matéria, a Escola Democrática de Hadera passou por um processo interessante e complexo desde a sua fundação até hoje. Nos anos iniciais, todos os nossos estudantes de ensino médio chegaram até nós vindos do sistema de educação normal e, apesar de todos os níveis de liberdade que havíamos criado, o principal interesse dos estudantes de ensino médio era os exames de acesso. Os estudantes se dividiam em dois grupos – a favor e contra. Mas o quadro comum de referência deles, em todo caso, girava em torno daquilo que eles conheciam a partir dos sistemas escolares anteriores – em outras palavras, os exames de acesso.

Ao longo dos anos, começamos a receber mais e mais estudantes do ensino médio que cresceram já na nossa escola. Por isso, houve uma mudança de *status* nos exames de acesso. Eles perderam sua centralidade nas vidas dos estudantes. Muitos deles desenvolveram mundos maravilhosos de crescimento e áreas de força que encontraram expressão em projetos pessoais dos mais impressionantes.

Ainda assim, muitos deles escolheram fazer os exames de acesso no final dos seus estudos, mas fizeram seus preparativos para eles num período mais curto, como fazem os estudantes de escolas externas.

Já outros nem fizeram esses exames. Essa decisão foi tomada a partir de um sentimento de realização e não da ansiedade ou medo do fracasso. Um dos formandos me disse recentemente: "Eu fiz dois dos exames e descobri que não era nada de mais. Posso fazer os outros quando eu quiser. Por que perder o meu tempo na escola com esse tipo de atividade?" Essa declaração ganha em força junto com o sentimento de que os poderes criativos de nossos formandos, dentro e fora da escola, estão em crescimento constante. Outro menino, que estava prestes a se formar, me disse o seguinte sobre os exames de acesso: "Eu não entendia por que eu precisava fazer essa prova.

Todo mundo acha que vai me ajudar 'no futuro', mas eu já estou vivendo nesse meu 'futuro'". Esse estudante, que tem suas áreas de força no teatro e na escrita, aos 17 anos já está trabalhando nas áreas que o fascinam – ganhando a vida como ator de peças de teatro, dramas televisivos e comerciais, e está prestes a publicar seu primeiro livro por uma editora de renome. Da sua perspectiva, seu processo de crescimento e sua descoberta de áreas de força o levaram ao mundo exterior, e ele prova seu valor com base nos seus próprios termos. Ficou claro que, para ele, os exames de acesso seriam um passo para trás e não adiante.

É importante explicar que a atração pelos exames de acesso, nos primeiros anos da escola, não derivava apenas do medo ou conformismo aos sistemas sociais. Ele também era motivado pelo desejo de todo formando de, em algum momento, descobrir "o que é que eu valho no mundo real". Para eles, o exame de acesso existe para ver se eles são "dignos" no mundo exterior também, não só na comunidade que os conhece e os ama. Os adolescentes na escola presumem que seus pais, bem como professores e tutores, não são objetivos em avaliá-los. Como resultado, eles procuram por uma "opinião imparcial", que, nos primeiros anos da escola, era obtida pelo exame de acesso.

Vários objetos de interesse entre os adolescentes da escola criaram a necessidade de chamar pessoas que não são professores, pessoas do "mundo real", para virem em períodos mais breves de tempo para se reunir com os estudantes. Assim, tínhamos um professor de fotografia que trabalhava ao mesmo tempo como cinegrafista, artistas ativos que davam palestras, um veterinário que tinha estudantes trabalhando na sua clínica, e outros. Percebi que os estudantes mais velhos eram bastante atraídos por esse pessoal "de fora" e tentavam, através deles, descobrir seu próprio valor no mundo exterior.

A presença de profissionais na escola diminuiu em algum grau a necessidade dos adolescentes de fazer os exames de acesso. Alguns deles chegaram ao ponto de arranjarem emprego em lugares de trabalho fascinantes um ano ou dois antes de fazerem a prova naquela área em particular.

Parece-me que alguns dos formandos da Escola Democrática não precisam de verdade de um certificado dos exames de acesso, sequer como ferramenta para realização dos seus objetivos. Os estudantes se ocupam realizando seus objetivos atuais e não têm medo de adiar a aprovação nos exames de acesso para uma época posterior que creiam ser relevante para eles.

A questão dos limites

Qual é a visão da educação democrática sobre limites?

Digamos que eu leve um grupo de pessoas para o terraço de um prédio alto sem grade. Vai ter bolas, cantinhos de criatividade, mesas e outras atividades possíveis. E então eu digo que cada um pode fazer o que bem quiser.

Será que as pessoas irão tirar proveito dessa liberdade ou possibilidade criativa? Provavelmente não. É mais provável que elas se reúnam no centro do terraço e se concentrem na falta de uma grade. De vez em quando é possível que algum deles chegue perto da beirada, confira a altura e calcule suas chances de cair. Agora, vamos pensar nessas mesmas pessoas, mas num terraço com uma grade alta e segura ao redor delas. Nesse caso, elas não vão perder seu tempo pensando na grade. Em vez disso, irão andar livremente e se comportar, de fato, como bem quiserem.

Os limites sobre os quais passamos tanto tempo discutindo, preocupados com sua existência, são como essas grades. Quando não estão lá, é impossível agir. Quando estão, definidos com base num acordo mútuo e claro, não precisamos pensar muito neles ou atribuir-lhes muita importância.

Em 1995, montei um programa para o Ministério da Educação chamado Experiência Democrática para Escolas. Numa pesquisa que conduzimos enquanto planejávamos o programa, estudei os limites das escolas em todo o Israel. Pedimos para diretores, professores, estudantes e pais que dessem sua opinião sobre a crença da escola, para que tentassem definir a substância de várias instituições centrais dela e então descrevessem dez limites claros da escola.

Os resultados foram assustadores. Em todas as 30 escolas pesquisadas, o alcance de percepções quanto à crença da escola era bastante amplo, e não parecia haver qualquer concordância básica entre os membros da administração.

Entre as quatro camadas da população da escola, não fomos capazes de encontrar um quadro geral, nem uma única posição formal que concordasse quanto ao seu propósito. A taxa média de concordância entre as normas da escola era de 2 a cada 10.

Nas pesquisas que conduzimos em paralelo com as escolas democráticas, os resultados foram bem o oposto, além de inequívocos – um conhecimento amplo das normas e limites (mesmo se alguns dos pesquisados declarassem que não concordavam com eles).

Dois dos princípios básicos subjacentes à escola democrática são a clareza (conhecer o processo exigido para mudar as normas da escola) e transparência (conhecer a atividade atual dentro do quadro democrático). Sem eles, é impossível ter envolvimento e parceria na vida cotidiana da comunidade escolar.

A ambiguidade das fronteiras da escola conservadora é projetada, a meu ver, para servir à "elite" (geralmente, o diretor e os principais professores). Isso se dá, porque, num lugar onde as normas não são claras, os "poderosos" determinam tudo. Muitos diretores dispensam a necessidade de firmar limites claros e acordos complexos, que exigiriam, de muitos modos, que eles se comportassem com transparência.

Meu argumento principal é que é preciso haver limites claros na escola.

Mas não nos equivoquemos. Os limites são a base, não o objetivo. Em outras palavras, quando eles não existem, são a principal preocupação da escola (principalmente por causa dos problemas de disciplina e relações desagradáveis entre partes diferentes da comunidade da escola). Assim que se definem os limites de um modo claro, eles deixam de ser uma preocupação para a escola e abrem caminho para outros temas no tocante ao desenvolvimento dos estudantes.

Individualismo em oposição à Responsabilidade Social

Na escola democrática, os estudantes são orientados para se tornarem indivíduos responsáveis apenas por si mesmos e ocupados com seus próprios objetivos? Ou há reflexão sobre questões de responsabilidade social ou comunitária e as relações entre diferentes indivíduos na escola?

Acredito que o futuro desenvolvimento da educação democrática se preocupa com o equilíbrio entre o pensamento individual e o social e, assim, veremos, ao lado dos objetivos individuais, maior desenvolvimento de objetivos sociais ou comunitários. Esse é um processo que já está em andamento. Na Escola Democrática de Hadera, bem como em outras escolas, há clubes ativos de direitos humanos, bem como outros tipos de organizações dentro da comunidade que nos cerca. Acredito que essa é uma tendência que continuará se ampliando.

Além disso, a comunidade na escola democrática é uma parte significativa do seu funcionamento diário para adultos e crianças. As decisões são tomadas (no Parlamento) e executadas (em comitês) em conjunto. Os estudantes, professores e também membros da administração podem ter que fazer coisas a contragosto, por causa de uma decisão da comunidade. Há sempre uma tensão na escola entre as decisões individuais e as comunitárias, e todos precisam lidar com ambos os polos.

Quando um estudante quer ser bem-sucedido nas metas que determina para si, muitas vezes ele descobre que é difícil realizá-las sozinho, e seria melhor reunir uma equipe ou grupo para realizar a missão de forma cooperativa. Equipes desse tipo se reúnem naturalmente, tanto entre professores quanto entre estudantes.

Nós presumimos que nossos estudantes são pessoas naturalmente morais e, por isso, não há necessidade de obrigá-los a realizar "atividades morais" (como os projetos de compromisso pessoal no sistema educacional normal). Pessoas morais chegam por si só numa etapa em que desejam agir em prol da comunidade, sem que isso seja uma obrigação oficializada. Isso foi algo que observamos ao longo dos anos na escola.

No sexto capítulo, irei desenvolver mais sobre o tema da educação democrática e sociedade.

Formandos e ex-estudantes

Como os ex-estudantes formados na escola vivem suas vidas, e como elas diferem das vidas dos formandos de outras escolas?

Os pais e as crianças muitas vezes fazem essa pergunta quando entram num sistema educacional democrático. Não sei se nossos formandos têm características uniformes. Afinal, todos somos ex-estudantes com nossas próprias histórias pessoais, que incluem sistemas genéticos, familiares e sociais. A escola é só uma parte de uma imagem maior. E, no entanto, presumo que haja uma grande correlação entre uma família que manda seu filho para uma escola democrática e a vida dentro da escola. Por esse motivo, apesar da diversidade, é possível encontrar algumas características em comum entre nossos ex-estudantes (os estudantes que passaram pelo menos três anos dentro do molde de educação democrática). Vou tentar descrever algumas delas.

Uma das características é a capacidade de nossos formandos de iniciar processos de crescimento e fazer mudanças em suas vidas, sem ficarem presos numa "zona de segurança" (ficar num lugar que só lhes interessa pela necessidade de segurança).

Os formandos que encontrei depois de completarem seus estudos me contaram de suas jornadas em áreas que os fascinavam, descobrindo novas áreas dentro de si mesmos, e a possibilidade de prosseguir rumo a novas coisas sem medo.

Vejamos Danny, por exemplo, que foi um estudante na escola que escolheu aprender a cozinhar. Depois de completar seus estudos no exterior e se tornar um *chef* certificado, ele desenvolveu um interesse por sociologia. O assunto o fascinava, e ele começou a deixar sua ocupação na cozinha para aprofundar seu conhecimento na nova área. Enquanto estudava sociologia, ele começou a criar interesse pelos beduínos do Negev e decidiu trabalhar com tribos de beduínos e lidar com os seus conceitos de direitos humanos. No momento, ele está concluindo uma tese de doutorado sobre o assunto. O ponto importante aqui, na minha opinião, é menos o diploma da universidade, mas sua coragem de deixar para trás aquilo que ele já conhecia para mergulhar no desconhecido, por causa do interesse que aquilo despertou nele.

Outro exemplo foi Tali, que estudou direito em Londres e teve bastante sucesso, mas se viu atraída, cada vez mais, para a área da educação. Ela decidiu largar o mundo do direito e estudar o método pedagógico Montessori. Hoje ela trabalha como professora de pré-escola usando esse método.

Outra característica comum de nossos formandos é sua alta taxa de participação em grupos que trabalham com direitos humanos em Israel. Acredito que o contato constante com questões que lidam com a dignidade humana levou muitos de nossos formandos a continuarem lidando com essas áreas depois de completarem seus estudos.

Outra característica de destaque em nossos estudantes é que eles não têm medo de autoridade. Na base do exército onde cumpri meu serviço militar como psicólogo, conheci um soldado de um curso de treinamento que era formado numa escola democrática. Seu nome era Idan. Um dia, descobri que eles iam expulsar Idan do seu prestigiado curso por causa de um erro que ele havia cometido. Seu comandante, que me conhecia, me disse que Idan foi um soldado excelente, mas o erro que ele cometeu exigia sua expulsão, sem mais nem menos. No final do dia, esbarrei no comandante de novo, que me disse que Idan continuava no curso, apesar de tudo. Parece que, enquanto Idan estava em vias de completar o processo de se retirar do curso, ele encontrou o comandante na saída do refeitório. Idan bateu continência, como exigido, mas também disse ao comandante que precisava falar com ele com urgência. Esse pedido era uma completa violação do procedimento militar padrão, mas o comandante aceitou conversar com ele e acabou ficando impressionado com a sinceridade de Idan e com sua análise profunda da situação e a apresentação clara do pano de fundo por trás do seu erro – tanto, que decidiu mantê-lo no curso. Quando encontrei Idan mais tarde, ele me disse que não via nada de especial naquilo que tinha feito.

Muitas vezes escuto histórias parecidas quando converso com ex-estudantes da escola. É fácil para eles criarem relações normais com os adultos ao seu redor. Mesmo os estudantes que passam algum tempo na Escola Democrática de Hadera e depois passam para escolas comuns são capazes de desenvolver relações especiais com os professores. Essa falta de medo de autoridade somada à facilidade para formar relações com adultos são provavelmente as características de maior destaque dos nossos formandos.

Ao longo dos anos, descobri que as ações que eu havia atribuído à "área de coragem" vinham aos nossos ex-estudantes a partir do pensamento autêntico e independente, que ocorre de forma natural. A vida não assusta esses jovens, e por isso eles podem descobrir o que lhes serve e assim prosseguir com facilidade. O mundo, para eles, é uma plataforma ampla e aberta de possibilidades.

Capítulo 5
Do ensinar ao aprender: o mundo dos adultos na escola democrática

Até a revolução industrial, um dos principais papéis que os adultos tinham na sociedade humana era repassar suas experiências do passado para as gerações mais novas, para prepará-los para o futuro. Durante milhares de anos, as pessoas sabiam exatamente o que os seus filhos fariam quando crescessem. Havia uma ordem fixa no mundo, e de uma criança nascida dentro de uma condição social e profissional em particular esperava-se que tivesse a mesma ocupação que todos os membros das gerações anteriores da família. Esse fato conferia uma importância e um valor consideráveis ao conhecimento e à experiência dos adultos.

O surgimento da imprensa, no século XVII, criou uma mudança revolucionária. Pela primeira vez, o conhecimento poderia ser encontrado na escrita e não só na boca dos mais velhos. É claro que demorou dois séculos a mais até que esse conhecimento tivesse significado para a maior parte da população, mas, ao longo dos últimos 150 anos, podemos falar do acesso generalizado das populações ao conhecimento através da escrita. Isso é ainda mais válido desde o advento da educação obrigatória em muitos países do mundo.

A revolução da "lei da educação obrigatória" trouxe consigo a primeira mudança significativa na situação dos adultos em relação às crianças, porque, diferentemente do que costumava ocorrer até aquele momento, as crianças passaram a ser expostas na escola a um conhecimento que havia sido inacessível aos seus pais.

O mecanismo que substituiu as antigas tradições se baseava numa nova definição daquilo que era visto como "conhecimento importante" ou conhecimento digno de ser propagado, em oposição ao "conhecimento inútil". Agora, a natureza do "conhecimento importante" era determinada por uma elite intelectual (cientistas e pessoas da política acadêmica), que tinham acesso às reservas do conhecimento e à habilidade de propagá-lo via seus embaixadores – os professores dos sistemas educacionais. Assim, apesar da revolução da imprensa e da educação obrigatória, uma hora as crianças passaram a receber uma "educação filtrada", que contava com a aprovação da elite intelectual e dos fatores políticos e governamentais relevantes. Como resultado, foi perpetuada a dependência dos jovens sobre "adultos especialistas".

Adultos e crianças num mundo em transformação

A revolução da informação que vem se desenrolando ao longo dos últimos 20 anos causou uma mudança fundamental nos velhos padrões de propagação. A internet permite que todo indivíduo, independentemente de sua idade ou posição social, dissemine informações. O conhecimento no meio eletrônico e a compreensão de como navegá-lo também oferecem acesso a mundos de conhecimento até então disponíveis apenas para especialistas (tais como conhecimento médico, conhecimento jurídico, conhecimento comercial, etc.).

O sentido disso é a perda da vantagem que os adultos, ou seus "mensageiros", têm como propagadores de informações e como aqueles que tomam decisões em relação à filtragem da informação a ser repassada para os jovens. O domínio sobre os segredos do computador e da internet que a geração mais nova possui lhe confere uma vantagem sobre seus pais e professores. Os jovens agora encontram conteúdos sem censura e estão criando uma cultura nova e própria. Em muitas conversas eu escutei pais expressando preocupações com sua incapacidade de comunicar com o mundo da juventude. Eles sentem que as crianças desenvolveram uma "nova linguagem" que eles não compreendem, e que as velhas ferramentas educacionais não mais funcionam.

É natural que a mudança na relação entre crianças e adultos também se evidencie no sistema educacional. Mas esse sistema está aprisionado em seus padrões fixos de pensamento e tem dificuldades para se ajustar às mudanças.

A imprensa internacional está repleta de artigos que descrevem o fenômeno da perda de controle em sistemas educacionais. A imprensa japonesa descreve uma situação em que 40% dos professores passa pela experiência das "salas de aula inviáveis" – turmas em que os professores perderam o controle, em que os estudantes os ignoram e não prestam atenção, além de cometerem atos de violência e vandalismo.

O dilema do professor japonês não é diferente do dilema do israelense ou qualquer outro professor em países democráticos, ou até mesmo em países que no momento se encontram em processo de democratização.

Um artigo publicado no jornal israelense *Haaretz*[20], sob a manchete "Vocês Queriam Guerra, e Conseguiram!", mostra uma imagem parecida, descrevendo as relações entre os veteranos de ensino médio logo antes da formatura e os professores e diretores de escolas de todo o país. O artigo repassa uma longa lista de eventos violentos organizados por formandos jogando lixo nas salas de aula, pichando slogans e até arrancando árvores. Os diretores disseram que esses vândalos costumavam ser excelentes estudantes, com participação ativa no movimento da juventude, que eram candidatos para cumprir o serviço de combate no exército; em resumo, eram a nata da escola. Essa definição só fez com que o problema se tornasse ainda mais pungente – o que aconteceu com eles?

Um dos diretores de uma escola de Tel Aviv declarou: "A população mais bem de vida perdeu o respeito pelo sistema. Essa conduta baderneira deriva do tédio, do vazio e de uma necessidade de provocar o sistema e testar seus limites". E o Diretor Geral do Ministério de Educação alegou estar "chocado com a crueldade e a perversidade desses jovens. O melhor conselho que posso dar é que coloquem esse tema na agenda pública e chamem a polícia quando necessário".

Será possível que aqueles que foram definidos como bons estudantes, envolvidos em ação social e comunitária, tenham sido os mesmos que sentiam "necessidade de testar o sistema", que "chocam" por sua "crueldade e perversidade"?

Sistemas educacionais no mundo inteiro começaram a perder o controle, porque as ferramentas que costumavam funcionar bem no passado, que davam aos adultos seu *status* e autoridade sobre os mais novos, não funcionam mais num mundo que tenta adotar uma cultura democrática.

Já mencionei, dentro do contexto de "escolas conservadoras", o livro *Mudança*, de Watzlawick, Weakland e Fisch[2], com sua descrição de três maneiras básicas de fracassar na resolução de problemas, que podem ser identificadas no modo com o qual o sistema educacional lida com a crise atual:

1. Negação de que o problema existe: "Não temos nenhum problema de violência".
2. Tentativas de fazer mais daquilo que já falhou: "Precisamos recuperar a distância entre professores e estudantes".
3. Fugir para assuntos periféricos que não tratam do problema em si: "Precisamos levantar a bandeira todas as manhãs na escola".

Processos paralelos estão ocorrendo dentro da família. Muitos pais sentem que perderam sua autoridade "natural" sobre os filhos, como detentores do conhecimento e da experiência. Alguns deles estão tentando voltar "às boas e velhas ferramentas" para reabilitar sua autoridade. Assim como o sistema educacional, eles estão tentando "fazer mais do mesmo que já falhou", na esperança de mudar a atitude de seus filhos em relação a eles, mas estão usando os mesmos processos de coerção e disciplina que causaram o problema, para início de conversa.

Outros pais canalizam suas dificuldades em outros lugares – travando uma guerra contra as escolas conservadoras. Eles assumem uma posição defensiva em relação aos seus filhos, apoiando-os contra o sistema autoritário. Esses pais se veem no papel de "libertadores" e assim criam um sistema de dois pesos, duas medidas, no qual as crianças têm dificuldade de funcionar. Será que o estudante tem permissão para desrespeitar o professor ou o diretor porque é isso que ele escuta em casa? Qual é o significado do fracasso da criança em preparar suas lições e como ela deve lidar com o castigo? E – o mais importante –, qual alternativa está sendo oferecida no lugar dessa visão negativa da escola?

Alguns desses pais, em algum momento ou outro, chegam numa busca por uma alternativa ao sistema que não funciona. Assim, a partir de uma perspectiva negativa, eles chegam à escola democrática.

Até o momento, descrevi o "chão que está desaparecendo sob os pés" dos pais e professores em nossa época. No restante deste capítulo, gostaria de sugerir uma visão diferente do lugar dos adultos na sociedade humana. Essa abordagem, que batizei com o nome de "do ensino ao aprendizado", descreve um lugar completamente diferente, onde os adultos podem sentir mais uma vez um chão firme sob seus pés, no qual é possível caminhar com a criança – não contra ela ou na frente dela –, enquanto recuperam sua autoestima e seu valor aos olhos da criança.

A armadilha dos pais liberais

Quando os pais mandam os filhos para uma escola democrática devido à sua raiva e frustração com a escola normal e não por uma afinidade e aceitação das ideias da educação democrática, pode-se esperar que caiam numa armadilha perigosa – "a armadilha dos pais liberais". Os pais, que numa escola normal assumiam o papel de "os libertadores", se encontram agora, na escola democrática, no papel de "limitadores".

Os pais que chegam numa escola democrática sem examinar a fundo as ideias da educação democrática acreditam que "ali, num espaço aberto e livre, coisas melhores acontecerão ao meu filho". Alguns deles ficam impressionados com a aparência externa, a atmosfera de liberdade entre crianças e adultos e com o sentimento de que as crianças "estão fazendo o que é bom para elas". Muitos ficam impressionados simplesmente pelo fato de que "a escola não parece com as que tivemos quando éramos criança". Esses pais costumam acreditar que a própria educação que receberam à sua época não obteve sucesso e que estão tentando ajudar os seus filhos a fugir de um destino parecido.

A partir dessas expectativas internas, os pais criam uma imagem de todas as "coisas boas" que querem para os filhos. Um deles acredita que o filho, que tem tanto talento com música, finalmente vai ter tempo para se concentrar nisso; o outro crê que o filho inteligente conseguirá fazer os exames de acesso mais cedo e aí vai poder "ser livre" para fazer o que lhe interessa de verdade. E assim por diante. Há tantas expectativas diferentes quanto há pais.

Infelizmente, essas expectativas entram em conflito com a mensagem que a educação democrática passa para a criança, uma mensagem que é uma convocação para que ela escolha sua vida e aquilo que é certo para ela – e não para os seus pais.

Enquanto as escolhas da criança forem compatíveis com as expectativas dos pais, não há problema algum. Mas, quando a criança se volta para outras direções, particularmente quando cai em lugares de desconhecimento e passa por períodos de frustração, confusão e até mesmo medo (como vocês devem lembrar, isso tudo é parte do processo de aprendizado, o caminho do crescimento) – e os pais caem com ela.

O processo de frustrar-se, que é integral para o aprendizado, faz com que os pais duvidem de suas considerações anteriores. Estranhamente, eles se veem então voltando às suas antigas crenças, das quais estavam tentando fugir quando mandaram seus filhos à escola democrática.

Na verdade, a maioria dos pais está apenas demonstrando sua preocupação natural pelo bem-estar dos filhos, e querem que eles estejam satisfeitos e interessados na sua área de estudo. No entanto, as crises de aprendizado geram neles uma ansiedade interna profunda, talvez porque identificam seus próprios medos como adultos a partir das situações de desconhecimento em suas vidas.

Esse medo leva à raiva e à frustração: eles mandaram seus filhos para um lugar que "era para ser bom" – e aqui a escola democrática os decepcionou. Por causa dessa ansiedade, os pais podem exigir que seus filhos assistam a certas aulas ("pelo menos as aulas importantes..."). Em outras palavras, eles se encontram numa posição indesejada – a posição de "limitadores" dos seus filhos. Outros pais entram em conflito com o tutor do estudante ou com o sistema democrático. Por vezes, essas discussões se tornam disputas de poder (Parlamento, comitês) para alterar a entidade democrática de escola, de modo a adequá-la ao padrão com o qual estão familiarizados desde a infância.

Mais de uma vez tive de lidar com pais furiosos, frustrados e decepcionados. Nessas reuniões, tentei explicar que essa frustração não precisava levar a um conflito e que eles podiam vê-la como uma oportunidade para aprenderem juntos. Seu desconforto pode levá-los a um processo profundo de aprendizagem, numa tentativa verdadeira de compreender a filosofia da educação democrática. Eu me recusei a assumir o papel do "especialista", e, na maior parte das vezes, não me vali do conhecimento teórico, tentando, em vez disso, ajudar os pais a criarem um aprendizado cooperativo, através de seu próprio mundo pessoal. Eu encarnava o papel de alguém que aprendia no processo.

Os pais que concordam em entrar no processo de aprendizado cooperativo geralmente embarcaram numa jornada de conhecimento pluralista, na qual são levados a fazer questionamentos básicos sobre seus objetivos na vida e sobre a coragem de encarar o desconhecimento em suas vidas pessoais. A jornada guiou alguns deles rumo a áreas de força e crescimento e lhes permitiu aumentar imensamente o nível de liberdade e confiança concedido aos seus filhos.

Muitos filósofos da educação democrática, como A. S. Neill e Danny Greenberg, veem a escola como um mundo que deve ser protegido da interferência dos pais. Nesse mundo, a criança pode agir com liberdade e crescer, mas também cair – sem pressão dos pais. Ela deve lidar com as consequências de suas ações sem a proteção dos pais.

Há duas noções principais subjacentes a essa ideia. Uma é a de evitar que os pais direcionem as crianças para aquilo que é "certo" para eles, de modo a permitir um "ambiente livre de interferência parental", onde a criança pode encontrar suas próprias escolhas e examiná-las por si só. A segunda é que os pais, a partir dos seus próprios instintos naturais, podem (por causa de uma preocupação sincera) não deixar que a criança fracasse, retardando o seu desenvolvimento dentro do ciclo de aprendizado pluralista. Assim, elas evitam que a criança tenha que a lidar com a experiência da frustração que acompanha o aprendizado.

Na Escola Democrática de Hadera, acreditávamos que manter os pais longe da escola os leva a reduzir a quantidade de liberdade que é concedida às crianças. Em outras palavras, acreditávamos que, se não criássemos um programa capaz de reduzir os medos dos pais, eles criariam maneiras ocultas de direcionar seus filhos. Por isso, os pais na escola são parte do sistema escolar em todos os aspectos – desde a parceria com o cotidiano da escola até comitês e o Parlamento, através da parceria de ideias e educacional, usando o aprendizado cooperativo. Sentimos que, se a ideia era que os pais tivessem a experiência de uma parceria no processo democrático e na criação da escola, em alguma etapa eles sentiriam a necessidade de examinar a fundo as ideias da educação democrática, através dos processos de aprendizado acompanhados pela experiência pessoal.

É só quando os adultos têm uma compreensão profunda das ideias da educação democrática que eles podem "libertar" a criança para que ela escolha sua própria vida. Essa compreensão pode ser obtida ao mudar a condição dos adultos (pais e professores) na comunidade da escola, quando eles deixam de ensinar para começar a aprender.

Hoje, após anos de experiência em um grande número de escolas, tenho dificuldade para decidir entre a nossa abordagem e a de Summerhill/Sudbury Valley.

A questão da relação entre os pais e a escola ainda está por ser resolvida.

Tensão entre pais e tutores

É natural que os pais sintam alguma ansiedade quando seu filho se prende em períodos de incerteza e desconhecimento, que são parte do processo de aprendizagem. Essa ansiedade por vezes os leva a apontar críticas pesadas contra os adultos da escola (tutores e professores).

Yoram veio até nós na quarta série. Até a sexta, tudo parecia bem. Ele frequentava todas as aulas das "matérias certas", e seus pais se orgulhavam de contar aos outros sobre o excelente uso que ele estava fazendo do seu tempo no mundo da liberdade. Porém, quando Yoram cresceu um pouco mais, começaram os problemas. Seus pais achavam que ele não tinha adquirido conhecimento suficiente em matemática e inglês. O menino, que foi definido como um "gênio da matemática", encontrava dificuldades com as aulas e em determinado momento acabou se recusando a assisti-las. Os pais acharam que a raiz do problema estava no nível da matemática e do inglês dos professores da escola. Mais tarde, criaram-se redemoinhos de raiva e reclamações mal resolvidas. Os pais rejeitavam os esforços do aprendizado cooperativo com o corpo docente e os chamavam de "baboseira". Por que aprender se eles já tinham as soluções? Eles "sabiam" o que precisava ser feito e exigiam que a escola "o levasse a cabo".

Eles bloquearam por completo as tentativas de examinar as questões levantadas e repensar as ideias. Sentíamos como se uma muralha tivesse sido erguida entre nós, e que o único desejo deles era transformar a nossa escola numa escola "boa", como "todas as escolas".

Ao mesmo tempo, Yoram vinha murchando. Os conflitos entre o ambiente de casa e escolar pesavam muito sobre ele e o levaram a se isolar dos adultos e, mais tarde, das crianças também. Após o fracasso de nossas tentativas para encontrarmos uma solução cooperativa, sugeri aos pais que o transferissem para um lugar que fosse mais compatível com a visão deles. Mas os pais ficaram magoados com essa sugestão. Para eles, estávamos ignorando o problema. "A escola é nossa, não de vocês", eles disseram, "e nós decidiremos o que fazer".

Yoram terminou o último ano do ensino médio na Escola Democrática de Hadera nessas mesmas condições de fratura ideológica entre ele mesmo e o restante do corpo docente. Os seus sentimentos, bem como o dos seus pais, eram que a escola não havia dado conta de suas expectativas.

A situação dos pais de Yoram e outros (ainda que estes em menor grau) deriva do processo linear de aprendizado no qual todos fomos criados. Acreditamos que, quando um processo não nos é familiar, é provável que ele esteja errado. Um dos resultados mais frustrantes dessa perspectiva é que muitos pais "supervisionam" os tutores e tentam fazer com que eles deem instruções específicas quanto à rotina diária da criança. Em tal situação, no momento em que é criada uma relação entre o tutor e o estudante, os pais se sentem deixados de fora. É assustadora para eles a ideia de que um estranho, no qual eles não confiam, esteja em posição de influenciar seu filho, e assim eles começam a transmitir mensagens negativas sobre o tutor para a criança.

Há também uma possibilidade oposta ao exemplo que dei. Alguns pais interpretam a concepção de uma educação democrática como um convite para o completo não envolvimento com o que se passa com a criança na escola. Eles presumem que, para deixarem a criança "seguirem o fluxo", é preciso que os pais "sumam", se desinteressem, não façam perguntas e não visitem a escola. Quando os pais somem do triângulo tutor-estudante-família, eles se absolvem de qualquer responsabilidade pelo processo pelo qual a criança está passando. Como resultado, em épocas de crise, a parte culpada é clara e distintamente o tutor.

Devemos lembrar que muitos dos tutores também chegam à educação democrática vindos de um mundo de aprendizado linear, e eles também precisam passar por um processo de mudança em seus padrões de pensamento. Mas, como o corpo docente inteiro está em constantes processos de aprendizado, eles sentem que precisam cada vez mais entender melhor a terminologia do mundo democrático. E, no entanto, quando os tutores encontram o rosto de um pai ou de uma mãe enfurecido com o posicionamento daqueles "que sabem", em oposição aos pais "ignorantes", essa situação é que causa, por fim, a desconexão definitiva dos pais. Portanto, em vez de aprenderem juntos e levarem interesses mútuos adiante, os tutores e os pais se encontram em lados familiares opostos. As partes mais prejudicadas nesse tipo de situação, é claro, são as crianças.

Todos nós, como adultos, chegamos ao mundo da educação democrática com a carga pesada de nossa própria educação limitada. Somos como (no exemplo bíblico) a geração do deserto, e estamos viciados no "Bezerro de Ouro" – seja ele nossa necessidade de receber confirmação externa de que somos "aqueles que sabem mais", seja a necessidade de provar que temos a resposta certa. E, assim, quando pedimos para que seja feita uma mudança verdadeira, e não só "mais do mesmo", devemos aprender juntos. Juntos, conheceremos os rumos tortuosos desse novo caminho pelo qual escolhemos andar com as crianças.

O caminho rumo ao tutoramento

A pessoa adequada para trabalhar numa escola democrática é aquela que valoriza os ideais democráticos, que vê a dignidade humana e a independência do estudante como valores básicos. Para mim, é importante esclarecer que um adulto adequado para esse trabalho não é necessariamente um que se defina como alguém "que ama trabalhar com crianças", mas que, em vez disso, se defina como alguém que ama trabalhar com gente e que é capaz de olhar qualquer um olho no olho.

Com muita frequência, as pessoas que vêm trabalhar com educação acreditam que "o amor pelas crianças" é a principal condição para esse tipo de trabalho e se orgulham de "suas excelentes relações com os mais novos". O problema é que, em alguns casos, elas chegam ao encontro educacional por causa de decepções ou fracassos no mundo adulto, e trazem seus sentimentos de ansiedade e inferioridade consigo mesmos e seu trabalho. Esses tutores podem transmitir às crianças todos os seus preconceitos em relação aos outros adultos (a mensagem pode ser "só eu entendo vocês, os outros adultos não conseguem") e, além disso, quando encontrarem os pais, haverá conflitos e um sentimento mútuo de incompreensão.

De um tutor numa escola democrática espera-se que dê apoio ao aprendizado em família, cujos propósitos são expandir o espaço de liberdade dado à criança e apoiá-la. Uma condição necessária para isso é que essa pessoa precisa ter vivenciado um encontro com suas próprias áreas de força e crescimento e chegado ao campo da educação por curiosidade e interesse, e como parte de seu processo pessoal de crescimento e não por causa de um sentimento de falta de opção ou como uma forma conveniente de ganhar a vida.

Havia também pessoas na escola que tinham ambições de serem artistas, cientistas ou de trabalhar com alta tecnologia, e que acabaram não realizando suas ambições. Elas chegaram à educação por exclusão. Na maioria dos casos, esse era um erro sério, tanto para elas quanto para as crianças. Esses adultos com "sonhos destruídos" encontravam muita dificuldade para dar apoio aos estudantes em sua jornada rumo às suas áreas de força e crescimento. Sua mensagem pessoal, um produto de sua experiência de vida, era: "a vida é árdua e cruel, e você precisa abrir mão das coisas".

Por outro lado, já um professor com experiência em áreas que o fascinassem e que chegasse à escola em busca de outro lugar onde pudesse crescer e, assim, ajudar os outros, é o tipo de professor que passava a mensagem: "A vida é um campo maravilhoso de novas experiências e oportunidades". Esse professor iria gostar de dar apoio aos jovens em sua luta para chegar às suas áreas de força e crescimento e veria nesse crescimento a oportunidade de se fortalecer em sua própria jornada pessoal.

Duas histórias podem esclarecer as diferenças entre essas motivações distintas para o trabalho na escola. A primeira é a história de uma professora que veio até nós depois de ter passado por vários fracassos em sua área. Em seu trabalho, podíamos ver que ela conseguia levar adiante as crianças mais fracas e medianas, dedicando muitas horas a elas, mas sofria com disputas de poder com os estudantes mais talentosos. Parecia que ela se sentia ameaçada por qualquer um que atingisse um alto nível em sua área. Os melhores estudantes reclamavam que não tinham ninguém com quem trabalhar, e o problema chegou à atenção do Comitê Docente. Num primeiro momento, foi decidido transferi-la para uma posição diferente. Mas, depois que essas mesmas dificuldades ressurgiram, ela foi demitida. Ainda acredito hoje que o trabalho dela na escola causou um estrago significativo para muitos dos estudantes.

Por outro lado, tivemos uma professora que veio até nós já com uma carreira de sucesso nas artes plásticas, que participou de exposições e era considerada uma figura significativa em sua área. Seu encontro com os estudantes produziu um grande grupo de artistas ativos, muitos dos quais ainda estão ativos na área, anos após terminarem os estudos. Essa professora conhecia suas áreas de força, teve já a experiência do fracasso, mas sabia como prosseguir, e isso a ajudou a dar uma verdadeira liberdade de ação e apoio às crianças ao seu redor.

Devo esclarecer, porém, que, quando falo de um professor que tenha encontrado suas áreas de força, não estou dizendo necessariamente que ele precisa ter dominado o mundo, mas sim que é alguém que identificou oportunidades para crescimento em sua vida, alguém que conhece seus pontos fortes e vê a escola como parte de seu próprio processo pessoal de crescimento. Alguns deles podem trabalhar apenas alguns anos na escola – já outros, por bem mais tempo. Mas todos precisam reconhecer o momento em que devem mudar de lugar na escola ou ir embora para darem continuidade ao seu próprio processo de aprendizagem e crescimento.

Dificuldades para tutores e professores

Quando um novo professor é aceito numa escola democrática, ele pode passar por um "choque de liberdade" parecido com o das crianças. Os professores vêm de lugares diferentes, com experiências anteriores diferentes, mas a maioria deles se formou em sistemas escolares conversadores tradicionais. Como resultado, esse choque de liberdade que sentem parte da demolição das crenças e dos conceitos que mantinham acerca de muitas coisas.

Irresponsabilidade e perda de autoconfiança

Pede-se aos professores e aos tutores na escola democrática que participem do processo pelo qual as crianças estão passando, sem guiá-las ou conduzi-las, e isso faz com que alguns deles percam a confiança na sua autoridade como adultos, diante das crianças pequenas. Expressões prosaicas disso dizem respeito, por exemplo, ao visual externo de alguns dos tutores. Os homens param de fazer a barba, as mulheres param de se preocupar com a aparência. Eles interpretam a liberdade como sendo o direito de relaxar na aparência. Isso também é válido para a aparência externa da própria escola.

Há exemplos piores em que as crianças fazem coisas perigosas e os adultos não as impedem, por causa de confusões a respeito de qual é o papel dos adultos. Uma vez eu estava no pátio, e vi umas crianças colocando outra criança menor dentro de um barril aberto e levando o barril para rolá-lo morro abaixo, sendo que havia uma estrada no pé do morro. Dois adultos sérios do corpo docente conversavam perto deles. Para minha grande surpresa, eles não impediram as crianças com o barril, mas continuaram conversando, apesar do perigo evidente. Eu logo corri atrás delas e parei o barril. Quando perguntei a eles sobre a situação, alegaram que haviam deliberado se deveriam ou não pôr fim à brincadeira das crianças. Era uma situação perigosa, em que a confusão e a falta de autoconfiança dos adultos colocaram as crianças em perigo. Por sorte, ao longo dos meus anos na escola, poucos foram os casos de erros desse tipo.

Exigências formais *versus* tolerância

Outra área que cria dificuldades para os adultos diz respeito à questão da disciplina. Por um lado, o tutor se vê diante das exigências formais do quadro da escola e do sistema educacional. Por outro, há a expectativa de que o tutor seja capaz de conter as dificuldades de um estudante com problemas. Por exemplo, qual é a coisa certa a ser feita quando um estudante sai do perímetro da escola sem contar a ninguém, e então o tutor descobre que a criança saiu porque brigou com outra e estava transtornada? Muitos tutores acreditam que, em tal situação, não seria certo recorrer ao Comitê Disciplinar, mas, em vez disso, assumir uma postura de tolerância e aceitação. Acredito que isso seja um erro. Os limites claros determinados na escola em vários assuntos, pelo Parlamento ou pelos comitês, não devem encolher o diálogo ou a discrição pessoal. Pelo contrário! Uma infração das normas da escola é uma oportunidade para o tutor oferecer apoio à criança diante das autoridades formais. O seu papel, por exemplo, na situação que acabei de descrever, é levar a criança ao Comitê Disciplinar, mas, ao mesmo tempo, representá-la diante dele. Ele deve mencionar as circunstâncias extenuantes, ouvir e defender a criança em relação às decisões tomadas pelo comitê.

Um tutor jamais deve demonstrar sua dedicação ao estudante ignorando uma infração. É de suprema importância que ninguém infrinja as leis, e que quem quer que o faça – seja adulto ou jovem – deva lidar com os resultados de seus feitos.

Porém – e esse "porém" é importante –, seguir as regras determinadas não contradiz a obrigação do tutor de dar ouvidos ao estudante, ajudá-lo com suas dificuldades e defendê-lo ao longo do processo. Apenas enviá-lo ao Comitê Disciplinar, por mais certo que seja, não basta. Uma situação dessas é uma oportunidade para a criança aprender que não há contradição entre preservar as leis da escola e estabelecer uma relação direta e calorosa entre o estudante e seu tutor. Trata-se de uma oportunidade que não pode ser perdida.

Pedindo ajuda

As dificuldades pelas quais os tutores passam na escola muitas vezes derivam da noção de que eles devem ser capazes de resolver todos os problemas das crianças sob seus cuidados. Esse é um dos temas que discutimos muitas vezes em nossas reuniões de tutoramento: quando é que um tutor admite – para si mesmo, mas também para o próprio estudante e seus pais – que não é capaz de resolver um problema? Falamos sobre a importância de repassar certos temas para o cuidado de outros membros da equipe da escola, como o psicólogo, o assistente social ou os departamentos de assistência social do município. Parte do processo pedagógico de todos os tutores é a compreensão de que suas forças às vezes não bastam. Ele deve saber quando, como e de quem receber auxílio. E, é claro, deve compreender que pedir ajuda é algo que colabora para torná-lo um tutor melhor.

Tensões com a equipe

Os professores e os tutores numa escola democrática não estão numa situação psicológica fácil. Eles devem ser "escolhidos" de novo a cada momento e estão constantemente sendo testados com um "concurso de popularidade". As crianças escolhem as aulas que querem assistir, escolhem os adultos com os quais querem construir uma relação e os professores que as fascinam. Por vezes, a situação cria uma competição implícita entre os membros do corpo docente: quais são as aulas que têm mais estudantes? Quem é o mais popular? Como um professor pode fazer para "se promover"?

E isso traz à tona a questão do carisma. Um bom professor na escola é necessariamente um professor carismático? Será que uma pessoa mais reservada, cujas qualidades positivas não se destacam de imediato, não irá ter sucesso na escola?

Esse concurso implícito às vezes cria um "embargo" de iniciativas, para diminuir a popularidade de um dos professores, ou – o contrário disso – "iniciativas em competição", com professores sugerindo "iniciativas de fachada" não por de necessidades reais, mas por causa da atmosfera de competição.

As conversas entre os membros do corpo docente muitas vezes giram em torno desse tema. A partir da minha experiência, quando os professores aprendem que um dos princípios do pluralismo relaciona-se tanto ao respeito pelo outro como ao reconhecimento da importância do diferente e quando entendem que esse reconhecimento pode contribuir consideravelmente para a eficácia da escola, eles desistem da competição e começam a se interessar muito mais pelo trabalho em equipe e pela construção coletiva de algo novo. Conforme cresce sua habilidade de ver e apreciar o outro e toda a equipe ao seu redor, também vai crescendo sua habilidade de ver e apreciar a si mesmo. Quando isso acontece, se dá uma grande melhoria também na esfera de suas atividades pessoais (além do trabalho). A necessidade da competição, para estabelecer o seu valor próprio, bem como seu valor dentro do seu entorno, quase desaparece.

O tutoramento como auxílio para o crescimento

Os certificados e anos de treinamento formal não eram de maior interesse para nós quando procurávamos por um novo professor para a escola. Procurávamos por profissionais que pudessem ensinar o que ele ou ela tivesse de vivo dentro de si, um professor ou professora que pudesse "entrar no fluxo" da área em que lecionasse. Essa capacidade é o verdadeiro presente que pode ser transmitido aos estudantes, sejam eles jovens ou mais velhos. Na Escola Democrática, preferíamos que nossos estudantes encontrassem adultos que aprendem, em vez de adultos que sabem. De modo que eles próprios pudessem participar de processos fascinantes de aprendizagem.

Minhas experiências pessoais como professor na escola também estão associadas às áreas de força. Por exemplo, perto do fim do meu papel na escola, eu me vi atraído à área de empresas de alta tecnologia. As crianças e os adolescentes com esse mesmo interesse se reuniram ao meu redor e fundamos juntos uma *start-up*. Como eu não tinha conhecimento prévio sobre essa área, fomos nos reunindo ao longo de um ano inteiro para aprender mais sobre temas relacionados à empresa. Alguns de nós se concentraram em informatização, outros em estratégias de marketing e negócios, e outras crianças encontraram material sobre como fazer uma boa gestão. Conforme o grupo progredia, outros adultos e crianças com interesse no que fazíamos se juntaram a nós. O produto que queríamos vender acabou não tendo sucesso, mas muitos dos participantes desse grupo depois vieram trabalhar em empresas de alta tecnologia, equipados com toda experiência que acumulamos juntos.

A história do fracasso da nossa *start-up* mais uma vez demonstra que, no processo de ensino, não há nenhum significado crítico no sucesso ou no fracasso em si, mas sim na jornada, que pode ser pessoal ou em grupo. Uma escola que opera sobre os princípios de aprendizado pluralista não é apenas uma estufa para o crescimento dos estudantes, mas também – e não menos importante – para crescimento dos adultos igualmente, da equipe que trabalha nela. Nesse contexto, quando a pessoa dá o seu melhor, a conexão com o ensino estimula o crescimento pessoal do professor consideravelmente, pois ensinar os outros é muitas vezes uma ferramenta para aprender.

Ronald Mehan, pesquisador inglês que estuda pedagogia, mostra em seus estudos que o método mais eficaz de aprender é ensinando. Na Escola

Democrática de Hadera, o ensino se dá não só pelas mãos dos adultos, mas também pelas das crianças. Um menino de 9 anos, por exemplo, durante meio ano ministrou aos seus amigos uma aula de escalada. Um estudante de 16 deu aula de culinária para um grande grupo de professores e estudantes. Há muitos outros exemplos de aulas singulares dadas por crianças ao longo dos anos. Algumas eram multidisciplinares e forneciam aos participantes oportunidades para lecionar ou compartilhar suas áreas de interesse com o grupo. Elas tinham nomes como "Travessura" e "Isso me interessa". Algumas tinham como foco vários tipos de conhecimento, como computação, vídeo, instrumentos musicais ou imunologia.

De muitos modos, pode-se dizer que as crianças se ensinam mutuamente toda vez que brincam juntas. Mas algumas das aulas que as crianças pediram para acrescentarmos ao currículo, para darem aulas sozinhas ou com professores, eram aulas frontais.

Um fenômeno adicional, interessante dentro desse contexto, foi que os professores numa área de crescimento não permaneciam muito tempo dentro de uma mesma área, mas, em vez disso, seguiam em frente e passavam a lecionar outras aulas, por vezes em outras matérias que eles nem mesmo conheciam antes. Por exemplo, um dos professores chegou à escola para dar aulas de química e biologia. Nos primeiros anos, ele deu aulas sobre a natureza, foi tutor no ginásio, e montou uma oficina de carpintaria na escola. Outro professor veio como tutor para a divisão dos menores, e aos poucos descobriu o tema da mediação, que à época estava em seus primeiros estágios no país. Ele trouxe a mediação para a escola como outra alternativa à resolução de problemas entre os membros da comunidade. Mais tarde, quando saiu da escola, montou uma empresa de mediação.

Outros professores decidiram participar também e inventaram aulas com novos títulos, de acordo com os temas que lhes interessavam à época. Um dos melhores exemplos desse tipo de cooperação foi uma "aula de pesquisa", que incluiu uma variedade de combinações de professores ao longo dos anos.

As crianças diante de adultos em crescimento

A descrição do adulto (tutor e professor) em crescimento e desenvolvimento na escola levanta a seguinte questão: será que não fomos longe demais, ao priorizarmos o crescimento do adulto, ignorando, pelo menos em parte, as necessidades das crianças? Esse adulto "em fluxo", que se concentra em si mesmo e nos processos pelo qual está passando, é capaz de ver as crianças que o cercam, abrir espaço para elas, habilitá-las para que passem pelos seus próprios processos de crescimento? E quanto à possibilidade de manipulação, a habilidade de um adulto carismático de influenciar os temas que as crianças querem estudar?

Na escola de Sudbury Valley, as iniciativas pedagógicas são deixadas na mão só dos estudantes. O dever dos adultos é acompanhar os jovens em seus processos de aprendizagem. Danny Greenberg escreve que tem interesse em permitir que as crianças continuem na área de desconhecimento quanto tempo for necessário, sem lhes dar as âncoras e as cordas na forma de sugestões dos adultos, forjando lições e liderando o caminho[14].

A minha crença é que um adulto, que tenha um interesse profundo naquilo que ele faz, é capaz de criar um encontro muito frutífero para as crianças. Geralmente, as crianças não se prendem exatamente ao campo exato do adulto, mas, em vez disso, reconhecem os poderes do crescimento e aderem à crença de que os sonhos podem ser realizados.

Em certo período de tempo, eu tinha muito interesse na psicologia de Alice Miller (autora de O drama da criança bem dotada[15]) e "varri" a escola em busca de um grupo de estudantes que estivesse estudando filosofia e psicologia. Os anos passaram e os estudantes para quem dei aula já haviam se formado havia muito tempo. Não acredito que nenhum deles tenha ido para o campo da psicologia ou trabalhado com as ideias de Alice Miller – mas, sempre que eu os encontro, eles mencionam como a experiência de ter estudado com um adulto envolvido no processo de descoberta e entusiasmo lhes conferiu a habilidade de passar por experiências semelhantes mais tarde.

Não acredito que exista uma única resposta inequívoca para essa pergunta. É certo que há crianças na Sudbury Valley que teriam passado por mais processos significativos se os adultos tivessem tido um papel mais ativo em suas vidas. Por outro lado, é certo também que há estudantes na Escola de Hadera para os quais a presença de um adulto diminuiu seu crescimento interno. Diante desse dilema, só é possível agir conforme aquilo que se acredita e não ter medo de tentar novos caminhos. Não tenho dúvidas de que, além dos campos específicos que fascinam o professor (arte, comunicação, animais etc.), ele deve ser capaz de dar apoio aos jovens para que eles cresçam nas áreas que os fascinam.

O tutor enquanto facilitador do aprendizado

A resposta para a pergunta de como dar apoio à jornada do estudante rumo ao crescimento pode ser encontrada, acredito, no conhecimento do tutor, em sua consciência do seu papel e de si próprio e em sua habilidade de conduzir conversas significativas com o estudante. Eu atribuiria uma importância menor às ferramentas que o tutor utiliza ou o caminho que ele escolhe.

Conhecimento

O tutor deve ter curiosidade quanto à educação democrática. Ele deve aprender e examinar constantemente os modelos teóricos subjacentes, como o descrito no Capítulo 3 e os outros modelos publicados de tempos em tempos, conforme essa pedagogia é disseminada pelo mundo. A partir do processo de aprendizado, o tutor deve fazer perguntas e examinar questões que precisam ser esclarecidas.

Ao longo da jornada de aprendizado, é importante não esquecer os principais objetivos da educação democrática: independência – ajudar o estudante a criar e adquirir ferramentas que possibilitem que ele realize os seus objetivos – e a dignidade humana. A relação entre o tutor e o estudante deve ser construída à luz desses objetivos.

Mesmo quando essa conexão é estável, e certamente nos estágios iniciais, o tutor deve lembrar que o quadro que ele tem é limitado e incompleto. Apenas o diálogo prolongado e esclarecimento das diferentes imagens vistas pelo tutor e seu parceiro de diálogo, o estudante, podem levar a um foco desse diálogo. Os objetivos do estudante e as ferramentas à sua disposição devem ser identificados, e deve-se examinar até que ponto ele consegue ver e respeitar o outro.

Autoconhecimento

O sentido de autoconhecimento é o conhecimento profundo que o professor tem da ideia de "desconhecimento" e sua habilidade em distinguir entre os termos "eu sei", "eu acredito" e "eu penso". A consciência desses três componentes fortalece a tolerância e permite que o tutor crie um clima de liberdade que cresce ao seu lado. O "desconhecimento" serve como uma plataforma necessária para a aquisição das três habilidades exigidas para o encontro com o "outro":

A habilidade de confiar;
A habilidade de permitir a liberdade para cometer erros e aprender;
A habilidade de apreciar os feitos alheios e acreditar neles.

Há um conceito, segundo o qual uma criança pequena precisa de um mundo claro e bem conhecido, e que sua exposição a um "desconhecimento existencial" irá perturbá-la. Muitos dizem que isso vale para adultos também e, portanto, eles acreditam no fornecimento constante de "ópio para as massas", ou seja, respostas que ocultem as perguntas. Infelizmente, uma grande parte do mundo tem essa percepção, e por isso é importante que os adultos deem a resposta correta, e estamos todos sempre em prontidão para lutar contra aqueles que deram a resposta errada.

Para criarmos uma geração que aprende e tem curiosidade, e um mundo que enfim pare de se debater e comece a aprender, devemos lidar com o desconhecimento de forma espiralada. Desse modo, quanto mais eu sei e aprendo, mais cresce o desconhecimento.

A habilidade de estar presente e de conduzir o diálogo

Um educador não é "transparente". Ele existe não como um exemplo daquilo que ele "deveria" ser. Ele deve ser capaz de conduzir um diálogo igualitário com o estudante: não um diálogo condescendente, nem um diálogo "correto", mas sim um que tenha sucesso em possibilitar viver uma existência singular que evolui no momento presente e no espaço presente, respeitando a singularidade de cada um dos participantes.

Muitos estudantes da educação democrática me contaram sua dificuldade em criar vínculos com os adultos que os elogiam o tempo inteiro. Eles dizem "Ah, que lindo!" com qualquer desenho e ficam impressionados com qualquer coisa que eles façam. Os estudantes param de acreditar nesses adultos. A maioria procura por adultos que não tenham medo de dizer o que pensam de verdade, conquanto isso seja feito dentro do seguinte contorno: "É isso que eu penso ou acredito. Leve isso em consideração, porque eu também posso estar enganado".

Uma comunidade de aprendizagem

Por fim, há dificuldades objetivas para todos os adultos na educação democrática, dificuldades que surgem da educação em que nós mesmos fomos criados – no mundo do pensamento linear, no mundo da curva normativa, dentro do quadrado (cf. Capítulo 3). Nenhum de nós, sejamos pais ou professores, cresceu numa escola democrática. Estar aberto a esse mundo exige mudanças no modo como olhamos para nós mesmos – sem qualquer conexão com as crianças: Será que eu, como indivíduo, conheço as minhas áreas de força? Será que eu, como adulto, estou pronto para embarcar numa aventura pedagógica rumo a novas áreas de crescimento? Será que tenho a força para suportar as quedas para dentro do abismo do desconhecimento dentro da espiral do aprendizado pluralista? Será que estou pronto para apagar as alegações que afirmam que "eu sei" que "a vida é deste jeito", para abrir caminho para visitas fascinantes, ainda que assustadores, a novos mundos?

Por esse motivo, quando os adultos – pais ou professores – adentram o mundo da educação democrática, é necessário que passem por um processo de aprendizado pessoal. Quanto mais os adultos aprendem sobre a vida no mundo da escola, maior a chance de que se criem sentimentos positivos nas crianças, e de que elas possam crescer em suas opções e escolhas.

Não tenho nenhuma receita para o sucesso, mas, depois de dezenas de reuniões, fica claro para mim que cada caso é individual, pessoal e imprevisível. Ainda assim, acredito que um processo de aprendizado cooperativo, entre tutores e pais e com a participação dos estudantes que optam por ele, permitirá que os adultos também aperfeiçoem seus pontos fortes e cheguem às suas áreas de força e crescimento. Quando falo em "aprendizado cooperativo", não quero dizer o aprendizado didático, em que existem aqueles que sabem e "têm razão" e os outros que devem receber conhecimento. No aprendizado pluralista e baseado no diálogo, não há necessidade de decidir qual o melhor ponto de vista, mas, em vez disso, reconhecer vários pontos de vista e chegar a eles através do conhecimento pessoal.

Fizemos um experimento interessante na escola chamado "sexta-feira aberta". Nesse dia, pais e professores poderiam ser parceiros ativos na escola agindo como estudantes e professores. As sextas se tornaram verdadeiras comemorações. Eu me lembro das aulas multietárias de teatro e dança (idades 4 a 80). As minhas aulas, que eram sobre educação democrática, também atraíram muitos estudantes de idades variadas.

Ao longo dos anos, houve tentativas de criar uma variedade de grupos de pais engajados em aprender (pais que ensinam outros pais, pais veteranos com novatos, etc). Do mesmo modo, foram formados grupos de estudantes para aprender os princípios da educação democrática. Ainda assim, fica claro para mim que estamos apenas no começo do processo fascinante de criação de uma comunidade pedagógica, que, acredito, *deveria existir em todas as escolas democráticas*.

Nesta altura, tentarei descrever uma das possibilidades para a estrutura prática de uma dessas comunidades:

a) Uma reunião pedagógica mensal para todos os membros da comunidade (pais, professores e crianças). Essa reunião inclui material teórico (palestra/filme) e uma oficina experimental.
b) Um tutor pessoal para as famílias da escola – para acompanhar as famílias que não estão satisfeitas com o apoio do tutor só para a criança. O tutor oferece aconselhamento para as famílias no tocante ao aprendizado dentro da educação democrática, inclusive ajudando a lidar com as dificuldades.
c) Uma "estufa" – um quadro que fornece acompanhamento para os adultos, pais e professores, em sua jornada pessoal para descobrirem suas áreas de força e crescimento (um modelo semelhante é apresentado no Capítulo 6, na "estufa" para iniciativas educativas e sociais).

A comunidade pedagógica, com todos os seus três componentes, pode ser acompanhada por um site na internet. O site pode incluir vários cursos virtuais na área da educação democrática, um fórum para perguntas e respostas, e links para outros sites relevantes.

O desenvolvimento de modelos adicionais para uma comunidade pedagógica é uma parte necessária da realidade de uma escola democrática.

O papel do diretor

Se eu tentar definir o papel oficial do diretor numa escola democrática, há pelo menos uma âncora que não muda. A pessoa que ocupa esse papel deve encontrar as áreas de força e crescimento que lhe são únicas e definir o seu próprio papel e o modo como este o ocupa por meio das áreas de força. Tudo isso deve ser feito tendo em mente os melhores interesses da organização, seus objetivos e a continuação de sua existência. Além disso, todo diretor precisa encontrar as singularidades de cada escola em particular, sua filosofia e a comunidade que a compõem.

Em Hadera, não há nenhuma divisão clara entre quem ocupa cargos administrativos e os outros. É verdade que, em concordância com as exigências do Ministério da Educação, nós tínhamos esses papéis definidos formalmente (Dorit Gutman – Diretora Administrativa, Rani Abramowitz – Diretora Assistente, encarregada do currículo, e eu – Diretor Pedagógico). Porém, na prática, muitos professores e até mesmo estudantes e pais ocupavam papéis significativos na gestão diária da escola. Eles lideravam comunidades que lidavam com áreas significativas da escola: aceitar novos professores, montar o orçamento e administrá-lo, aceitar a responsabilidade pelos prédios da escola e outros (cf. Capítulo 2).

Criou-se uma atmosfera especial e um sentimento de que a escola pertence a todo mundo, que qualquer um poderia ser um líder em áreas que lhe são importantes. Um grande grupo de membros da comunidade assumia as responsabilidades administrativas, e isso permitiu que muitos objetivos ambiciosos, que seriam impossíveis com a equipe administrativa limitada, fossem concretizados. Ainda assim, o modelo que utilizamos em Hadera não pode servir como modelo exclusivo para gerir uma escola democrática. Como com todas as ideias levantadas por este livro, esse modelo não serve como uma fórmula uniforme. Na verdade, uma fórmula dessas não existe. Hoje, se eu retornasse a um cargo administrativo, eu somaria um sistema adicional que funcionaria de forma parecida com um governo. Ele seria composto pelos presidentes dos vários comitês da escola, representantes do comitê geral dos pais e um presidente do Parlamento. Sua função seria coordenar todas as atividades que se passam na escola e acompanhar a execução das decisões do Parlamento. Em outras palavras, eu tentaria mudar também o modelo que estávamos seguindo. No entanto, tentarei descrever o modo como ele funcionou, que representa a minha concepção desse papel.

A minha rotina diária era construída de acordo com essa concepção:

O horário da manhã (8h00-13h00) era geralmente aberto, sem planos "determinados" de antemão. Durante essas horas, eu passava meu tempo no pátio, vivenciando tudo que estava acontecendo. A maior parte da manhã ficava livre para conversar e brincar com as crianças.

O horário da tarde (13h00-16h00) era dedicado principalmente para conversas pessoais com professores e tutores.

O horário da tarde ficava livre para reuniões com pais e pessoas de fora, bem como para trabalho administrativo.

O horário noturno era dedicado às reuniões de equipes de trabalho, grupos de pais, palestras dentro e fora da escola, etc. Felizmente, na época que a escola foi estabelecida, e, pela primeira vez durante os primeiros cinco anos de sua existência, eu ainda não era pai. Foi no nosso quinto ano que Sheerly e eu tivemos nosso primeiro filho, Yaniv, e a vida ficou bastante intensa.

Meu trabalho fica concentrado em três áreas principais:

A. A preservação da ideia democrática

Meu papel central era garantir que a ideia democrática encontrasse real expressão na escola. Como o papel de diretor da escola é definido por lei, e é responsável, segundo o Ministério da Educação, por tudo que ocorre na escola, ele pode utilizar sua autoridade legal e transformar o sistema de educação democrática em algum tipo de jogo. Assim como ocorre com governos democráticos corruptos, as instituições da lei podem ser anuladas quando um representante do país age sobre eles sem qualquer transparência, supostamente por motivos de segurança ou outros.

Por causa disso, eu repetia de novo e de novo nas discussões do Parlamento que, sempre que alguém afirmava que "não temos dinheiro", ou que "o nosso seguro não cobre", ou que "o que você quer é contraditório em relação às instruções do Ministério da Educação", os participantes do Parlamento deveriam lembrar que esses argumentos podem muito bem ser tentativas de bloquear o processo democrático na escola. O papel do Parlamento é determinar as melhores decisões para a escola, e só depois disso discutir as questões de dinheiro, seguro ou negociações com o Ministério da Educação.

Hoje também acredito que a maioria das limitações administrativas é uma tentativa de estrangular os projetos em germe, não por má vontade, mas meramente por uma visão limitada. Muitas vezes temos dificuldades de reconhecer a possibilidade de alterar a realidade de modo que ela possa servir às decisões do Parlamento. Era meu dever garantir que os processos democráticos não fossem prejudicados por fatores externos. Desrespeitar ou contornar os procedimentos pode levar à corrosão dos princípios da escola e talvez até mesmo ao seu abandono.

Darei um exemplo que demonstra a necessidade de ficar atento para tais questões. Durante muito tempo, o Comitê de Construção trabalhou com afinco para obter um orçamento da prefeitura do município de Hadera para ladrilhar os caminhos do pátio da escola. Em algum momento, fui informado que, dentro de um dia, a prefeitura estaria enviando um empreiteiro temporariamente disponível. Deliberei longamente sobre se devíamos permitir ou não que ele viesse sem passarmos pelo procedimento democrático mais prolongado, que poderia fazer com que perdêssemos essa oportunidade. Por fim, decidi dar uma resposta positiva à prefeitura e utilizar o mapa que o Comitê de Construções havia desenhado para os caminhos, que não havia ainda obtido a aprovação do Parlamento.

Mais tarde compreendi que essa tinha sido uma decisão equivocada, que causou um alvoroço na escola, e com razão. O objetivo era menos importante do que os procedimentos adequados para tomada de decisão. O erro demonstrava com clareza a importância da visão democrática para o meu papel como diretor da escola.

B. *Arrecadando recursos*

Muitas vezes tive que lidar com as finanças, o que não está entre as minhas tarefas favoritas. Era claro que, para que uma escola como a nossa operasse direito e fornecesse às crianças suas várias opções, era necessário arrecadar recursos – particularmente porque eu era contra aumentar a mensalidade dos estudantes (na verdade, eu tinha a esperança de que pudéssemos uma hora parar de cobrar mensalidade por completo; não conseguimos realizar esse objetivo, mas, ao longo dos anos, a mensalidade foi gradualmente diminuindo).

Nosso caráter inovador atraiu muitas pessoas que desejavam se tornar nossos parceiros. Quase todos os anos começávamos algum projeto especial na escola, e todos esses projetos eram acompanhados por pessoas que os apoiavam e ajudavam a financiá-los. Muitas vezes discuti com membros da comunidade da escola, que alegavam que deveríamos nos manter discretos e apenas dar prosseguimento aos nossos assuntos cotidianos. Nada de projetos, nada de gente de fora, nada de exposição à mídia, nada de enxurradas constantes de visitantes. Deveríamos nos contentar com o que tínhamos e nos concentrar em nossa própria atividade interna. Essa abordagem fazia sentido para mim, mas eu acreditava que, ao darmos à escola o seu lugar como uma instituição líder na educação do país, isso nos garantiria tanto uma quantidade maior de recursos econômicos quanto alguma proteção contra interferências político-pedagógicas externas. Conforme os anos foram passando, construímos o Playground Jimmy Jolley, um playground com instalações de madeira que ocupavam toda a comunidade (cf. Capítulo 2). Estabelecemos uma rede internacional de educação democrática (cf. Capítulo 6). Fomos a primeira escola a receber uma linha de Internet do Ministério da Educação e participamos de um grande número de programas experimentais enquanto os ajustávamos para que se adequassem às nossas ideias.

O importante é apontar que nós não só conseguimos sobreviver economicamente, mesmo em tempos difíceis, como ainda conseguimos realizar sonhos na escola, mesmo os que várias pessoas consideraram impossíveis, e perseveramos com iniciativas engenhosas e inovadoras.

C. Orientando os tutores

A parte principal e central do meu papel como diretor era dar apoio aos tutores e membros da equipe da escola. Reservei a mim o papel de orientador dos tutores, e tentei criar um modelo de tutoramento através das nossas relações.

O trabalho na escola é difícil e não compensa financeiramente. Portanto, eu sentia que precisava criar um grupo de adultos na escola que se sentissem como pesquisadores num laboratório pedagógico, para que tivessem um sentimento de compensação interior em seus papéis – assim como um pesquisador que procura a cura do câncer, que não recebe uma compensação financeira das mais altas e, no entanto, tem uma verdadeira devoção pelo seu trabalho e um sentimento de desafio e necessidade de descobrir novos mundos.

A questão que me ocupava era como fazer para empoderar alguém. Eu achava que, se eu pudesse descobrir o caminho certo para trabalhar com os tutores, nos ajudaria a chegar ao caminho certo com os estudantes.

Uma das decisões importantes que tomamos foi que não forçaríamos ninguém da equipe a lecionar nada que não lhe interessasse, e assim deixaríamos cada professor decidir o que lecionar e como. Essa decisão envolveu uma quantidade considerável de dificuldades administrativas. Por exemplo, uma vez contratamos um professor para dar as aulas para os exames de acesso, e depois de um ano ou dois ele nos informou que não tinha mais interesse em dar esse tipo de aula e que sentia uma forte necessidade de trabalhar com as crianças da divisão dos mais novos. Em casos como esses, eu mostrava à equipe todos os dados e conduzia uma discussão sobre como resolver o problema – o verdadeiro desejo do professor em oposição às nossas circunstâncias de orçamento e corpo docente.

A norma era sempre permitir que um professor lecionasse em suas "áreas de crescimento". Compreendíamos que, se quiséssemos ter, em nossa escola, adultos que aprendem em oposição a adultos que "sabem", entrincheirados durante anos em áreas que lhes são familiares e que já não lhes interessam mais, deveríamos permitir aos professores que trocassem de papel e de lugar na escola.

No cerne do trabalho do nosso corpo docente, estava a reunião geral de professores, que acontecia uma vez por semana depois do horário da escola. Antes de cada reunião, organizávamos um jantar juntos, rotacionando a responsabilidade entre os membros do corpo docente. Conforme o tempo passava, vimos que a qualidade desse jantar era um indicativo de como estava a equipe no período. A responsabilidade pela reunião também era rotacionada. Nossas reuniões tinham vários objetivos principais:

1. Apresentar ao corpo docente as ideias do momento na área da educação democrática no mundo.
2. Familiarizar o corpo docente com as principais personalidades em áreas relevantes do sistema educacional e da sociedade israelense.
3. Tentar encontrar novas soluções para problemas velhos.
4. Nutrir um pensamento crítico sobre o que existe e a crença na possibilidade de mudança.

Nessas reuniões, eu podia ver o coração que viria a bombear vida nova (e mudança) para a escola. Além da reunião geral dos professores, havia as reuniões dos tutores, que trabalhavam em equipes menores de quatro ou cinco pessoas, junto com o psicólogo da escola. O objetivo era dar apoio aos tutores em seu trabalho pessoal para lidar com problemas específicos com seus estudantes. Além disso, sempre que necessário, eu me reunia com todos os tutores para uma conversa pessoal, no caso de eles estarem passando por dificuldades ou de enfrentarem alguma necessidade específica.

Como parte do sistema de apoio aos tutores, cerca de 20% do orçamento diário da escola (sem incluir salários) era investido em treinamento no serviço. Isso permitia a cada professor que escolhesse os cursos que quisesse, tanto dentro quanto fora da escola. Uma vez a cada seis anos, dávamos a um professor permissão para fazer um curso de treinamento no exterior, financiado pela escola. Na verdade, esse prazo foi encurtado, e um fluxo constante de viagens e troca de delegações foi criado. Assim, criamos uma equipe de membros que estavam engajados em áreas que os fascinavam e sentiam que estavam à frente da pesquisa na área da educação democrática, tanto em Israel quanto no mundo inteiro.

Além disso, os professores na escola apoiavam a criação de novas escolas democráticas e davam aulas para professores de outros quadros educacionais sobre os assuntos da educação democrática: cursos sobre tutoramento, aprendizagem pluralista, comitês e assim por diante. A habilidade de ensinar a profissão com a qual se está envolvido é, em minha opinião, a ferramenta central no desenvolvimento profissional e no desenvolvimento do orgulho profissional.

Essa é uma descrição parcial do sistema de apoio para tutores, projetado com a intenção de criar para eles uma arena de atividades em que os processos pessoais de crescimento podem ocorrer. Essa vasta gama de possibilidades, porém, não deixou todo o corpo docente feliz. Havia alguns (por sorte poucos) que diziam que vieram "ensinar e não perder tempo". Mas a maioria deles entrava de bom grado no processo. Como já mencionei, o desenvolvimento pessoal do corpo docente encorajou alguns dos professores a descobrir áreas de crescimento pessoal fora da escola. Um educador que ajuda seus estudantes a realizar seus sonhos começa a se perguntar quais são as suas próprias áreas de força e crescimento e se ele se sente realmente conectado a elas. Muitos pais na escola relataram processos semelhantes. Eles "invejavam" os processos de crescimento pelos quais seus filhos estavam passando e se determinaram a embarcar em buscas paralelas, o que, por vezes, expressava-se em mudanças no campo profissional ou no estilo de vida. Fiquei muito feliz de ouvir as histórias desses pais e tutores, porque elas contêm dentro de si uma das condições críticas para a existência da educação democrática – que os estudantes aprendam e cresçam junto das crianças, permitindo, portanto, que os estudantes também vivenciem o aprendizado pluralista com toda a sua complexidade e dificuldade.

Eu sou como eles também. Após 10 anos como diretor, período durante o qual passei por muitas mudanças dentro do modelo do meu papel no sistema escolar, eu me flagrei tendo grande interesse nas áreas exteriores ao mundo da escola. Compreendi que havia chegado a hora de sair daquele lugar que havia sido, até então, quase o meu mundo inteiro e embarcar numa jornada para descobrir novas áreas de crescimento.

Capítulo 6
De uma escola para um movimento socioeducativo

Já me perguntaram muitas vezes o que me motiva e me impulsiona a promover as atividades do Instituto de Educação Democrática, que serão descritas neste capítulo. Não tenho resposta para essa pergunta. Pelo menos, não uma resposta inequívoca ao processo que começou com a fundação de uma escola numa pequena colina em Hadera e que hoje me leva a jornadas por todo o país e o mundo.

Tudo que posso falar é que não sei. Com isso, o que quero dizer é que a sensação do desconhecimento sempre me acompanha. Essa sensação não é a mesma coisa que confusão ou a sensação de que me perdi no trajeto. Pelo contrário, sinto como se os meus sentidos fossem aguçados, que é o que me faz duvidar, procurar outros caminhos e não tomar por certo o que foi feito até agora. Às vezes, as pessoas ao meu redor me acusam de inconsistência e se frustram quando a verdade de ontem se desintegra diante dos seus olhos. Aceito o risco de que isso possa parecer um clichê, mas esses momentos não são fáceis para mim também. Por vezes, eu preferiria ter um "chão firme", me sentir "o vencedor" que descobriu a verdade, poder parar de procurar. Por outro lado, a sensação do "desconhecimento" sempre recarrega minhas energias, arde em mim como uma chama que se une à dos meus camaradas igualmente fervorosos. Juntos, criamos a fogueira do Instituto da Educação Democrática – uma fogueira que nos revela, de novo, que a principal condição para a existência de um mundo comprometido com a dignidade humana é a própria busca. Fazer perguntas, cometer erros, aprender a fazer e, outra vez, descobrir que... estávamos equivocados.

Neste capítulo, apresentarei a história de vários lugares nos quais trabalhamos ao longo dos anos. Em retrospecto, algumas delas não podem ser consideradas histórias clássicas de sucesso, mas é exatamente por isso que devem ser contadas. As histórias dos experimentos mencionados neste capítulo formaram a base para nosso trabalho presente e futuro.

Parte I
De uma escola inspiradora para uma rede de escolas

A necessidade – escapar da armadilha do isolamento

Já no primeiro ano após fundar a escola em Hadera, um ano que todos consideraram difícil e intenso, me surpreendi envolvido em apoiar a fundação de duas novas escolas: uma em Jaffa (Tel Aviv) e a segunda no Parque Industrial de Tefen (na Galileia Ocidental).

As pessoas que me cercavam acharam estranho. Tínhamos acabado de fundar a escola de Hadera – será que valia a pena, sob as pressões da rotina do primeiro ano, colaborar para fundar novas escolas ainda? Para mim, porém, esse processo era necessário.

Em 1987, a Escola Aberta de Rishon Letzion fechou, após um longo período agonizando. O seu fechamento foi o sinal da dificuldade que havia em sustentar uma escola incomum dentro do sistema comum. Na verdade, as escolas abertas/experimentais que foram fundadas na década de 1970 em Israel não conseguiram resistir por muito tempo. Algumas tiveram as portas fechadas, enquanto outras passaram por uma mudança em sua ideologia. Isso me perturbou e tentei compreender o que havia acontecido. Eu via que toda escola que tentasse ser diferente estava sob uma pressão extrema que vinha de duas direções. Uma era a pressão externa dos poderes vigentes (o *establishment*) do sistema educacional, especialista em pegar o que era "diferente" e transformar no "semelhante". A outra era a pressão interna dentro das próprias escolas: adultos, pais, professores e estudantes, que tinham medo de continuar nessa posição isolada, radicalmente diferente da posição mais aceita, que começavam a organizar processos para aproximá-las para o "centro", para serem "como todas as outras" (cf. Capítulo 5).

Erich Fromm descreve esse processo em detalhes desse pêndulo que oscila entre a diferença e o conformismo em seu livro *O medo à liberdade* [*Die Furcht vor der Freiheit*, no original][16].

Quando fundamos a escola em Hadera, era claro que, como uma escola isolada, não seríamos capazes de suportar a pressão à qual estaríamos sujeitos. Presumimos que seria necessário estabelecer um movimento pedagógico vasto em Israel, para obrigar o *establishment* educacional a ter que confrontar um movimento inteiro em vez de uma única escola solitária. Também presumimos que esse tipo de gesto daria aos pais e professores um sentimento interior de que não estavam sozinhos em sua posição, mas que contavam com o apoio de um movimento abrangente.

Hoje, mais de 20 anos depois de termos começado nossa jornada, o Movimento pela Educação Democrática de Israel conta com cerca de 25 escolas, nas quais estudam 7.000 estudantes, representando uma vasta gama do público de toda a população de Israel. Fundamos a "Incubadora de Empreendimentos", um curso acadêmico no Kibbutzim College of Education, a maior faculdade de treinamento de professores de Israel. Nesse curso, mais de 200 estudantes estudam educação democrática ao longo de um programa de quatro anos. Desenvolvemos um novo quadro teórico educacional, uma "Cidade da Educação Democrática" para cidades e vilas que desejam criar um quadro municipal inclusivo que implemente as ideias da educação democrática. Iniciamos a fundação de uma conferência internacional, chamada IDEC, para unir todos que trabalham no campo da educação democrática em todo o mundo, que hoje conta com a participação de representantes de mais de 30 países. No cerne de todas essas iniciativas está o Instituto de Educação Democrática, uma organização fascinante cujo leque de atividades tentarei apresentar neste capítulo.

Para mim, é importante dizer que, apesar do fato de que a visão e a imagem do futuro que eu buscava atingir já eram claras para mim desde as primeiras etapas da minha jornada, elas se tornaram uma realidade após vários anos, que foram substituídos por novos sonhos e novas imagens do futuro, que, por sua vez, também eram limitadas a uma visão de curto prazo. Quando olho hoje para a variedade de atividades do Instituto, fica claro para mim que, no começo da jornada, eu não tinha ideia, nem a intenção ou a capacidade de prever, qual seria a imagem da realidade em que estamos atualmente, para não dizer nada das visões do futuro pelo qual anseio hoje.

Criando uma comunidade sem igual

A fundação da escola de Hadera encontrou ressonância em todo o país, criando ondas de interesse em nossas obras. No meio da década de 1990, a escola tinha uma lista de espera de mais de 3.000 estudantes em todo o país: desde as Colinas de Golã no Norte e o Vale do Jordão no Leste, até Eilat, no Sul. Parecia impossível aceitar tantos candidatos à luz de nossa decisão de não expandir a escola para além de sua capacidade de 350 estudantes. Por isso, marcamos reuniões com pais de diferentes áreas do país que desejavam matricular seus filhos na escola. Explicamos que a única chance que eles teriam de matricular seus filhos numa escola democrática seria se fundassem uma eles mesmos.

Os tutores e os professores da equipe da escola em Hadera me ajudaram a dar suporte para grupos que estavam aos poucos surgindo em partes diferentes do país. Em 1996, fundamos o Instituto de Educação Democrática, que assumiu a tarefa de propagar as ideias da educação democrática e que, entre outras coisas, acompanhava grupos em processo de fundação.

A maioria dos grupos de pais interessados no que estávamos fazendo desejava montar uma escola com um modelo idêntico ao de Hadera. De nossa parte, porém, a *primeira regra* para trabalhar com esses grupos era que cada grupo *precisava inventar a escola que lhe seria adequada* e não copiar uma que já existisse. O produto concebido por cada grupo precisava ser diferente, de acordo com as condições das pessoas envolvidas. O que era adequado para um grupo da Galileia é diferente aquilo que funcionaria para um grupo de uma cidade grande como Tel Aviv, com uma população completamente diferente. Hoje, 20 anos depois de começarmos, podemos dizer que, entre todas as escolas democráticas existentes, não existem duas que sejam completamente idênticas.

A *segunda regra* era que *esse apoio seria dado livre de custos*. O processo de fundar um grupo, formar suas ideias e trabalhar com o *establishment* educacional, tudo isso é feito sem custos, e é só quando começa o treinamento do corpo docente que nós, como apoiadores, recebemos salário. Na Escola Democrática de Hadera, isso criou alguns atritos. Perguntavam: por que estamos usando o dinheiro dos pais para espalhar a ideia da educação democrática para outros lugares? Eu tive uma discussão séria sobre esse tema para esclarecer a minha postura, segundo a qual a existência de mais grupos no país iria nos fortalecer (em Hadera). Essa discussão permitiu que a equipe e os pais compreendessem as muitas oportunidades que não estavam evidentes à primeira vista na fundação de um movimento educacional generalizado, para o fortalecimento de nossa escola.

A *terceira regra* era que o grupo que recebia nosso apoio *não tinha nenhuma obrigação de qualquer tipo para com a Escola Democrática de Hadera* (nem, mais tarde, com o Instituto de Educação Democrática). O grupo que recebia o apoio não precisava ser chamado de "Escola Democrática", nem era obrigado a participar de treinamento em serviço ou de formação de professores no instituto, e sequer era obrigado a conduzir qualquer tipo de relação com outras escolas do movimento. A intenção era criar grupos autônomos, que poderiam operar com liberdade no futuro, sem qualquer dependência da Escola Democrática de Hadera ou qualquer outro corpo central. Eu acreditava que esse era o tipo de raciocínio que encorajaria a cooperação entre várias escolas. Essa noção surgiu a partir da compreensão de que pessoas diferentes têm opiniões e ideias diferentes sobre a implementação dos direitos humanos dentro do esquema da escola. A cooperação é gerada pela curiosidade e o desejo de apoio e inspiração mútuos, em vez de relações de dependência e autoridade.

Junto do princípio de respeito pelo outro, a partir do qual derivam essas regras, havia um conceito fundamental comum, que vimos como necessário, entre todos os grupos que apoiamos ao longo dos anos, desde o primeiríssimo ano. Segundo esse conceito, o grupo tenta fundar uma escola cujo principal objetivo é a educação para a dignidade humana. Eu estimo que quase todas as escolas no mundo definiriam a dignidade humana como um objeto importante, e declarariam que, dentro de seus muros, "as crianças são educadas para se conscientizarem da dignidade humana". A pergunta relevante, de nosso ponto de vista, é se a dignidade humana é o objetivo primeiro e mais importante da escola e se ela investe seus principais esforços pedagógicos e econômicos em levar esse objetivo adiante. Em outras palavras, durante o treinamento, a orientação em serviço e a construção de currículo são, todos, esforços direcionados, por exemplo, para ensinar matemática ou para pensá-la de um jeito que servirá a educação em prol da dignidade humana. Quando examinamos as realizações de um professor ou estudante também, a pergunta relevante tem a ver com as conquistas da escola na área de valores humanos e não em outras áreas.

O conceito da dignidade humana está, é claro, aberto para uma interpretação mais ampla. Escolhemos nos identificar com a Carta de

Direitos Humanos da ONU e vemos a proteção de seus princípios como uma base necessária para a existência da escola democrática.

O caminho para estabelecer uma escola democrática

O Instituto de Educação Democrática, que operou a princípio dentro do quadro da Escola Democrática de Hadera e em 1999 se tornou uma organização sem fins lucrativos independente e se mudou para o Kibbutzim College of Education em Tel Aviv, até hoje (2007) acompanhou a fundação de cerca de 30 escolas. Dessas, 25 se definem como escolas democráticas e mantêm contato constante conosco. As outras preferiram outras definições e mantêm contato com organizações que têm outras perspectivas. Elas também, no entanto, veem como seu objetivo o valor da dignidade humana e seu desenvolvimento.

Decidimos, já na primeira etapa, que as escolas democráticas deveriam ser parte do setor público – porque educação obrigatória e gratuita era também parte dos princípios dos direitos humanos.

Nós nos víamos como parte da população do Estado de Israel, que tinha o direito de educar seus cidadãos de acordo com seus conceitos educativos, como todos os cidadãos do país e com pleno apoio econômico do país. É claro que nós não apenas preenchíamos as matrículas e depois esperávamos por alvarás que nunca viriam. Em vez disso, como a maioria das "iniciativas pedagógicas", estabelecemos a escola com a ajuda financeira de pais ou doadores, e então começamos nossa luta pelo direito de nos tornarmos parte do setor público. Hoje, quase todas as escolas que fundamos obtiveram o apoio pleno ou parcial do governo.

Muitas vezes me perguntam como obtivemos sucesso em fundar tantas escolas alternativas, apesar dos obstáculos já bem conhecidos com relação ao *establishment* e à burocracia do Ministério da Educação. A resposta é que compreendemos desde cedo que o "Ministério da Educação" é uma criatura com muitas cabeças e rostos. Em outras palavras, há pessoas diferentes nele, muitas das quais aceitam as ideias da educação democrática. Procuramos essas pessoas lá, e não aquelas que, dentro da entidade abstrata chamada "O Ministério da Educação", se opunham à ideia.

Por exemplo, o Dr. Eliezer Marcus, que iniciou a Organização de Escolas Experimentais em Israel, concedeu-me uma audiência pessoal para fundarmos a Escola Democrática de Hadera. Mais tarde, ele foi apontado para uma das posições mais importantes dentro do Ministério, que era a de presidente da Secretaria de Educação. Sua entrada nesse cargo abriu canais diretos para dialogarmos com o Ministério.

O Dr. Marcus formou o Departamento de Experimentos e Iniciativas, encarregado das escolas experimentais, dentro do próprio Ministério, encabeçado por Ganit Weinstein, que até então havia sido diretora da Escola Aberta Golda Meir em Bat Yam (um modelo inovador para uma escola única, que era um ponto de peregrinação para todos aqueles envolvidos com escolas inovadoras em Israel). Isso aprofundou nossas conexões com o Ministério. Na verdade, o Departamento de Experimentos e Iniciativas foi uma fonte de apoio e força para experimentos educativos inovadores de todos os tipos. Um passo muito importante para nós foi dado em 1998, quando a Escola Democrática de Hadera foi reconhecida como "um modelo digno de ser divulgado", o que foi como um carimbo do governo em prol da atividade do Instituto de Educação Democrática, para levar adiante as ideias desse tipo de educação.

Em 2003, um comitê formado pelo Ministro da Educação, Limor Livnat, liderado por Ganit Weinstein e a Profª Rina Shapira, determinou pela primeira vez em Israel uma trilha legal clara para o estabelecimento de escolas democráticas e diferentes. O auge desse processo veio em 2006, quando a Ministra da Educação Yuli Tamir determinou que um dos principais objetivos do Ministério da Educação era "a integração de todas as escolas democráticas dentro do quadro da educação pública". *Essa tendência para a aceitação das escolas democráticas dentro do sistema educacional desde então vem crescendo e se fortalecendo com o tempo.*

Processos de democratização em escolas públicas

Em paralelo com o estabelecimento de escolas democráticas, um novo e fascinante ramo de atividade vem crescendo, ou seja, a democratização de sistemas escolares já existentes.

A história desse processo começou em 1993, quando Doron Shohet, então diretor da Unidade de Educação para Democracia e Coexistência no Ministério de Educação, adotou a Escola Democrática de Hadera. Doron transformou a escola em Hadera numa "escola modelo" e mandou vários grupos de educadores de todo Israel e do estrangeiro para virem nos visitar. Assim, ele mudou o *status* da escola aos olhos do *establishment*, de uma escola marginal para um "indicador do caminho certo" para o sistema inteiro.

Depois dessa mudança, a escola em Hadera recebeu visitas de ministros da educação, parlamentares do Knesset, membros de todos os partidos, veteranos do Ministério e o Administrador do Estado. A Escola Democrática de Hadera se tornou a representante de uma nova tendência educacional. Em 1994 recebemos o Prêmio Nacional da Educação. Em paralelo, recebemos também o título de Abir Eikhut HaShilton ("Cavaleiro da Qualidade Governamental") do Movimento pela Qualidade Governamental em Israel.

Naquele mesmo ano (1994), Doron Shohet me pediu para criar em Hadera um centro nacional para a aplicação de processos de democratização nas escolas estabelecidas. Em retrospecto, essa acabou se tornando a segunda principal atividade do Instituto de Educação Democrática (a primeira era o acompanhamento da fundação de escolas novas). Decidimos tentar lidar com o desafio diante de nós, e, durante o primeiro ano de nosso trabalho, formamos um plano teórico para a democratização de escolas comuns. Infelizmente, apenas uma única escola nos procurou para a implementação de tal plano (a Escola Oranim em Neveh Monson).

Uma mudança significativa na quantidade de escolas que entraram em contato conosco ocorreu após o assassinato do Primeiro Ministro, Yitzhak Rabin, em 4 de novembro de 1995. Uma semana depois, fui convocado para uma reunião urgente no Ministério de Educação, liderada pelo Ministro da Educação Amnon Rubinstein, que pediu para darmos uma resposta educacional às implicações tensas do assassinato do Primeiro Ministro. Nas discussões que tivemos nesse período, Rubinstein pediu para construirmos um programa de democratização de amplo alcance, com um escopo parecido ao do programa de informatização nas escolas. Graças à iniciativa de Doron Shohet, nós já tínhamos um plano preparado, que incluía a fundamentação teórica de uma equipe operacional. O programa foi chamado de "a experiência democrática na escola" – a democratização para todo o sistema educacional – e Amnon Rubinstein nos deu o sinal verde para agirmos. Durante a primeira etapa, mais de 100 escolas de todos os diferentes setores participaram do programa.

A democratização e a democracia israelense

O assassinato de Rabin foi uma experiência atordoante para toda a sociedade israelense e, dentro dela, para todos nós, como pessoas engajadas na educação democrática. Foi exigido que reexaminássemos nossos conceitos originais, o grupo no qual operávamos e nosso próprio caminho pessoal e pedagógico.

Alguns meses antes do assassinato, ocorreu um evento que demonstrou o quanto nosso pensamento era engessado. Chegou um grupo de professores da ocupação de Tekoa em Samaria, com a visita iniciada pelo Rabbi Menahem Fruman. Os colonos de Tekoa nos contaram sobre as condições difíceis em que estavam assentados, à luz do que pareciam ser os últimos passos de um processo de paz com os palestinos. Eles descreviam uma sensação de alienação em relação à esquerda, e pediam para que fosse criado um diálogo com eles. Para eles, uma mudança tão grande quanto a que Rabin e seu governo estavam propondo exigia um diálogo interno entre israelenses, não apenas diálogo externo com os palestinos. Eles sugeriram criar uma série de reuniões semanais, alternativamente em Hadera e Tekoa.

Tivemos uma reunião do nosso Parlamento da escola sobre as reuniões com o pessoal de Tekoa, e no final foi decidido que não responderíamos a essa iniciativa. O motivo declarado era a oposição de muitos de nós a "cruzar a Linha Verde"[5]. O povo de Tekoa sugeriu realizar todas as reuniões em Hadera, para que a iniciativa fosse mantida. Ao mesmo tempo, recebemos uma visita de Yossi Sarid, então ministro do meio ambiente do partido Meretz (um partido verde de esquerda de Israel). Perguntamos qual era sua opinião, e ele disse, "Primeiro, vamos terminar o processo de paz e então teremos tempo para o discurso interno". O Parlamento estava convencido disso, e as reuniões foram adiadas.

O incidente vinha à minha mente enquanto lidávamos com as ramificações que o assassinato de Rabin teve sobre a sociedade israelense e sobre nós. Renovamos o contato com o pessoal de Tekoa e passamos a conduzir um diálogo frutífero e fascinante. Hoje, temo que tenha sido tarde demais. Eu me lembro de como nosso "sentimento de vitória iminente" perturbou as nossas crenças na importância do diálogo com o outro.

---

[5] A Linha Verde é uma demarcação no território de Israel e seus vizinhos (Egito, Jordão, Líbano, Síria e Palestina) determinada no Armistício de 1949, após a Guerra árabe-israelense de 1948 – o nome é uma alusão à tinta verde utilizada para traçar a linha no mapa durante as negociações de paz. Para um israelense, "cruzar a Linha Verde" significa adentrar os territórios de Jerusalém Oriental, Cisjordânia, Faixa de Gaza e as Colinas de Golã. (N.T.)

Em maio de 1996, o governo do Estado de Israel mudou (um governo de direita substituiu o anterior). O falecido Zevulun Hammer, que havia substituído Rubinstein como Ministro da Educação, decidiu estabelecer a Administração da Educação de Valores, numa tentativa de criar uma conexão entre a visão democrática e os valores do judaísmo. Agora, estávamos diante de um novo desafio. Precisávamos cooperar com religiosos, com pessoas com outras opiniões, além de valores e agenda política.

O "grupo democrático" incluía muitas pessoas da esquerda, enquanto o grupo que representava os valores judaicos incluía principalmente pessoas da direita, do ramo ortodoxo moderno. No começo de nossa jornada em comum havia ressentimento de ambos os lados, as discussões explodiam em gritaria, e a experiência básica era de desconfiança. Dentro dessa panela de pressão nós fomos confrontados pelos nossos próprios preconceitos. Acreditávamos que a religião significava ter a mente fechada e que os valores democráticos "pertenciam" a nós, enquanto "eles" eram um empecilho à democracia. Na verdade, havíamos tomado para nós mesmos a propriedade sobre o pensamento democrático, sem que nos déssemos conta do quanto isso era antidemocrático.

Devagar e aos poucos, foi-se criando confiança dentro do grupo líder e aprendemos a respeitar de verdade de cada um. Aprendemos que a democracia não pertence a nós, os judeus "seculares", nem o judaísmo pertence aos "religiosos". Naqueles dias, que acabaram sendo mágicos, ainda que muito complicados, em que fizemos essas tentativas fascinantes de aproximação, aprendi que o encontro com o outro era talvez o melhor modo de aprender sobre mim mesmo, sobre o pluralismo, a democracia, o judaísmo e sobre o significado de ser israelense.

O processo pelo qual passamos criou em nós a abertura para introduzir processos de democratização, não apenas nas escolas urbanas do centro do país ou nos kibbutzim, mas também nas escolas religiosas, nas escolas do setor árabe e nas cidades em desenvolvimento. O círculo daqueles que vinham até nós também foi alargado. Nosso discurso abriu portas para novas áreas nas quais não havíamos operado antes – e isso é significativo hoje –, bem como no diálogo que o Instituto conduz com pessoas de diferentes ideias em vários setores de todo o país. Em 1999, Yossi Sarid, então Ministro da Educação, declarou que esse processo de democratização era parte da política oficial do Ministério da Educação ("na Direção da Democracia").

Como a democratização se dá na escola

O Instituto de Educação Democrática vem operando ao longo dos últimos 10 anos em dezenas de escolas regulares ao longo do país, em todos os seus setores: em regiões periféricas (Be'er Sheva, Mitzpe Ramon, o sul de Arava, Ofakim, Migdal Ha'emek, a Alta Galileia, Mevo'ot Hermon), em bairros definidos como "fracos" (Jesse Cohen em Holon, no sul de Tel Aviv, em Givat Olga e outros), em escolas árabes (Kfar Kara'a and Ar'ara), em escolas religiosas (Yeshurun Ulpana em Petah Tikva, Nov nas Colinas de Golã e a escola Torani em Mitzpe Ramon), nas áreas rurais (Pardes Hana e Gedera) e também em escolas de educação especial (Ziv-Kishorit), e em outras cidades e ocupações em todo o país.

> *O processo de democratização é definido como o processo de mudança conceitual e organizacional, que cria um diálogo dentro da comunidade da escola sobre os valores democráticos. O processo leva à mudança dos quadros organizacionais e pedagógicos, de acordo com as necessidades da escola e a existência da vida democrática dentro deles.*

A mudança é organizacional, e os conteúdos propostos, democráticos.

Nossa entrada numa escola ocorre em cinco etapas:
1. Mapeamento – o objetivo é compreender a situação da escola e seu contexto no momento da entrada.
2. Formação de uma visão comum – a comunidade toda da escola participa desta etapa.
3. Elaboração de um plano estratégico – a descrição das etapas práticas da transição da escola de seu estado atual para a realização da visão declarada.
4. A operação do plano – os instrutores do Instituto conduzem sessões e treinamento em serviço para o corpo docente, para a operação de programas democráticos dentro do quadro da comunidade da escola.
5. Avaliação – todas as quatro etapas anteriores são acompanhadas de uma avaliação das mudanças de perspectiva da comunidade sobre o que está acontecendo.

Esse é, na verdade, um processo cíclico. As cinco etapas retornam em aspectos variados ao longo da vida da escola, como um processo de aprendizagem organizacional semelhante ao do círculo de aprendizagem pluralista.

Essas ferramentas existem em processos de mudança organizacional em geral. Porém, no Instituto, alteramos as ferramentas de sempre para que se encaixem nos métodos democráticos de trabalho. Por exemplo, o conceito de mapeamento foi modificado em relação ao modelo de diagnóstico de medicina amplamente aceito, em que um consultor organizacional externo desenha o mapa. No trabalho do Instituto, esse é um modelo impossível (não temos interesse em conduzir "fiscalizações" de escolas), e, portanto, ensinamos a equipe da escola como eles podem conduzir seu próprio mapeamento, sobretudo de seus próprios pontos fortes pessoais e organizacionais, que formam a base do nosso trabalho. Isso é válido para o tema da visão também, o que é geralmente visto como a visão do chefe da organização, ou de sua equipe de liderança, enquanto, em nosso trabalho, desenvolvemos ferramentas para nos dirigirmos a toda a comunidade, pelo menos uma vez por ano. Isso permite a todos os membros da comunidade sentir que estão participando da criação da escola, em vez de operar dentro de um molde já predeterminado.

A Escola Rogozin do sul de Tel Aviv

A Escola Rogozin é um dos exemplos mais interessantes de processos de trabalho de democratização em escolas. Por causa de sua localização, no sul de Tel Aviv, ela serve a um público que vive em condições socioeconômicas difíceis, definido sociologicamente como uma "população vulnerável". Essa foi a nossa primeira experiência com uma população que tinha tal definição.

Até o final da década de 1980, a Rogozin era uma escola grande no Sul da cidade, com cerca de 1.200 estudantes, considerada o orgulho da vizinhança. Com a abertura das áreas de matrícula em Tel Aviv e a oportunidade de se poderem matricular estudantes em qualquer escola desejada dentro da cidade, os estudantes que eram considerados com "potencial para sucesso" abandonaram a Rogozin em prol de escolas mais ao Norte da cidade. Quando chegamos lá, em 1998, havia apenas 180 estudantes! A população da escola era composta de filhos de trabalhadores estrangeiros, imigrantes recentes vindos da ex-União Soviética, árabes e uma minoria de veteranos que não tinham pedido transferência para as escolas do norte da cidade.

Os professores da escola eram, em sua maioria, mais velhos, alguns dos quais estavam esperando sua aposentadoria, enquanto outros já estavam prontos para desistir.

Eles nos procuraram quando a escola parecia estar à beira de fechar as portas. Durante 10 anos, houve reviravoltas constantes do currículo e dos diretores, e nada mudou. Cada vez mais e mais estudantes simplesmente iam embora. Yossi Argaman, o diretor, e Gila Calderon, chefe do Departamento Municipal de Educação, definiram seu recurso a nós como uma última tentativa de salvar a escola. Ambos tentaram esclarecer comigo o que planejávamos fazer. Expliquei que qualquer expressão de educação democrática dependia da comunidade que a opera, e, portanto, eu não tinha ideia de qual seria o resultado. Gila disse que essa era a primeira vez na vida em que ela estava pagando por uma equipe de profissionais que não conseguia definir que resultados esperar de sua atividade. O restante da nossa equipe tinha o mesmo sentimento.

Segundo o mapeamento feito, compreendíamos que a situação era, de fato, uma realidade árdua. Nos últimos 10 anos, eles haviam tentado seis programas pedagógicos diferentes na escola. Cada um deles foi colocado em ação durante um ano ou dois e depois descontinuado. O perigo óbvio era que fôssemos só o projeto daquele ano, e que era assim que seríamos vistos pela equipe e pelos pais.

Abordamos a criação de uma visão compartilhada com alguma trepidação, mas a comunidade da escola – pais, estudantes e professores – acabou nos acolhendo com entusiasmo pelo novo processo. Pela primeira vez, eles tinham não um "programa adequado" jogado na cabeça deles, mas sim a oportunidade de formular um programa que seria unicamente deles.

Apesar do entusiasmo, o diretor e os professores demonstraram estar preocupados com uma visão que pudesse transformar o lugar numa escola de música ou de futebol. Eles queriam dar aos pais e aos estudantes uma lista de opções da qual pudessem escolher. Expliquei que não víamos problema com uma escola cujo foco fosse futebol ou música, e que a principal pergunta sobre o programa que oferecemos foi: Quais as normas sob as quais a escola operaria? E que modos de aprendizado haveria para os estudantes?

Durante quase meio ano, grupos de pais, professores e estudantes se reuniram depois das aulas para refletirem sobre a questão da natureza da escola. Devagar e aos poucos, eles começaram a se dar conta do poder da determinação que estava sendo transferido a eles, e que, com a ajuda do Instituto, eles poderiam criar um programa adequado às suas perspectivas. Para ajudar a liberar as ideias, incluímos um trabalho com música e arte. Os grupos homogêneos (todos os professores, todos os pais, etc) foram misturados e papéis de propostas circularam entre os grupos. Por volta da metade do ano, tivemos o "dia da visão", em que discutimos propostas e votamos nelas. Então, veio uma noite especial na qual toda a comunidade se reuniu para que decidíssemos juntos a definição da visão da escola.

A mudança era notável. Muitos dos membros da comunidade, pessoas com uma percepção passiva de si, se sentiram energizados e prontos para a ação, com o sentimento de que tinham poder para trazer mudanças. No final da etapa de preparação da visão, um plano estratégico de cinco anos foi traçado em conjunto com o Instituto. O plano determinava as etapas de operação na jornada da escola que partia de suas condições existentes rumo à plena realização das suas visões.

Em 2004, os objetivos que haviam sido determinados seis anos antes, que à época pareciam quase impossíveis, haviam sido realizados. Além disso, a escolha realizou conquistas com as quais jamais tínhamos sequer sonhado. Tentarei examinar o processo de aprendizado organizacional que permitiu que o lugar passasse por uma mudança significativa nesses seis anos:

A escola contava com cerca de 400 estudantes em 2004, três vezes o número que tinha quatro anos antes. As normas da escola eram determinadas pelo Parlamento, e comitês de arbitragem examinavam e respondiam aos incidentes de violações das normas. Os estudos eram conduzidos na forma de programas de estudo pessoal, em que cada estudante tinha o seu tutor. O programa de aprendizagem incluía matérias obrigatórias (mas as crianças poderiam escolher como aprender) e eletivas (tanto as matérias como o modo de aprendê-las estavam à escolha dos estudantes), como em outras escolas democráticas.

Os processos singulares que se desenvolveram lá incluíam a criação de elos muito fortes entre a escola e a comunidade ao redor, uma vez que ela havia se tornado um tipo de centro comunitário regional. Assim, por exemplo, o terceiro andar da escola, que antes era vago, foi alugado para artistas locais, em troca de que se comprometessem a trabalhar com os estudantes. O prédio da escola, que era cinzento e parecia uma prisão, foi coberto com a arte produzida pelos estudantes e artistas locais. O salão no térreo, que não estava sendo usado, foi alugado para um grupo de circo local, e, em troca disso, eles se dispuseram a instruir os estudantes. Uma sala da escola estava à disposição do jornal do bairro de Florentin, e os estudantes se revezavam em publicá-lo. Uma empresa de televisão instalou um estúdio local de transmissão no prédio da escola, em que os estudantes eram parceiros. E, na galeria da escola, exposições em grupo eram apresentadas por estudantes e por artistas adultos, e ganhavam cobertura generalizada da imprensa.

Na verdade, a escola se tornou um centro comunitário para a vizinhança, e as crianças que estudavam lá podiam escolher áreas fascinantes de interesse conectadas ao seu entorno natural. Em vez da sua vergonha de antes por pertencer ao Sul da cidade, a escola agora começava a se tornar um orgulho local.

Dois fenômenos acompanharam a mudança. Primeiro, a violência, que era característica da escola a princípio, sumiu quase completamente. O diretor da escola nos contou que, durante a primeira etapa, quando somente o Parlamento e os comitês estavam começando a trabalhar, houve uma diminuição da violência, mas ela não desapareceu por completo. Mas, conforme as outras mudanças foram sendo implementadas – o aprendizado pluralista, a liberdade para escolher matérias e os tutores pessoais –, a violência desapareceu.

O segundo fenômeno também estava relacionado com a liberdade para escolher as disciplinas que os estudantes queriam aprender. Quanto mais liberdade havia, mais matérias apareciam que não eram lecionadas antes na escola: envolvimento social, lutas por direitos humanos e a abordagem do entorno local como uma arena para atividade social.

Em uma das minhas visitas à escola, um dos estudantes me disse: "Pela primeira vez na vida, estou gostando de estudar. Na minha outra escola, eu sabia que eu era um estudante fraco, e hoje instruo as crianças em áreas em que eu sou forte". Os estudantes gostaram do fato de que o estudo havia deixado de ser uma dificuldade, uma experiência de fracasso constante, para se tornar uma experiência positiva e recompensadora, o sentimento de que o poder estava em suas mãos.

O processo também foi um sucesso segundo critérios externos. Por exemplo, o número de estudantes aprovados nos seus exames de acesso subiu. Esse dado não consta entre os critérios da perspectiva da educação democrática, mas os estudantes da Rogozin e seus pais viam nisso um desafio importante e um ingresso para o mundo adulto. Assim, havia ainda um significado profundo no sucesso nessa área. Afinal, quando um estudante conquista um objetivo que ele determinou para si, um dos objetivos centrais da ideia da educação democrática é, portanto, realizado.

Por fim, a escola se tornou um lar. Ela não pertencia só aos pais e à administração, mas a toda a comunidade. O prédio ficava aberto durante quase 16 horas por dia. Professores e estudantes, que tinham suas próprias chaves e organizavam oficinas em qualquer hora do dia, se viam como responsáveis por tudo que acontecia lá.

O aprendizado pluralista organizacional

Quando examinamos os motivos para o sucesso do processo na escola Rogozin, um lugar onde tantos outros experimentos haviam fracassado, encontramos um elemento bastante significativo: a capacidade da escola (e de toda a organização) para conseguir atravessar crises de incerteza (cf. Capítulo 3) e começar a renovar seu crescimento.

O processo de aprendizado do indivíduo inclui uma crise que representa a separação das velhas percepções do mundo e o crescimento de percepções novas. A crise se passa numa área que defini como "a área da incerteza". Ela é caracterizada como uma experiência de caos, perda de autoconfiança e um sentimento de que o caminho foi perdido. De forma semelhante, mudanças organizacionais significativas envolvem uma separação dos padrões de trabalho antigo e das perspectivas sobre o mundo com as quais se está familiarizado. Além disso, ocorre uma mudança nas posições predefinidas anteriormente e preenchidas por cada indivíduo da organização. Aqui também a crise leva a uma área de "desconhecimento", mas, porque a organização é feita de pessoas, pode ser uma situação frequente que algumas das pessoas sintam que estão perdendo o controle e "se afogando" no processo de mudança, enquanto outros sentem que a mudança é adequada (aqueles que já entraram na "área de crescimento"). O sentimento de "afogamento" significa que a velha postura sofreu um golpe tremendo e que ele pode ter que abandonar essa posição por "não se encaixar".

Nesse sentido, o aprendizado organizacional difere do individual. Nem todas as pessoas sentem que estão liderando o processo, e algumas passam pela experiência de serem "arremessados na piscina do desconhecimento" sem qualquer controle. Nem todos os participantes podem ser submetidos às etapas do aprendizado no mesmo ritmo, e esse fato é um dos motivos para a imensa oposição às mudanças organizacionais como as que quisemos realizar na Rogozin.

E, de fato, após um período de euforia, durante o qual se conduziu o mapeamento e se formulou a visão partilhada, um período durante o qual toda a comunidade e o corpo docente sentiam que estavam passando por uma mudança importante, as crises começaram. Com minha experiência examinando escolas e organizações que não obtiveram sucesso em internalizar processos significativos de mudança, reconheço um padrão no qual, após a euforia do começo, surge a crise que assinala o final do processo. Na maioria dos casos, o programa é descontinuado, e a organização tenta outro programa que "pode ser melhor".

Tal fato vinha acontecendo na Rogozin havia 10 anos. Os professores e os funcionários esperavam que o nosso programa durasse de dois a três anos também, e então viria o próximo. E, de fato, no começo da nossa jornada, havia crises imensas que pareciam não ter solução. A primeira crise significativa foi a oposição ferrenha dos professores ao processo parlamentar de tomada de decisões. Foi aplicada uma pressão pesada para que as discussões iniciais ocorressem na sala dos professores, que só depois repassariam as decisões ao Parlamento. Além disso, havia demandas por aumentos salariais. Havia alegações de que "o que é bom para escolas do Norte não vale para o as escolas do Sul", e que "como podemos decidir o nosso próprio programa pedagógico e ao mesmo tempo seguir as instruções do Ministério da Educação?". Mais tarde, quando artistas e outros adultos foram integrados à escola, alguns dos professores enxergaram o fato como prejudicial para o seu *status* como docentes. A igualdade entre professores e estudantes nos comitês de arbitragem também foi vista como um empecilho no que concerne ao seu *status*.

Em certos momentos, parecia que as discussões na sala dos professores iriam levar o programa todo a se desintegrar. Por vezes, essas disputas se degeneravam em violência verbal e quase física. As crises do começo trouxeram pensamentos tristes: o diretor achava que teria que substituir os professores e pediu "tutores mais fortes" do Instituto para ajudar a lidar com a crise.

Havia expectativas de que a mudança seria agradável, porque era correta. E, porém, durante as etapas de mapeamento e de formação da visão, as experiências positivas deram poder e uma noção de cooperação à comunidade e à equipe. Mas a primeira crise os assustou. Eles queriam voltar à calmaria de antes e achavam que a salvação viria através da substituição de professores.

Como superamos as crises? Assim como na aprendizagem pessoal, também na mudança organizacional o caminho rumo à área de crescimento passa pela crise. Pular a fase da crise significa pular a mudança.

A primeira condição para o sucesso: ajudar o corpo docente a passar pela crise e chegar a áreas de crescimento

A ideia geral é que se deve desenvolver o corpo docente, em vez de substituí-lo. Assim como não se deve expulsar uma criança da escola por causa de uma crise, também os professores devem ter espaço para crise. A oposição dos professores expressava para nós sua integração dentro de um processo significativo de aprendizagem. Havia, muitas vezes, animosidade entre os esquemas mais antigos de "dar aula em escola" e as novas percepções guiadas pela mudança democrática. Esse tipo de luta interna pode ser difícil e dolorosa, mas é necessária para que aconteça o aprendizado verdadeiro. Em paralelo, e por motivos semelhantes, deixamos claro que não tínhamos a intenção de substituir os tutores do Instituto por causa de uma crise.

Yossi Argaman, o diretor da escola, aceitou essa abordagem. A mensagem transmitida aos professores era que nenhuma mudança seria forçada, e que era legítimo ter ressalvas e conceber outras ideias. O caminho não era predeterminado, e havia espaço para que eles pudessem influenciá-lo. Isso os acalmou. Foi decidido que não haveria voto majoritário para questões pedagógicas e pessoais de cada professor, e que qualquer professor poderia dar aula "do jeito antigo" para sua própria turma, se assim desejasse.

Conforme prosseguimos, observamos uma variedade de processos nos professores, diferentes em suas formas e ritmos. Alguns, até mesmo os que haviam se oposto seriamente à mudança, acabaram aceitando-a com o tempo e até mesmo chegaram a apoiá-la com entusiasmo, assumindo papéis de liderança nesse trabalho. Outros professores não conseguiram achar o seu lugar e saíram voluntariamente, e, no entanto, após alguns anos, havia uma lista de espera para professores que tinham ouvido boatos de uma "revolução" na Rogozin e que se inscreveram para dar aula lá.

Segunda condição necessária para o sucesso: o desenvolvimento de uma equipe de líderes

Muito foi dito sobre a importância do papel do diretor na organização. Um diretor carismático e bem-sucedido pode ser o líder para mudanças em situações de crescimento. Porém, em minha opinião, as situações duradouras de crise tendem a desgastar gradualmente mesmo um diretor desse porte, até que ele se veja exausto e talvez fora da organização.

Na Rogozin, foi formada uma equipe de oito pessoas para liderar as mudanças como um grupo sólido. Cada uma delas estava encarregada de equipes que operavam as mudanças na escola. Quando surgiam crises dentro de uma das equipes, o "líder" encarregado recebia um forte apoio da equipe administrativa.

Terceira condição para o sucesso: passar pelas áreas de força

Como já mencionado, passar pelas áreas de força e acumular experiências de sucesso servem para fornecer energia positiva, que ajudará o indivíduo em sua jornada pessoal de crescimento. Com uma organização, o mesmo princípio é válido. Quando começamos o projeto na Rogozin, o lugar tinha, sobretudo, estigmas negativos. Era visto como problemático, havia pouquíssimo orgulho local, e as pessoas queriam abandonar a escola, porque não se viam crescendo dentro do seu programa.

Assim como para o indivíduo, também para a escola o reconhecimento da sua capacidade é importante para identificar suas áreas de força. Na Rogozin, era dada uma importância em particular para o reconhecimento extrínseco dos processos positivos que a mudança havia causado. Por exemplo, uma visita do Ministro da Educação ao Parlamento da escola, a eleição do presidente do Parlamento como porta-voz do conselho municipal de jovens, o reconhecimento da instituição como uma escola experimental (das 200 solicitações, só quatro foram reconhecidas, uma das quais sendo a Rogozin). Uma pesquisa, publicada em 2001, no jornal Ha'yir, mencionou a Rogozin como a escola mais amada por seus estudantes em Tel Aviv e região. Além disso, foi eleita a "escola dos sonhos" do sistema educacional israelense pelo Ministério da Educação.

Tudo isso influenciou o sistema inteiro – corpo docente e discente – e atraiu mais e mais pessoas para o círculo do programa. É importante enfatizar que o enfoque foi dado ao desenvolvimento do programa interno e não às tentativas de atrair reconhecimento, mas esse reconhecimento externo trouxe novas forças que fizeram com que fosse mais fácil darmos um tratamento mais tranquilo às crises.

A última crise na escola, em torno de uma oposição à mudança das aulas de orientação para o tutoramento pessoal, já havia sido aprovada e não era nenhuma ameaça à existência da organização. E, de fato, ao final do ano, os professores e os estudantes relataram que o sistema de tutoramento era a coisa mais significativa que acontecera com eles desde que o programa havia sido iniciado.

Quarta condição para sucesso: o acompanhamento dos professores

Um fato importante que influenciou o sucesso dessa mudança está relacionado ao acompanhamento de uma equipe de consultores do Instituto. A equipe incluía de dois a quatro consultores. Sua constituição variava de acordo com as circunstâncias e sempre incluía pessoas do campo de consultoria organizacional e outros com experiência em novas iniciativas, trabalhando com a abordagem da educação democrática.

Muitas vezes, ao orientar consultores organizacionais, eu discerni que a primeira etapa do trabalho do consultor trazia uma excitação organizacional (o espectro entre o desconhecer e o conhecer). Com o surgimento das primeiras dificuldades e, com elas, também de novo a oposição, muitos consultores tinham dificuldade em dar apoio à organização e, assim, o programa fracassava (o espectro subjacente do conhecer ao desconhecer). Além disso, para mim, os consultores que partem apenas do campo da consultoria muitas vezes se sentem indefesos quando chega a etapa real da operação do programa e por isso costumam adiá-la. Estimo que muitos programas como esse fracassam só por causa das dificuldades do consultor. Na equipe mista que reunimos (com pessoas de diferentes áreas), criava-se um novo tipo de suspense que permitia a operação. Como resultado, o pessoal da Rogozin sentia que essas pessoas vinham até elas como pessoas já "da área", que eram capazes de entender as dificuldades dos professores e as crises pelas quais estavam passando. A equipe de consultores sabia como dar apoio em situações de crise e foi bem-sucedida em conter os ânimos e trabalhar com a escola em períodos difíceis também.

Em casos particularmente difíceis, precisávamos "passar o bastão" de consultor para consultor, a fim de evitar o desgaste. Na frente de trabalho, diante de uma crise, deve sempre haver consultores que estejam fora do campo para conter as dificuldades. Percebemos que em lugares onde uma única pessoa poderia entrar em colapso, uma equipe de consultoria poderia dividir o fardo.

Quinta condição para o sucesso: pleno apoio da prefeitura e do Ministério da Educação, não apenas em épocas de sucesso, mas principalmente durante crises

O apoio permitiu que déssemos maior enfoque à pedagogia e não à política da escola. Essa condição nos levou à ideia de que seria melhor iniciar processos de democratização sob os auspícios a nível municipal/ regional, dando uma liberdade pedagógica mais ampla às escolas.

Na Rogozin, todas essas cinco condições foram cumpridas, e o programa foi bem-sucedido, sobrevivendo às mudanças do primeiro ano. Lá, pela primeira vez, tivemos sucesso em repassar os princípios do aprendizado pluralista do nível pessoal para organizacional.

Em 2006, sete anos após ser iniciado o processo na Rogozin, o diretor Yossi Argaman se aposentou. A escola recebeu uma nova diretora, que tinha perspectivas diferentes sobre a educação. Ela descontinuou as relações entre a escola e o Instituto de Educação Democrática sem nem conversar conosco, apesar da oposição da comunidade da escola. Representantes da prefeitura defendiam o direito da diretora de guiar a escola rumo a uma direção pedagógica diferente, a direção na qual ela acreditasse. Os artistas foram expulsos, e as oficinas, fechadas. A escola passou por um processo de mudança, indo da sua abordagem democrática rumo a outras direções, que a diretora achava mais adequadas à escola.

Apesar desse final decepcionante, a história do processo de democratização na Escola Rogozin do sul de Tel Aviv foi um episódio importante em nosso aprendizado sobre como liderar mudanças, além de ter sido a base para todos os processos que descreverei adiante.

Parte II
O Instituto de Educação Democrática

Uma jornada "dos democráticos" rumo à inovação no coração do sistema educacional

A partir de 1996, começou a haver uma necessidade na organização para que fosse dada uma resposta às cinco principais necessidades que surgiam no campo da educação democrática:
- A fundação de novas escolas democráticas.
- Processos de democratização de escolas públicas.

- Treinamento acadêmico de educadores em áreas de educação democrática.
- Pesquisa e desenvolvimento de novos modelos de educação democrática.
- Criação de uma rede internacional para experiências de aprendizado e o desenvolvimento de iniciativas multinacionais e multiculturais.

Foi em torno dessas cinco missões centrais que construímos o Instituto de Educação Democrática. A princípio, dentro do quadro da Escola Democrática de Hadera e mais tarde em seu novo lar no Kibbutzim College of Education, em Tel Aviv.

O Instituto é hoje um dos líderes mundiais em educação democrática. Ele opera de maneira singularmente democrática e cria uma plataforma que encoraja iniciativas em campos que conectam educação, sociedade, meio ambiente e economia.

O Instituto está crescendo muito rapidamente e hoje conta com mais de 100 membros, incluindo professores, iniciadores e desenvolvedores de inovações no campo da educação e da sociedade.

A educação democrática nos moldes da educação superior – "a Incubadora Socioeducativa de Empreendimentos"

Um dos principais problemas no mundo da educação (em Israel em particular) é a qualidade daqueles que procuram uma carreira na pedagogia. Hoje, a maioria dos (87%) que escolhem estudar pedagogia não o faz por algum desejo de crescimento pessoal ou ideologia educativa, mas porque é sua única opção. Isso se dá por causa das baixas exigências para a formação de educadores ou da conveniência que é dar aulas como fonte de renda domiciliar extra (horas convenientes de trabalho e férias). Uma mudança geral nos sistemas educacionais exige que seja garantido que aqueles que entram no sistema o façam por motivos de crescimento pessoal. Somente os educadores que trabalhem a partir dessa motivação podem ajudar os estudantes em seu próprio crescimento pessoal. Portanto, quando pensamos numa mudança abrangente no sistema, tínhamos duas opções, sendo uma delas um experimento como aquele executado na Rogozin, de ativar "forças adormecidas". Em outras palavras, suscitar nos professores já existentes a visão e a vontade de criar uma revolução, como parte da missão de suas vidas. A segunda opção era trazer uma equipe nova que desejasse pôr em prática a revolução do sistema educacional.

Para que essa segunda opção pudesse ser realizada, iniciamos um programa chamado *A Incubadora Socioeducativa de Empreendimentos,* dentro do quadro do Kibbutzim College of Education. O programa conferia certificados de bacharelado e licenciatura em Humanidades e Ciências Biológicas com uma ênfase no meio ambiente.

A iniciativa começou com um pedido que recebi do Dr. Yossi Assaf, do Kibbutzim College of Education. Ele propôs que conduzíssemos um diálogo contínuo para verificar as várias opções de cooperação entre a sua faculdade e o Instituto de Educação Democrática. Esse diálogo de fato acabou criando uma janela de oportunidades fascinante. Eu estava acompanhado por outros membros do Instituto, Efrat Ben Tzvi e Gilad Babchuk, além da reitora, Drª Tzipi Libman, e a chefe do Departamento de Educação, Drª Shula Keshet, além dos chefes de vários departamentos de Ciências Humanas. Após vários meses de desenvolvimento, eles executaram essa iniciativa complicada de estabelecer um novo programa acadêmico, com o reconhecimento e apoio do Departamento de Experimentos e Iniciativas do Ministério da Educação. Após quatro anos de operações experimentais, o curso foi definido como um sucesso. Foi publicado um livro que resume essa experiência, intitulado *Demokratyia B'pe'olah* (Democracia em ação, em tradução livre), editado por Amnon Yuval[24], e a direção do programa foi posta nas mãos de Eyal Ram, do Instituto, e da Drª Esther Yogev, que havia se tornado chefe da Faculdade de Educação da Kibbutzim.

Essa colaboração frutífera entre o Instituto de Educação Democrática, que opera como uma organização não lucrativa no terceiro setor, e a Kibbutzim, uma faculdade acadêmica pública, se tornou um fator crucial para o sucesso do programa e o aprendizado mútuo de ambas as instituições.

A Incubadora foi feita para pessoas que desejavam levar adiante a sua própria visão da educação democrática em todas as suas variedades, em escolas "tradicionais" ou democráticas e outros modelos educacionais, ou para pessoas que desejassem trabalhar no futuro com modelos já existentes ou iniciar novos projetos educativos. Seu principal objetivo é ajudar cada estudante a expressar aquilo que faz dele único como educador.

Ao longo dos anos no programa, cada estudante tem o seu próprio tutor e participa de um "grupo de incubação" de cerca de 10 estudantes, que o acompanham num processo de desenvolvimento e criação de sua identidade profissional, além de localizar, aprender e produzir uma iniciativa educacional capaz de expressar essa sua identidade. Cada estudante na Incubadora se compromete a investir cinco horas semanais, além dos seus estudos na faculdade, em projetos que ele mesmo escolhe, de acordo com o processo do ano.

O curso dura quatro anos. *No primeiro ano, o principal tema é a "procura":* a cada semana, metade de um dia é reservado para coisas além da rotina diária de sempre. O dia é dedicado à procura de áreas que fascinem o estudante, à exploração e à reflexão interna. Essa jornada é uma tentativa de rastrear uma linha que leve a áreas de crescimento e a mapear os métodos de aprendizado de cada um.

Uma oficina semanal é dedicada a uma reflexão em grupo dos participantes sobre os seus projetos de "procura". Os membros do grupo examinam o processo pelo qual cada estudante passa, bem como o processo pelo qual passa o grupo como um todo. Durante sua participação na Incubadora, cada estudante recebe *feedback* sobre sua atividade em três planos: entre o estudante e ele mesmo, entre o estudante e seu tutor e entre o estudante e o grupo. Além desse *feedback*, os estudantes recebem ferramentas relacionadas ao processo e à estruturação do grupo.

O objetivo é que cada participante escolha, ao final do primeiro ano, a área na qual deseja aprofundar seu conhecimento. Há, é claro, a possibilidade de que a escolha não esteja na área de educação, e então ele pode sentir que precisa abandonar o programa.

O segundo ano é o "ano do aprofundamento" na área escolhida: ao longo desse ano, os estudantes na Incubadora aprofundam seus estudos nas áreas escolhidas durante a fase de "procura" (o primeiro ano). Cada estudante constrói pessoalmente um programa pedagógico pessoal no método SML – *Self-Managed Learning* (Aprendizagem Autogerida)[17]. O método abrange cinco etapas: 1) reflexão sobre as histórias pessoais dos estudantes; 2) sua situação hoje em áreas escolhidas no primeiro ano; 3) os objetivos que eles desejam realizar durante o aprofundamento; 4) o modo como gostariam de aprender para realizar os objetivos que determinaram para si próprios; 5) os critérios que determinaram para si próprios como sinais de sucesso do programa que escolheram. Entre outras ferramentas, os estudantes recebem aulas extras sobre vários modos de estudar e como acompanhá-los.

O terceiro ano é o ano das produções: ao longo desse ano, os estudantes formulam o projeto educacional que gostariam de pôr em prática, estudando os princípios da iniciativa socioeducativa. O programa pedagógico desse ano envolve três temas principais: o primeiro – como transformar a ideia pedagógica num programa estratégico-educativo; o segundo – economia educativo-empreendedora e como construir um plano de negócios para a sua iniciativa; e o terceiro – como conduzir operações com estabelecimentos públicos e privados e com organizações não lucrativas do terceiro setor. Além de processarem a ideia e de receberem as ferramentas para a sua produção, exige-se que cada estudante opere um "piloto" da produção, que ponha em prática parte dela de fato e avalie sua atividade.

O quarto ano é o ano da aplicação: no quarto ano, é executada a aplicação dos programas, com acompanhamento, em uma das escolas ou outros lugares.

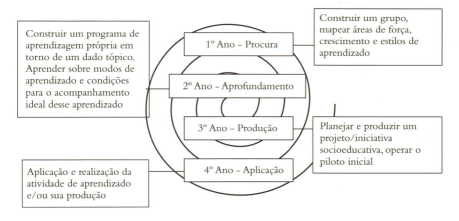

No nível pessoal, descobrimos, ao longo dos anos, que os estudantes simplesmente conduzem suas próprias histórias pessoais assim que têm a chance, e a partir de sua narrativa fazem uma produção de iniciativa. Uma estudante teve um câncer quando era nova e por isso precisou desistir de ser dançarina, mas que voltou a dançar durante seu período na Incubadora, aprofundando seu interesse em dança, por mais que o seu objeto de estudo na verdade fosse ciências, e ela acabou dando aulas de dança na ala de oncologia de um hospital infantil. Durante aquele período, ela também ajudou as crianças a completar estudos em biologia, explicando a elas o funcionamento de suas várias enfermidades.

Uma estudante, com dificuldades de aprendizado que afetaram imensamente sua vida, descobriu suas áreas de força na Incubadora, e, quando ela se tornou professora, abriu um centro para estudantes com dificuldades de aprendizado em sua escola. Um estudante, que cresceu num lar que tinha um pai religioso e uma mãe secular, fundou um grupo misto de escoteiros. Outro estudante, que entrou no mundo da alta tecnologia, abriu uma empresa para desenvolver software educativo, e um estudante que é DJ em festas agora também ensina história utilizando músicas que sejam relevantes para a mensagem que ele busca transmitir.

Parte do processo da Incubadora é acompanhada pela participação num centro de iniciativas pedagógicas e seus desenvolvimentos, que fornece ferramentas aos estudantes e ex-estudantes juntos para criação e iniciativa educacionais cooperativas. Um estudante que aprofunda seus estudos sobre crianças em idade pré-escolar se encontrou com um estudante que havia estabelecido uma organização não lucrativa e juntos fundaram um jardim de infância democrático que acabou se tornando uma rede inteira de escolas. Durante a Greve dos Estudantes de 2007, a Kibbutzim não tinha representantes no Grêmio Estudantil para liderar a luta. Na Incubadora de Empreendimentos, um grupo do fórum central se reuniu e decidiu ter um dia de estudos sobre a greve. Mais de metade dos estudantes participou do dia de estudos, enquanto seus amigos passavam o dia na praia, e eles rapidamente montaram equipes de trabalho e círculos de discussão que criaram uma grande cooperação entre os estudantes em processos para tomada de decisões sobre a greve, não concordando em deixar tudo nas mãos dos representantes do Grêmio Estudantil. Estudantes diferentes cooperaram nessa empreitada e, seguindo esse experimento, foi fundado o Centro para Democracia Participativa, que mobiliza estudantes numa variedade de escolas.

A intenção da Incubadora era desenvolver as capacidades de aprendizado independente, curiosidade, criatividade e a coragem para crescer como iniciador e educador. A Incubadora facilita a interação humana, que acompanha esses processos de crescimento pessoal e educacional e o desenvolvimento dos estudantes. A noção básica é que um educador que tenha passado por esse tipo de processo de aprendizado é capaz de ajudar os seus próprios estudantes através dele também.

A ideia da Incubadora é uma inovação essencial, em oposição aos cursos acadêmicos paralelos, de duas formas em particular:

- Diferente dos programas que lidam com o estudo da inovação utilizando ferramentas antigas (palestras, provas, etc.) que levam os estudantes de pedagogia a experiências tradicionais de aprendizado, esse programa possibilita três anos de experiência prática no aprendizado pluralista.
- Diferente do curso de treinamento padrão, que treina o estudante para que seja "um aprendiz de professor numa escola de professores veteranos", esse programa treina o estudante para ser um embaixador das mudanças e da promoção de novas iniciativas no mundo da educação.

Os estudos regulares do ensino superior são conduzidos em paralelo com o trabalho da Incubadora. Seus conteúdos são determinados pelo Conselho de Educação Superior e não podem ser alterados, mas os métodos pedagógicos são adequados para a abordagem do aprendizado pluralista e há uma ênfase social nos próprios conteúdos.

Recentemente, começamos a operar a ideia da Incubadora como um programa para desenvolvimento pessoal, sem qualquer conexão com o campo acadêmico – a educação democrática como uma jornada para a vida inteira. Para nossa satisfação, os adultos relatam experiências semelhantes àquelas vivenciadas por estudantes de escolas democráticas em suas jornadas pessoais de descoberta de suas áreas de força e crescimento.

A comunidade dos estudantes nesse curso não só cumpriu com as nossas expectativas como ainda foi além. O curso atraiu educadores e atividades sociais e ambientais de todos os setores da sociedade, de vários movimentos da juventude, albergues, escolas internas e mais. Entre os estudantes, 65% eram homens, com a média de idade de 27 anos. Além dessa divisão em Incubadoras, todos os estudantes, ao longo dos três anos de estudo, são parceiros em reuniões comunitárias bissemanais dentro do quadro teórico desses estudos. Nessas reuniões comunitárias, os estudantes ofertam uma variedade de oficinas sobre temas que os interessem – áreas ligadas aos seus próprios mundos, eventos locais atuais ou temas ligados à sua experiência de estudos. Cerca de 10 oficinas são ofertadas simultaneamente, e estudantes de todos os períodos escolhem o que é relevante para eles. Essas reuniões criam uma conexão entre estudantes de períodos diferentes em torno de interesses mútuos. As conexões são criadas a princípio para estudo – e, mais tarde, para iniciativas de cooperação.

Uma das primeiras iniciativas criadas pelos estudantes da Incubadora e seus graduandos foi o Programa Pioneiro em Givat Olga, com a Escola Democrática no centro.

"Givol" – A Escola Democrática em Givat Olga

Dezenove anos depois do estabelecimento da Escola Democrática de Hadera, eu me flagrei voltando ao trabalho na minha cidade natal, onde eu ainda morava. Na festa de final de ano na Escola Democrática, o prefeito de Hadera, Haim Avitan, sugeriu que eu "parasse de salvar o mundo e voltasse para Hadera". De imediato, respondi que, se fosse para eu voltar para Hadera, seria para o propósito de montar uma nova escola em Givat Olga. Então, apertamos as mãos – e começamos o trabalho. Givat Olga é o bairro da zona leste de Hadera, localizado à beira-mar. Ele tem 11.000 residentes, dos quais 60% são imigrantes da Etiópia e das montanhas do Cáucaso, e é o bairro social e economicamente mais vulnerável da região. Nasci em Givat Olga, por isso, para mim, esse "retorno às raízes" era um desafio que me animava.

Um grupo de estudantes e ex-estudantes da Incubadora se interessou pela ideia. Começamos a pensar juntos sobre como seria uma escola em Givat Olga.

Hoje (2008), faz três anos que a escola de Givat Olga está em atividade.

A Escola Democrática de Givat Olga foi o sinal de uma direção nova e revigorante, por ter sido a culminância do trabalho dos últimos 20 anos. Vinte anos em que a educação democrática em Israel nasceu e se desenvolveu (a terceira cláusula deste capítulo sobre educação democrática e pensamento social). Várias mudanças centrais possibilitaram essa transformação:

1. Uma mudança socioeconômica – de grupos fortes, que podem pagar pela educação democrática, para uma educação democrática gratuita para todos.
2. Deixamos de ser uma escola democrática com uma ideologia uniforme e determinada que diz: "Ou você aceita as ideias ou você procura um modelo pedagógico diferente", para ser uma escola democrática capaz de abranger muitas ideologias educacionais – uma escola democrática capaz de absorver todas as famílias e todos os indivíduos.

3. De uma escola com um objetivo central – "colocar o estudante no centro" –, para uma escola com dois objetivos centrais: um pessoal, a autorrealização de cada estudante; e um segundo, social, o desenvolvimento e avanço da comunidade e do ambiente dentro do qual a escola trabalha.

Na Escola Democrática de Givat Olga, pela primeira vez, os estudos não custavam mais do que uma pequena taxa para o Ministério da Educação (cerca de 300 novos shekeles israelenses por ano).

O dia escolar vai até as 16 horas e inclui almoço. Cada estudante tem um programa pedagógico pessoal que ele próprio constrói, junto com seu tutor pessoal e seus pais (que também determinam quanta liberdade é dada à criança para fazer suas escolhas). Havia famílias que decidiam que todas as matérias da escola deveriam ser eletivas, enquanto outras determinavam que tudo deveria ser obrigatório, e ainda havia outras que deixavam a criança escolher algumas de suas matérias, enquanto as outras eram obrigatórias.

No cerne da ideia educacional está o pluralismo. Os estudantes aprendem que famílias diferentes têm perspectivas diferentes e que podem respeitar e aceitar as diferenças.

Em todo caso, a criação de um programa pedagógico pessoal obriga os pais a saírem do "piloto automático" e a criarem seu próprio credo educacional para seus filhos. O tutor, por definição, não é neutro. Ele deve tentar influenciar o programa para que ele se desenvolva passando pelas áreas de força e crescimento do estudante.

No nível da comunidade, a escola é gerenciada pelos modelos da educação democrática, como em todas as outras escolas democráticas.

A escola é parte de algo mais amplo, o Programa Pioneiro de Givat Olga.

O Programa Pioneiro

Na narrativa israelense, o pioneirismo está relacionado aos Pioneiros da época anterior ao estabelecimento do Estado de Israel – grupos de jovens que montavam assentamentos em lugares ainda não bem desenvolvidos, motivados por uma visão. Diante deles, havia grandes obstáculos, tanto naturais quanto criados pelo homem, mas eles não se deixavam abater, e com atos heroicos como "escoar os pântanos" e "conquistar o deserto", que hoje são metáforas e sinônimos para "realizar os sonhos", eles não apenas escoaram os pântanos, mas criaram toda uma nova cultura. Por exemplo, a Comuna de Hadera operou em Hadera em 1909 e formou o grupo pioneiro que fundou o Degania, o primeiro Kibbutz.

Nós queríamos ver o Programa Pioneiro como uma continuação do projeto daqueles primeiros pioneiros. Os "pântanos do século XXI" são as áreas de pobreza e aflição do Estado de Israel. Um grupo de vinte "pioneiros", estudantes e ex-estudantes da Incubadora de Empreendimentos da Kibbutzim, veio morar em Givat Olga. O objetivo era que o bairro deveria se tornar o Degania dos anos 2000, desenvolvendo uma "nova cultura israelense" em cujo centro estariam sistemas educacionais, cultura, desenvolvimento ocupacional e ambiental, operando dentro dos princípios da educação democrática.

Eu vejo uma "nova cultura israelense" baseada no desenvolvimento da cooperação e garantias mútuas, para levar adiante:

1. O desenvolvimento pessoal e profissional de todos os residentes da cidade.
2. O desenvolvimento da qualidade de vida na cidade, incluindo sua vida social, ambiental e econômica, utilizando as áreas de força que são específicas da região.
3. Uma visão da cultura israelense como o desdobramento de uma variedade de raízes (várias culturas), o reconhecimento de sua importância, e o cuidado com as raízes mais frágeis. Quando se tenta unir diferentes raízes, de modo a formar uma raiz única e uniforme, ela acabará não conseguindo segurar a árvore durante uma tempestade, por mais forte que possa ser.

Como resultado dessa perspectiva, um grupo de pioneiros não opera apenas dentro dos moldes da Escola Democrática, mas também nos moldes da educação informal, condição social e taxa de emprego de Givat Olga. Por exemplo:
- O Programa de Círculo – um banco de horas do bairro. As crianças se ajudam umas às outras de acordo com o princípio de que todo estudante é ao mesmo tempo estudante e professor (o projeto de Yael na Incubadora).

- O desenvolvimento de jardins comunitários envolvendo residentes do bairro, encorajando-os a assumir responsabilidade pelo seu entorno (o projeto de Assaf na Incubadora).
- A condução de um programa de estudos e eventos que enfatizem a cultura etiópica ou do Cáucaso, às quais muitas das crianças da escola pertencem.
- As Histórias do Olga – um programa iniciado pela organização Sifori Miftach, que trabalha com a comunidade que cerca a escola, reunindo histórias de diferentes comunidades em Givat Olga para serem publicadas em livro.
- O desenvolvimento de um centro de empregos no bairro, cujo objetivo é gerar novos empregos através da educação para iniciativas de negócios para os residentes, além de encorajar que vários negócios operem dentro do bairro.
- A criação de uma biblioteca, centro de informática, circo, centro técnico para o reparo de bicicletas, centro musical e outros centros que abrem de manhã ao público da escola e de tarde para o público em geral da comunidade.

A transformação essencial a que visamos é que pelo menos metade dos "pioneiros pedagógicos", que se mudaram para Givat Olga e trabalham como educadores na escola, continuará e virá a se tornar diretores dentro do sistema educacional geral, de modo que, a cada ano, 10 "pioneiros" se tornem diretores de escola em várias partes do país. Em outras palavras, a escola não é apenas um esquema pedagógico centrado na comunidade em que opera, mas também uma incubadora para lideranças pedagógicas futuras (e talvez lideranças políticas e públicas também) em Israel (pense a respeito – em 10 anos, cerca de 100 educadores da escola serão diretores em todo o país).

A escola em Givat Olga e o Programa Pioneiro como um todo suscitaram um interesse considerável na mídia israelense. Imediatamente após sua fundação, dezenas de intelectuais, pessoas da mídia e economistas correram para fazer contato. Alguns decidiram lecionar como voluntários na escola e alguns doaram seu tempo e dinheiro. A professora Yuli Tamir, Ministra da Educação, decidiu adotar esse modelo pedagógico e até mesmo conceder-lhe todo o orçamento possível do Ministério da Educação, e, além disso, examinar as possibilidades de experimentá-lo em outros bairros mais debilitados no país. O sentimento era que a escola se via no mapa dos eventos educacionais numa época em que a sociedade israelense estava pronta para adotá-la.

De uma só escola para uma cidade inteira

No verão de 1999, fui convidado por um grupo de pais de Mitzpe Ramon para uma consulta sobre a possibilidade de estabelecer uma escola democrática na cidade. Levei minha família inteira para um final de semana no deserto. Pais de estudantes de Mitzpe Ramon fizeram esse *tour* da cidade comigo e, num sábado à noite, tive uma conversa com os moradores. Fiquei surpreso de ver que umas 200 pessoas participaram da reunião – pais, diretores de escola, o chefe do conselho e outros. Eles esperavam ouvir os motivos para a fundação de uma escola democrática lá. Para sua surpresa, após dois dias na cidade, eu havia chegado a uma conclusão diferente – que em Mitzpe Ramon seria melhor trabalhar com a comunidade como um todo, em vez de concentrar minhas atenções só na escola.

Essa conclusão partiu da impressão que tive da cidade naquele fim de semana. Mitzpe Ramon tem cerca de 5.700 habitantes. É um local isolado e distante dos outros assentamentos, dotado de uma heterogeneidade ímpar. Sua população consiste de: imigrantes veteranos que vieram do norte da África na década de 1950, a maioria deles tradicionais e religiosos; um grupo de oficiais com carreira no exército, alguns dos quais veem o lugar como seu lar temporário; pessoas das áreas de estudos da natureza e ecologia, que vieram fazer trabalho de campo em torno da cratera de HaMachtesh HaGadol; "refugiados urbanos", a maioria artistas e terapeutas alternativos, que vieram em busca de melhor qualidade de vida e a chance de criar um novo tipo de comunidade; estudantes religiosos de ensino médio e superior do Yeshiva[6] local, cujas vidas giram em torno dos estudos religiosos; de "hebreus" – uma comunidade afro-americana dentro da cidade; e os beduínos da área, que também utilizam as escolas de Mitzpe Ramon.

Eu pensava que, se todas as comunidades dentro dessa pequena cidade estabelecessem sua própria escola, a alienação e a falta de comunicação entre eles só seria aprofundada. Por outro lado, havia uma

---

[6] Um Yeshiva é um colégio religioso judaico dedicado principalmente ao estudo da Torá e do Talmude. (N.T.)

oportunidade para criar uma comunidade israelense multicultural. Se pudéssemos encontrar algo em comum e criar esse tipo de comunidade, o gesto lançaria uma luz sobre as outras soluções possíveis para as crises que hoje dilaceram a sociedade israelense como um todo.

Compartilhei minhas ideias com o pessoal de lá, com medo de que a reunião acabasse ali mesmo e que talvez eles chegassem até a se enfurecer comigo, por não ter cumprido a minha promessa de orientá-los para a fundação de uma nova escola democrática. Porém, no final da noite, o chefe do conselho, Dror Dvash, me disse que eu lhe havia dado o que pensar e me pediu para acompanhá-lo numa reunião urgente. Em paralelo, os pais que haviam me convidado estavam entusiasmados com a nova ideia de incluir toda a comunidade nessa mudança e disseram que estavam prontos para dedicar grandes esforços em promovê-la.

Uma semana depois, me reuni com o chefe do conselho e ele me pediu mais detalhes quanto ao programa. Como sempre, eu lhe expliquei que não havia programa. Sugeri marcarmos uma primeira reunião com figuras principais que discutiriam o plano educacional para Mitzpe Ramon, que seria transmitido aos poucos para toda a comunidade. Foi decidido que o primeiro núcleo seria o dos diretores das escolas da cidade. Na época, havia seis instituições educacionais: a Escola Primária Ramon, a Escola Secundária Shalom, um colégio interno de artes, um colégio primário religioso democrático, um colégio secundário ambiental Yeshiva e um colégio primário religioso público.

Na primeira reunião, havia uma forte oposição por parte dos diretores contra o que eles chamaram de "mais um programa que tentavam empurrar" em cima deles. Criticaram o chefe do conselho, que propunha mais um programa além daquele que o Ministério da Educação havia "despejado" nas escolas. Eu disse que, pela primeira vez, eles tinham a oportunidade de criar um programa para a comunidade de Mitzpe Ramon que seria adequado ao lugar, tal como eles o viam, em vez de importar um programa pronto externo.

Durante a nossa discussão, pude sentir uma mudança ocorrendo dentro de mim – meu plano, a princípio, era mandar guias do Instituto para trabalharem na cidade, e agora eu me via prometendo aos diretores que, se eles participassem do processo, eu também participaria pessoalmente. A ideia de uma comunidade democrática em Mitzpe Ramon suscitou muito interesse e entusiasmo em mim (para usar a terminologia do Capítulo 3, eu havia entrado num novo círculo de aprendizado), e, de fato, comecei a fazer visitas de um ou dois dias semanais a Mitzpe Ramon, para trabalhar com os diretores e outros membros da comunidade.

Uma comunidade educativa de uma cidade inteira

O ano 2002 foi o terceiro ano da minha atividade em Mitzpe Ramon. Ao longo dos dois anos anteriores, trabalhei com vários fatores da cidade: o chefe do conselho, diretores de vários departamentos das autoridades locais, diretores de escola, professores, pais e muitos outros residentes. Aos poucos criamos um programa pedagógico fascinante, dirigido às necessidades únicas da escola e utilizando seus recursos especiais na área, oferecido aos seus convidados.

Apesar de nossa atividade em Mitzpe Ramon já estar concluída, devido a motivos que detalharei mais tarde, decidi mencioná-la. É uma história fascinante de uma cidade assumindo a responsabilidade de determinar seu estilo de vida, enquanto implementa princípios de educação democrática.

A história começa com muitos dos habitantes da cidade definindo Mitzpe Ramon como uma "estação de trem" – um lugar pelo qual as pessoas passam, não onde elas ficam. Entrevistei algumas das pessoas que estavam de passagem e me surpreendi ao descobrir que muitos ainda amavam a cidade e sentiam que pertenciam a ela. O sistema educativo era apenas um motivo secundário entre os seus motivos para irem embora, perdendo para o motivo da procura de emprego.

Como a população da cidade é muito variada, há uma grande variedade de filosofias pedagógicas. Essa situação cria uma "insatisfação estrutural" dentro de diferentes populações na cidade, que em alguns casos levam a família insatisfeita a ir embora. A "insatisfação estrutural" significa que, por ser uma cidade pequena, o número de sistemas de educação formal é limitado e eles têm dificuldade em dar conta de uma variedade de necessidades.

Após um longo período de reuniões entre diferentes comunidades locais, foi determinada uma visão para a educação da cidade:

- Criar um sistema educacional inovador que abranja toda a cidade de Mitzpe Ramon como uma comunidade educativa.
- Dar uma resposta a todas as populações distintas da comunidade.

- Utilizar e expandir os recursos pedagógicos já existentes no local.
- Criar um modelo, em nível nacional, para um sistema inovador no campo dos trabalhos com cidades periféricas, de modo elas atraiam novos moradores.

O primeiro desafio desse trabalho foi estabelecer um sistema que possibilitaria que todos os estudantes se sobressaíssem em suas áreas escolhidas, criando um programa pedagógico pessoal, centrado nas áreas de crescimento e força de cada estudante. Após algum tempo, nos demos conta de que essa missão nunca daria certo se nos dirigíssemos apenas aos modelos já existentes na cidade. Era claro que as escolas não poderiam oferecer uma resposta a todas as necessidades singulares de todo e cada estudante.

Assim, surgiu a ideia de aproveitar os recursos da cidade para o propósito de expandir os seus sistemas escolares. Na época, Mitzpe Ramon tinha 44 oficinas de artistas, um observatório astronômico, o jardim zoológico Hai Ramon, laboratórios para o estudo do deserto, que eram propriedade da Universidade Ben-Gurion, e muitos outros recursos educativos regionais. Foi decidido que criaríamos, de forma ordenada, programas pedagógicos para serem operados em centros educativos em toda a cidade.

Todos os estudantes do sistema escolar Mitzpe Ramon teriam um programa baseado na escola (obrigatório, de acordo com o programa principal do Ministério da Educação) e um programa pedagógico pessoal (eletivo). Dentro do modelo do "programa pessoal", o estudante poderia utilizar os sistemas externos já existentes na cidade.

O objetivo do programa pedagógico pessoal era, como sempre, fortalecer as capacidades do estudante para aprender através do engajamento em suas áreas pessoais de força e crescimento. Para dar apoio aos "centros comunitários", foi decidido que seria estabelecida uma franquia de uma das faculdades de pedagogia na cidade, com cerca de 100 estudantes que dariam assistência à operação inicial dos centros. Nessa etapa, não seria mais possível evitar a questão do orçamento. Custaria dinheiro às autoridades locais para que os estudantes pudessem participar das oficinas dos artistas ou em outros centros de aprendizado que fossem montados. Como proceder, então? Como ampliar o orçamento?

A essa altura, compreendemos que o programa pedagógico precisava ser expandido para que se tornasse um plano econômico abrangente, com um ângulo completamente novo. Essa foi a ideia que tivemos:

Em Mitzpe Ramon há uma média diária de 1.000 turistas que vêm para passar a noite, e há um grande potencial para transformá-la na "capital nacional do turismo do deserto" e talvez até mesmo num centro internacional na área. Porém, esse potencial ainda não foi realizado: há poucos empregos, em sua maior parte porque os turistas podem passar a noite na cidade, mas passam o dia no deserto.

Nossa esperança era que pudéssemos fazer uma mudança, para que os viajantes ficassem na cidade e usassem os "centros de aprendizado" como parte de suas viagens de férias. Cada centro forneceria serviços subsidiados para o sistema educacional. Em troca, eles receberiam serviços de publicidade da comunidade, que os indicariam aos turistas.

Por exemplo, uma "cozinha aberta", que seria um "centro de aprendizado" para os moradores de Mitzpe Ramon (estudantes e adultos), seria também um restaurante local típico para os viajantes no deserto.

A esse modo de ação eu chamo de *"mistura de cores"*. Quando se pinta em vermelho, a cor continua sendo o vermelho, mesmo que se mude a técnica de pintura (uma mudança sobre o "mais do mesmo"). Para que algo novo seja criado, devem-se misturar cores distintas. Se o foco fosse só a educação, o sistema continuaria em condições semelhantes às do presente, ou, na melhor das hipóteses, as mudanças seriam limitadas. De modo semelhante, se o foco fosse só o emprego, teríamos soluções semelhantes à condição existente. "Misturar as cores" significa ver a cidade como uma única unidade orgânica, chegando, assim, a soluções "inovadoras", que seriam impossíveis se usássemos "apenas uma só cor". Fazer as conexões entre educação e todos os outros fatores que operam na cidade, como a taxa de emprego, o planejamento urbano e a construção civil, a assistência social, etc., criaria uma imagem nova e colorida.

Em 2004, o trabalho do Instituto em Mitzpe Ramon foi descontinuado. O chefe do conselho que estava liderando o processo não se reelegeu (por causa de uma polêmica que não tinha nada a ver com o processo educacional), e o novo chefe descontinuou o processo, uma vez que estávamos sob os auspícios da administração anterior.

Para nossa surpresa, a visão começou a demonstrar independência. Os educadores na cidade continuaram a promover, sozinhos, as ideias que havíamos começado a desenvolver no programa. Podemos dizer que descobrimos que a visão pode ser maior que a soma de todas as suas partes.

O Centro do Futuro

A "mistura de cores" em Mitzpe Ramon ocorreu de forma quase intuitiva, como resultado do desenvolvimento de nossas relações com o lugar. Ao longo do nosso último ano de trabalho lá, uma ideia começou a ser formada: estabelecer uma organização cujo papel seria criar uma "mistura de cores" contínua e planejada, isto é, uma organização que pudesse ver essa abordagem como um motivo central e não como acaso. A essa organização demos o nome de *Centro do Futuro* – um espaço físico, organizacional e comunitário à disposição de todos os moradores (de todas as idades e grupos) e organizações que atuam na cidade, para criar uma visão que abranja toda a cidade e fundamente-se nos princípios de uma "comunidade sustentável". Em outras palavras, os planos não se concentrariam sobre políticas míopes de interesse limitado, mas derivariam de considerações de longo prazo para levar a área adiante. Além da visão, o objetivo do centro era criar um sistema civil de tomada de decisões, vinculado ao processo de tomada de decisões do conselho local. Os moradores formulam o centro e os responsáveis pelo seu conteúdo. Em Mitzpe Ramon, porém, eles desistiram de estabelecer o centro no final do processo (talvez porque numa comunidade pequena é possível pôr em ação os princípios do Centro do Futuro sem estabelecer de fato um centro físico).

Após nosso trabalho em Mitzpe Ramon, várias cidades vieram até nós pedindo que ajudássemos a desenvolver programas municipais com eles. Uma delas foi Be'er Sheva, a maior cidade do sul de Israel, a "capital do Negev", com uma população de 200.000 moradores. Lá, pela primeira vez, foi implementado um Centro do Futuro.

Foi-nos pedido que criássemos um sistema inovador em nível municipal para todo o sistema educacional (40.000 estudantes). Na verdade, a parte do programa que foi executada, de fato, foi o Centro do Futuro. Ele foi fundado no Centro de Professores da Colônia, uma das principais instalações da cidade, que foi transformado, de um local para treinamento de professores, em um Centro do Futuro.

Yael Schwartzberg (diretora do Instituto de Educação Democrática) e Ron Dvir, que demonstraram entusiasmo quanto ao Centro do Futuro, começaram a estudar a ideia em várias áreas de inovação em todo o mundo, e, em paralelo, a desenvolver um modelo ímpar em Israel, que, como mencionei, foi fundado pela primeira vez no centro de treinamento docente em Be'er Sheva, pela diretora Haya Avni.

Os componentes do centro incluem:
1. Um lugar para o discurso da "mistura de cores" – uma oportunidade para encontros que não costumam ocorrer, entre pessoas de campos diferentes. Por exemplo, numa discussão sobre educação científica no sul de Israel, havia educadores, industrialistas e pesquisadores discutindo modos diferentes de estudar as ciências. O encontro entre diferentes disciplinas criou um processo diferente de tomada de decisões.
2. Um "museu do futuro" – em que se podem ver imagens futuras dos conteúdos dos quais o Centro do Futuro trata, apresentados visualmente e com abordagem multidisciplinar em relação aos "recursos da região".
3. Um "laboratório de inovações" – para acelerar as inovações e as iniciativas, através do pensamento criativo, o compartilhamento frutífero de ideias entre vários fatores dentro e fora da cidade, para desenvolver e alimentar ideias, usando imagens do futuro como fonte de inspiração e "combinação" entre ideias e recursos.
4. Um "centro de aprendizado" para desenvolver programas do treinamento para professores, em prol da imagem criada pelo centro.

Hoje, o centro serve como uma ferramenta crucial para desenvolver e implementar a inovação educacional no Sul do país.

O modelo de educação pessoal de Bat Yam

Durante o meu trabalho em Be'er Sheva, conheci uma pessoa muito especial – Albert Assaf, o ex-vice prefeito de Dimona e hoje representante da Fundação Sakta-Rashi.

No outono de 2003, Albert me pediu para acompanhá-lo a Bat Yam. "Tem um prefeito que você precisa conhecer. Acho que é o prefeito que você está procurando", ele disse.

Albert tinha razão. Na primeira reunião no escritório de Shlomi Lahiani, tive uma imagem completamente diferente daquelas que eu conhecia anteriormente. Partindo da minha experiência em reuniões com prefeitos, os participantes rapidamente "diziam amém" para o que quer que o prefeito declarasse, aplaudiam e faziam que "sim" com a cabeça, com entusiasmo. No escritório de Lahiani, vi pessoas jovens e enérgicas (diretores e diretores assistentes) que discordavam e até discutiam com ele. E Shlomi, com uma liderança das mais carismáticas, navegava e criava visões a partir de muitas ideias que emergiam dessas discussões completamente abertas.

Eu estava lá sentado, impressionado, e ele então se voltou para mim e pediu que eu falasse sobre mim mesmo e sobre a educação democrática. Quando terminei de falar, ele disse que também acreditava que todas as crianças traziam algo de único ao mundo e que era dever do sistema educacional dar expressão a isso. Shlomi Lahiani me fez uma pergunta que nenhum prefeito jamais tinha feito para mim: Será que seria possível criar um sistema educacional em que o sucesso no surfe seria uma realização legítima?

Respondi que esse era exatamente o nosso trabalho no Instituto de Educação Democrática. Naquela mesma reunião, decidimos tomar o nosso rumo juntos.

Bat Yam tem 170.000 habitantes e cerca de 20.000 estudantes em seu sistema educacional. Decidimos trabalhar numa visão pedagógica com a equipe líder da cidade. Após várias reuniões dedicadas à visão, eu me dei conta de que Bat Yam havia determinado aspirações das mais altas. Na época, eu li os artigos que saíam sobre a revolução "das pequenas escolas" nos Estados Unidos (EUA).

E, assim, pouco tempo depois, lá estávamos nós – Shlomi Lahiani, Esther Firon (chefe do Departamento de Educação), Nurit Ramati (inspetora de escolas secundárias), Sigal Peretz (diretora-assistente de Assuntos Comunitários), Eretz Podamsky (diretor-assistente de Desenvolvimento), Albert Assaf e eu, num avião rumo aos EUA, para fazermos um *tour* que nos foi arranjado pelos professores Michael e Susan Klonsky. A visita incluía a Escola MET em Providence, uma reunião com Deborah Meier e David French nas escolas Piloto em Boston e visitas variadas às pequenas escolas de Chicago.

Vimos diversos modelos de escolas. Alguns deles funcionavam bem, outros nem tanto. Enquanto isso, fomos nos conhecendo melhor e nos tornamos uma equipe de verdade. No diálogo que conduzimos durante a viagem, aos poucos fomos formando os princípios básicos da imagem do futuro que queríamos para Bat Yam.

A escola MET e as reuniões com Dennis Littky foram o que mais nos impressionou. Quando chegamos lá, na manhã de segunda-feira, fomos convidados para uma reunião matutina numa pequena aula de orientação. O professor-tutor do grupo dos últimos cinco anos estava nos acompanhando e também se dirigiu a todos os estudantes e também a nós, para perguntar como tinha sido nosso fim de semana. Foi animador ver a dinâmica do grupo e o apoio que eles davam um ao outro. E foi impressionante, sobretudo para nós, que nos lembrávamos de como éramos quando crianças no sistema escolar tradicional, quando entrávamos na escola no domingo e tínhamos as aulas normais, de matemática, inglês, etc., sem que qualquer um tivesse o menor interesse em perguntar sobre o nosso fim de semana.

Mais tarde, descobrimos que, duas vezes por semana, os estudantes estudavam dentro do modelo de especialização profissional em uma das instituições públicas ou privadas na área da escola. Cada estudante escolhia uma área de interesse e entrava em contato com uma organização ou empresa adequada, chegava a um acordo com ela e estagiava lá dois dias por semana, sendo orientado pelos funcionários lá. Durante os três dias que passava na escola (um *campus* de 600 estudantes, dividido em seis grupos de 100), cada estudante tinha acesso a um programa pedagógico pessoal que reforçava a sua área de especialização escolhida.

Os resultados obtidos pelos estudantes formados na MET eram incríveis. A escola fica em uma comunidade em que apenas cerca de 5% dos estudantes dão prosseguimento aos estudos e chegam à educação superior – e, no entanto, mais de 90% dos estudantes da MET ingressam na faculdade.

Quando voltamos a Bat Yam, não tínhamos planos de traduzir para o hebraico os programas que vimos nos EUA. Em vez disso, queríamos utilizá-los para ganhar inspiração e criar um programa municipal que fosse adequado para Israel e para Bat Yam – e assim desenvolvemos o Modelo Bat Yam de Programa Pedagógico Pessoal, um dos únicos programas dessa natureza de que tenho conhecimento que não são apenas teóricos, mas realmente práticos. O modelo foi projetado com participação de toda a equipe pedagógica da cidade, incluindo todos os inspetores do Ministério da Educação chefiados por Tzila Sheffer, todos os diretores das escolas, toda a equipe da educação municipal e os representantes da Fundação Sakta-Rashi.

O programa é projetado para que cada classe do ensino médio seja dividida em dois grupos de salas de aula de 15 a 18 estudantes.

Cada grupo/classe da cidade (incluindo aí também o fundamental) se reúne no primeiro horário da manhã para uma "sessão matinal". Cada grupo tem um educador (alguém na área da educação), que recebe horas extras adicionais para essa atividade (cerca de um terço da carga horária de um professor no ensino médio e horas extras no ensino fundamental).

Desse modo, criamos um novo equilíbrio para as horas de trabalho do professor (que anteriormente se concentrava apenas na sua disciplina em particular), com a possibilidade de conversar e conhecer os estudantes que ele tem diante de si. Nós devolvemos a educação à área do ensino.

O programa pedagógico pessoal em Bat Yam concretiza a percepção de que cada estudante é uma pessoa com talentos e necessidades únicos. O objetivo do programa é dar uma resposta pessoal-familiar para cada estudante na cidade, a fim de habilitá-lo para que se dê conta do potencial único que tem.

Na "sessão matinal", cada estudante constrói seu próprio programa pedagógico, em cujo molde ele determina os seus objetivos nas áreas pedagógica, familiar e social, e na sua área de excelência – uma área em particular na qual o estudante tenha escolhido se sobressair.

O programa pedagógico pessoal vê o estudante como parte do ambiente familiar e social em que vive. Para isso, é preciso que haja um trabalho cooperativo entre os sistemas de educação (formal e informal) e os sistemas de bem-estar social. O objetivo dessa cooperação é criar um armazém de recursos entre todos os serviços fornecidos pela cidade ao estudante e sua família. Desse modo, cria-se um círculo de novas soluções, a ser apresentado continuamente para cada problema específico ou questão que surja durante o trabalho.

Um exemplo dessas soluções são os centros de aprendizado, que dão apoio para contratos pedagógicos pessoais. Começavam a operar ao longo do dia letivo e continuavam depois, sendo um local em que os estudantes podiam receber ajuda em várias áreas mencionadas em seus contratos pessoais.

Outro exemplo foi o programa Estrelas, criado no nosso segundo ano de atividade, que contava com 100 estudantes da cidade que precisavam de um tutoramento pessoal mais intensivo e maior auxílio em encontrar suas áreas de crescimento pessoal. Esses estudantes recebiam tutores pessoais, além dos educadores do grupo da aula de orientação.

Hoje, cerca de três anos depois do começo do nosso trabalho, pode-se dizer que o programa está cumprindo com as nossas expectativas. O rendimento acadêmico aumentou porque foi estimulada a motivação dos estudantes.

A violência na escola diminuiu em mais de 70%. Aprendemos que mesmo os meninos e as meninas descritos como os mais violentos conseguiram criar laços fortes com o educador, descobriram suas áreas de força e tiveram expressão dentro do modelo das atividades da escola. Seu comportamento violento desapareceu.

E o que nos deixa feliz em especial é que o orgulho local cresceu imensuravelmente. Quando começamos, uns dois terços dos estudantes relataram que não revelavam em público onde moravam. Hoje 97% dos estudantes relatam ter orgulho de dizer que são de Bat Yam. No começo de 2008, o programa Modelo Bat Yam de Educação Pessoal ganhou o Prêmio de Educação Nacional, e a Ministra da Educação, a professora Yuli Tamir, adotou o modelo como parte de sua reforma abrangente em escolas de ensino médio chamada Novo Horizonte.

A principal pergunta que temos diante de nós hoje é se é possível duplicar o sucesso de Bat Yam. Será que essas ideias de educação democrática podem ser implementadas em nível nacional? Espero que, dentro de alguns anos, eu possa escrever outro livro para responder a essa pergunta.

Quanto à questão de como serão os bairros de Bat Yam, Be'er Sheva, Mitzpe Ramon ou Givat Olga no futuro, minha resposta é clara e inequívoca: não sei. Todo sistema educacional ou qualquer outro sistema público – quaisquer que sejam as ideias que o orientem – depende principalmente das pessoas, de sua habilidade de orientar os outros e conduzi-los rumo à mudança, bem como de ajustar-se ou opor-se à mudança. As pessoas que são líderes nesses lugares no futuro (vide o caso de Rogozin) decidirão o destino dos processos de mudança (e por vezes a decisão será voltar ao modelo tradicional-conservador de educação). Portanto, o que apresentei aqui se limita ao tempo e ao espaço nos quais estou escrevendo. E, no entanto, as histórias desses lugares marcam para mim as possíveis direções a serem tomadas para se criar uma cultura democrática nas comunidades em que vivemos.

Parte III
Reflexões sobre os aspectos sociais da educação democrática sobre educação democrática e elitismo

Sobre elitismo e educação democrática

Quando começamos, não havia qualquer canal dentro do *establishment* para a fundação de escolas diferentes em Israel, e cada grupo precisou abrir seu próprio caminho. Apenas grupos religiosos ou ultrarreligiosos tinham licença para abrirem escolas diferentes do padrão. Quanto aos grupos seculares, o conceito do Ministério da Educação era que eles eram todos iguais, e, portanto, a resposta pedagógica já existia dentro do sistema educacional estatal. Nos últimos anos, grupos de cidadãos seculares em todo o país começaram a solicitar o reconhecimento de seu direito de ser diferente. Em nossas reuniões com representantes do governo, tentamos igualar as nossas condições com as dos cidadãos religiosos de Israel, para que pudéssemos também expressar nossas filosofias diferentes de vida dentro do sistema educacional.

Os pais que entraram nessa luta sofreram com ataques severos do *establishment*, que fez acusações graves contra o método da educação democrática:

1. São pais ricos que pensam apenas nos próprios filhos e querem um sistema de educação elitista, que ignora as tendências de integração e cria infraestrutura para escolas particulares em Israel.
2. Esses pais estão abandonando os valores aceitos e estilos de vida israelenses, em prol do espírito da globalização. Crianças em escolas alternativas jamais serão parte da cultura israelense, porque não terão que aprender sobre os seus componentes, como literatura e história.
3. A educação democrática cria individualistas que jamais levarão a sociedade ao seu redor em consideração: "Por que é que a sociedade israelense deveria investir em gente que jamais contribuirá para ela?"
4. A educação democrática é um ramo pequeno e insignificante, portanto não precisa ser levado em consideração.

Como diz o provérbio chinês, até uma jornada de 1.000 quilômetros começa com um pequeno passo. Eu também li um ditado interessante no site de Tom Peters: "Toda grande ideia começou com uma única pessoa acreditando nela"[18].

Eu gostaria de acrescentar que essa mesma única pessoa que deu o primeiro passo também foi provavelmente considerada elitista, separada dos outros ao seu redor.

Quase todas as revoluções sociais em larga escala começaram com grupos que hoje chamaríamos de elitistas (como aqueles que lutaram para dar avanço à democracia, ao socialismo, aos direitos humanos, aos direitos das mulheres, pelo meio ambiente, etc.). Um fenômeno semelhante pode ser visto no desenvolvimento da educação democrática. As primeiras escolas democráticas precisavam cobrar dos pais, já que não recebiam minimamente qualquer apoio do estado. Hoje, a educação democrática está ativa até nos bairros mais vulneráveis e cidades em desenvolvimento, e tem um efeito considerável em todo o sistema educacional.

O ponto interessante é que a expansão da educação democrática para populações mais variadas ou fragilizadas já estava contida em seu cerne ideológico. Essa expansão, que discutirei depois, não é nenhum acidente e com certeza não deriva da "pressão do *establishment*" ou de qualquer desejo de cair nas suas graças. Pelo contrário, a ideia da educação direcionada para valores pluralistas, e não para a competição sobre as mesmas realizações uniformes, inclui públicos amplos e variados. Numa completa oposição à educação conservadora, *acreditamos que podemos dar expressão às habilidades encontradas em cada criança, em cada ser humano, de qualquer estrato social ou região do país, para que alcance suas áreas de força e concretize seus objetivos pessoais.*

Em completa oposição às abordagens elitistas e relacionadas aos seus interesses, as pessoas que lideraram os primeiros grupos de educação democrática agiram com base principalmente em motivações sociais. Seu objetivo era criar uma mudança dentro do sistema educacional em Israel, transformando-o num sistema pluralista que reconhece a diversidade humana. Tal sistema se opõe à estratificação social presente nas escolas – grupos de estudantes fortes (em sua maior parte, de níveis socioeconômicos mais altos), medianos e fracos. A maioria dos pioneiros, que desejam estabelecer vários modelos de educação democrática, estava farta de tentar mudar o sistema por dentro. Alguns deles desistiram até mesmo antes de começarem a tentar, com o argumento de que não eram parte do sistema (pais ou pessoas não empregadas pelo Ministério da Educação) e alguns (dentro do sistema) começaram a fazer mudanças e foram impedidos com o argumento de que haviam "passado dos limites". Esses bloqueios surgiam já numa distância considerável da realização de seus ideais, por causa do modo como o sistema deveria funcionar.

A única opção que restou a esses pioneiros foi a ação independente e a criação de um modelo vivo de escola no espírito de seus ideais. É certo que não tomaram esses passos por motivações econômicas, mas apenas o desejo de criar um sistema educacional que fosse adequado às suas percepções: a existência de um sistema de educação pioneiro em Israel, que formasse a base para uma sociedade que nutre uma cultura democrática e dedica uma ênfase considerável ao fortalecimento da sociedade israelense, ao dar lugar à diversidade pessoal e social dentro dela.

Aqueles que continuam seguindo hoje no caminho do pioneiro se recusam a mandar suas crianças automaticamente para a escola do bairro. Eles investigam o tipo de educação que é adequada a elas e acabam por escolher escolas que abriram mão da corrida desvairada pelos exames de acesso e a vida "na corda bamba sobre o abismo" (vide Capítulo 3). Essa investigação mais profunda envolve uma jornada renovada em busca de valores e uma entrada num processo de aprendizagem que traz grandes pontos de interrogação sociais. Ao longo dessa busca, muitos descobrem o lado social e formam sua percepção do mundo em torno disso. Outro fenômeno interessante nessa área é a participação de ativistas sociais veteranos, que se opunham antigamente à educação democrática por temerem que ela não apoiasse a sua perspectiva. Eles se uniram a nós após examinarem a ideia e descobrirem que ela oferecia possibilidades especiais para o avanço das causas sociais que eles defendiam.

Havia também os pais que exploravam a fundação de escolas democráticas como uma tentativa de criar grupos socioeconômicos fortes e ilhas de controle parental. Primeiro, eles estão explorando uma situação criada pelo Ministério da Educação, o que força algumas das escolas democráticas a cobrar mensalidade dos pais (ao não dar a essas escolas a verba que toda criança em Israel tem o direito de receber). *É importante esclarecer que uma escola democrática visa obter educação gratuita para todos, como parte integral da implementação dos direitos humanos.*

Esses pais costumam abandonar a educação democrática mais tarde, porque esse sistema favorece o Parlamento (em que todos têm o direito de votar), em vez de só aqueles que têm poder econômico. Esses grupos de pais geralmente lutam para mudar as "regras do jogo" democrático para que haja um retorno às regras tradicionais que lhes dão vantagem sobre grupos mais fracos. Em tais situações, a escola passa por um período de discussões e disputas, em que o lado mais social-democrático costuma vencer. Tal processo geralmente fortalece a escola.

Há pessoas, em particular dentro do sistema político-educacional, que visam bloquear o pioneiro antes que ele dê o primeiro passo. Isso se dá por causa do medo de que ele possa ser-lhes uma ameaça. Acredito que seja esse sentimento de ameaça que esteja subjacente a todos os tipos de oposição à ideia de educação democrática.

Essa ameaça é a de que talvez tenhamos razão sobre a ideia pela qual estamos lutando. Que é possível que criar um sistema educacional em que cada criança consiga encontrar suas áreas de força e crescimento e mais tarde venha enxergá-las nos outros. E se nós tivermos razão, então talvez sejam eles que estiveram errados desde o início, e, afinal de contas, fomos ensinados na escola que errar é ruim e que devemos esconder nossos erros.

O sistema educacional não vê com bons olhos o processo de privatização de escolas por parte de pais com poder econômico, através da criação de escolas diferentes. O sistema vê isso com um fator central na criação de abismos sociais em Israel. Uma segunda causa desse abismo, segundo eles, é que o dinheiro que deveria ir para estudantes mais fracos acaba indo "milagrosamente" para os estudantes mais fortes dos níveis mais confortáveis da sociedade.

A alegação de que as escolas diferentes trabalham para privatizar o sistema é meio estranha, já que o estado de Israel – o único país democrático que não permite escolas particulares – é o líder do mundo ocidental em disparidades sociais e disparidades paralelas em rendimento acadêmico. Se formos observar um estado de bem-estar social como a Dinamarca, vemos que lá se encoraja que pais de estudantes fundem escolas diferentes, e o país enxerga esse gesto como um fator que fortalece o seu sistema educacional. Como é que grupos de educação democrática no mundo todo são vistos como elementos de reforma social, enquanto que, em Israel, ela é vista como uma força privatizadora e criadora de abismos?

Minha resposta a isso é que Israel ainda sofre dos males de sua infância causados pela hipercentralização do *establishment*. Qualquer distribuição de poder considerada legítima no mundo ocidental é vista aqui como uma transgressão de todos os limites, particularmente dos que temos no poder hoje. Eles criaram a realidade triste que vemos e nos usam como bode expiatório – a educação democrática (25 escolas) é a única responsável por toda a condição lamentável do sistema educacional...

Quanto à questão da verba para populações carentes sendo transferida para as populações mais poderosas: uma olhada rápida nas escolas das áreas mais vulneráveis mostra que, exatamente nessas escolas, cuja principal régua é o número de estudantes inscritos nos exames de acesso, a verba direcionada para a educação dos estudantes mais fracos acaba, na verdade, indo para aqueles que têm maiores chances de sucesso nos exames de acesso. Fica assim difícil compreender por que logo as escolas democráticas, cujo principal objetivo não é um certificado de matrícula mas a dignidade humana e a independência de todas as crianças, serem consideradas um grupo elitista.

A educação social exige que se abandone o "quadrado estratificante"

Se, ao mencionar o aprendizado pluralista, falei do imenso prejuízo causado aos estudantes que vivem dentro do "quadrado", o que eu disse é ainda mais válido para os estudantes do estrato socioeconômico mais baixo – as famílias com dinheiro podem garantir que os seus filhos estarão na "parte privilegiada" da curva normal.

Eu conheço muitas pessoas maravilhosas, que fazem um trabalho educacional sagrado, que não aceitam as minhas ideias. Elas acreditam que aumentar os recursos públicos já é o suficiente para que o trabalho pedagógico em si faça com que os estudantes dos estratos socioeconômicos mais baixos ascendam para o nível mais alto das realizações acadêmicas do "quadrado". Mas a principal pergunta que devo fazer é "a que propósito servem essas realizações?", sobretudo em comparação com as realizações dos setores mais privilegiados.

A situação atual é a de que uma combinação de orçamento público e o orçamento de uma família rica sempre será melhor do que o de uma família mais fragilizada em termos socioeconômicos (mesmo contando com um apoio considerável de ações afirmativas). Para esclarecer isso, colocarei a pergunta de forma ainda mais radical – mesmo que todas as escolas do norte de Tel Aviv fechassem, seus estudantes ainda teriam notas mais altas nos exames de acesso do que suas contrapartes em cidades em desenvolvimento. Isso se dá porque toda a ideia do exame de acesso foi concebida para servir às ideias de estratificação social. O estudante do Norte sempre terá à sua disposição (por causa de seus pais) uma quantia maior de dinheiro do que o que pode vir do governo ou do terceiro setor para um estudante numa cidade em desenvolvimento.

Os exames de acesso podem ser comparados a um cobertor pequeno (ideologicamente) que nunca cobrirá o corpo inteiro: quando se cobre a cabeça, os pés ficam para fora; quando os pés estão cobertos, a cabeça não está. Por isso, é estranho que as pessoas se perguntem: Como é que os mais fortes em termos socioeconômicos são justamente os que podem cobrir a cabeça?!

Será que essas pessoas se esquecem que é precisamente para isso que elas criaram o cobertor? O papel dos exames de acesso em si já serve para criar um suposto limiar acadêmico, que nos estratifica aos 18 anos, decidindo quem são os 50% da população que não são dignos de ter um curso e uma vida acadêmicos.

Para um observador de fora, a situação tem o seguinte aspecto: assim que sobe a média das notas dos exames de acesso, o limiar de entrada na universidade também sobe. Quando a verba for direcionada para aumentar as notas em Yerukam, e as notas subirem, essa verba será descontinuada em Ofakim, e as notas lá cairão (porém, sem qualquer impacto no norte de Tel Aviv). E no dia em que todos passarem nos exames de acesso, as "elites estratificantes" irão garantir que o certificado não tenha mais qualquer validade e confeccionarão um novo cobertor tão curto quanto.

E é preciso gritar que o rei está nu – continuar dando esse enfoque nos exames de acesso apenas continuará perpetuando as lacunas sociais. Jamais porá um fim a elas.

A educação democrática se recusa a participar dessa corrida. É uma corrida perdida, cujo resultado está evidente desde o começo. Por isso, oferecemos uma perspectiva completamente diferente. Mesmo o nono filho de uma família carente, numa cidade remota em desenvolvimento, tem algum talento exclusivo, alguma capacidade incomum, algo novo para contribuir para o mundo. E esse talento pertence a essa pessoa e a mais ninguém. Imagine que seus pais e professores acreditem nisso. Imagine que o estado de Israel acredite nisso e reserve a verba destinada aos exames de acesso para transformar essa crença em realidade.

A "Educação dentro do Quadrado" cria uma sociedade mais igualitária? Há quem diga que a educação estatal uniforme (dentro do quadrado) cria oportunidades iguais para toda a população e ajuda a reduzir as disparidades e promover a mobilidade social. Mas é difícil encontrar qualquer pesquisa cujas descobertas possam apoiar essa afirmação. Em seu livro, *The Limits and Possibilities of Schooling*, Christopher J. Hurn[19] escreve:

> O mais decepcionante é que quase não há provas de que o aumento de possibilidades na educação tenha ajudado a reduzir a desigualdade mais óbvia entre grupos em termos de salário e acesso a profissões mais desejadas... quase não há relatos de que as chances de mobilidade para crianças de baixo *status* econômico tenham aumentado neste século [XX]. Para as classes mais baixas e para os trabalhadores,

há agora mais chances de mandar as crianças para a faculdade, mas esse aumento nas opções educacionais não foi acompanhado por um aumento paralelo em status ocupacional.

Aqui devemos mencionar de novo o que Goleman afirmou em seu livro, *Inteligência Emocional*: há pouquíssima ligação entre sucesso acadêmico no ensino médio e qualquer tipo de sucesso na vida (cf. Capítulo 3).

Nos últimos anos, vi algumas mudanças bastante significativas no sistema educacional, e quase não há estudantes cuja entrada na educação secundária tenha sido impedida por dificuldades econômicas ou por motivos de comunidade, cultura, gênero ou outro. Porém, essas mudanças não culminaram nos resultados esperados. A origem social das crianças e suas condições socioeconômicas ainda determinam seus futuros. Elas fracassam (generalizando, é claro) na competição social, educacional e ocupacional, em relação aos colegas. A principal dúvida é se as escolas são capazes de criar oportunidades iguais ou se a sua função principal não é preservar a desigualdade entre classes e comunidades?

O "canal educacional" estreito, que acompanha nossas crianças nos primeiros anos de vida, serve para criar um filtro pelo qual quem tem poder socioeconômico sempre terá uma grande vantagem na corrida uniforme marcada pelo sistema educacional. Esse é o "canal" criado pelos fortes para os fortes.

A educação democrática, por outro lado, luta para pôr fim ao regime do capital. Ela oferece a possibilidade de parar de tentar desenvolver truques para passar pelo filtro desse canal, para que se possa perguntar, em vez disso, para que isso serve e aonde isso leva, e se a existência de um único canal é uma condição imutável da educação.

A educação democrática se oferece para embasar a educação em muitos e variados canais, que podem ser adaptados pessoalmente para encontrar áreas de força e crescimento pessoais para cada criança. Esses canais porão fim ao monopólio do canal uniforme, para cancelar a preservação do poder nas mãos dos mais favorecidos.

Se o objetivo do sucesso em provas padronizadas (como o teste Meitzav para a escola fundamental e os exames de acesso) for substituído por uma tentativa central de encontrar as áreas de excelência para cada criança, então seria possível ter um sistema socioeducativo que veria essa excelência como a base para o desenvolvimento intelectual e profissional dos cidadãos do futuro numa sociedade democrática igualitária (cf.

DEWEY, no Capítulo 3). Tal sistema garantiria que seu objetivo seria o desenvolvimento da curiosidade e não um teste das capacidades de memória de curto prazo dos estudantes. Esse sistema está dando seus primeiros passos em Bat Yam, Givat Olga e outros lugares.

O sistema educacional israelense, que deveria estar consciente dos perigos dos abismos sociais existentes no país e que tem como seu estandarte a ideia de reduzir essas diferenças, ao longo do tempo só conseguiu perpetuar e até mesmo piorar a situação. Isso se dá por causa da falácia central segundo a qual se deve fazer mais do mesmo (investir mais nas capacidades de competição dentro do quadrado). Uma análise imprecisa dos fatores que causam essas diferenças nos leva a uma versão renovada do mesmo sistema com os mesmos erros – um sistema no qual o estudante vê os seus colegas, ao longo de sua educação formal, como rivais competindo com ele pelos mesmos recursos limitados. O que sugerimos, ao contrário disso, são novas regras para o jogo, que garantam que o principal objetivo seja dar apoio para a busca daquilo que faz com que cada participante seja único.

A visão social

A educação democrática tem uma visão social. Muitos são da opinião que essa visão é uma utopia inatingível, mas acredito que as possibilidades de sua realização estão muito mais próximas do que pensamos. É uma visão de um país democrático que adota os objetivos da educação democrática, um país que será pioneiro entre os países democráticos.

Tentarei articular alguns objetivos inovadores para a realização desse sonho:

1. Educar cada pessoa para que ame a humanidade.
2. Dar oportunidades iguais para cada criança, para permitir que elas se desenvolvam da sua própria maneira e que seja criada uma atmosfera que encoraje e dê apoio ao outro.
3. Desenvolver uma atitude de respeito pelos direitos humanos, por liberdades básicas, por valores democráticos, pela manutenção da lei, pela cultura e pelas visões do outro, e criar uma educação pela paz e tolerância nas relações entre indivíduos e entre nações.
4. Desenvolver a personalidade de cada criança, suas criações e vários talentos, ampliar seus horizontes culturais e expô-las a experiên-

cias artísticas, para que possam atingir seu potencial pleno como pessoas vivendo suas vidas com qualidade e sentido.
5. Reforçar os poderes de julgamento e de pensamento crítico dos estudantes, alimentar a curiosidade intelectual, o pensamento independente e a iniciativa, além de desenvolver a consciência e atenção às mudanças e inovações.
6. Alimentar o envolvimento social, a contribuição à comunidade, a atividade voluntária e a luta pela justiça social.

Para quem não reconheceu os itens desta lista, esses são alguns dos objetivos declarados do sistema educacional israelense (seis dos onze originais) – seis dos objetivos educacionais estabelecidos pela legislação educacional, os "objetivos do como". Os outros cinco são os "objetivos de conteúdo" – os "objetivos do quê" (os quais a educação democrática também aceita, conquanto os outros seis também sejam mantidos enquanto estes são levados a cabo).

Isso surpreende?

O que falta fazer é tentar implementar os objetivos pedagógicos tal como expostos pela nossa legislação educacional. Se assim o fizermos, transformaremos o sistema educacional de Israel num sistema democrático no que ele tem de melhor a oferecer – e, em minha opinião, sua sociedade será a primeira do mundo a aplicar ideias de cultura democrática na educação.

A história nos diz que, no tangente a grandes mudanças, as palavras antecedem os feitos. Em Israel, as palavras que nos dirigem aos objetivos da educação democrática já estão no cerne do sistema educacional público. Os feitos também começaram a ser concretizados, e não apenas nas escolas que usam os termos da educação democrática.

No entanto, como em qualquer processo de mudança que exige uma separação do que é velho e familiar, a mudança é lenta e dolorosa. Acredito que a condição única de Israel deveria encontrar expressão na criação de um sistema educacional distinto do sistema internacional, que dê expressão àquilo que faz com que o país seja único. Porém, se erguermos a bandeira da dignidade humana como um objetivo central do sistema educacional em Israel, servirá como um farol para todo o mundo.

Para minha surpresa, durante minhas visitas a outros países ao redor do mundo, descobri situações semelhantes em que as leis progressistas de educação existiam na teoria, mas não eram implementadas na prática.

O que resta a ser feito é tentar implementar os objetivos da educação conforme eles são formulados pelas leis.

Sinto que o mundo inteiro está esperando que algum país dê o primeiro passo. Um sistema educacional que dê expressão à sua própria singularidade cultural e que, ao mesmo tempo, levante a bandeira da dignidade humana como seu objetivo central pode levar o país que o desenvolva rumo à prosperidade econômica e social, que há de marcar a emergência de uma cultura democrática em funcionamento.

Capítulo 7
A jornada internacional

A rede internacional da educação democrática

Minha jornada pessoal pelo mundo da educação democrática começou, como já foi narrado aqui, com um encontro eletrizante com o livro *Liberdade sem medo*, de A. S. Neill, sobre a Escola Summerhill no Reino Unido. Por muito tempo antes de fundarmos a escola em Hadera, esse livro foi a fonte principal para as ideias que eu havia formado. Após fundar a escola, conheci Danny e Hanna Greenberg, da Escola de Sudbury Valley em Framingham, perto de Boston. Como já mencionei aqui, foi um encontro de sorte, que nos levou a mudanças e novas revelações sobre os nossos esforços educativos em Hadera. Nossas conexões com a Sudbury Valley foram se desenvolvendo e com intercâmbio de delegações de estudantes e professores. Elaboramos alguns pensamentos em comum sobre as ideias fundamentais para a educação democrática, através de uma visão das características que tínhamos em comum entre os nossos métodos, bem como daquelas em que divergíamos.

No meu trabalho na Escola Democrática de Hadera (eu tinha 29 quando ela abriu), às vezes eu me sentia como se estivesse sozinho no mundo, levando centenas de famílias comigo por um caminho desconhecido. Era um sentimento assustador, mas o encontro com as pessoas da Sudbury Valley me animou consideravelmente em relação a isso. Compreendi que havia outras pessoas no mundo que se sentiam como eu me sentia, no tocante ao que estava acontecendo com o sistema educacional conservador. É claro que eu tive esse sentimento antes também, mas a vida cotidiana de gerenciar a escola de Hadera consumia a maior parte do meu tempo. O encontro com Danny e Hanna Greenberg e com Mimsy Sadofsky (fundadores da Escola Sudbury Valley) serviu para levantar o meu astral – eu não estava sozinho. Aqui há pessoas que, durante dezenas de anos, vêm questionando e investigando sobre como educar as crianças que vivem numa sociedade democrática.

Ao mesmo tempo (o começo da década de 1990), muitas mudanças começaram a ocorrer no mundo: a queda do Muro de Berlim, o fim do Comunismo, as novas ideias do governo do presidente norte-americano Bill Clinton, o surgimento da Internet e, em Israel, parecia que poderia enfim haver um processo de paz bem-sucedido. Acredito que não seja por acaso que foi precisamente nessa época que surgiu uma oportunidade que mais tarde compreendi ser o que nos levou a passar por uma mudança fundamental no desenvolvimento de conexões entre pessoas envolvidas com educação democrática em todo o mundo, e, por consequência, levou à primeira conferência internacional de escolas democráticas. Essa foi a reunião que inicialmente criou o vínculo entre escolas que pensavam de forma diferente e procuravam modos mais livres de educar como uma alternativa ao conservadorismo educacional existente. Mais tarde, o uso de termos como "escola democrática" e "educação democrática" ganhou uso corrente fora de Israel também, e a conferência se tornou um catalisador para o Movimento Internacional de Educação Democrática.

O começo do processo foi quando fui abordado (quase por acaso) pelo Ministério da Educação de Israel, e me perguntaram se havia qualquer escola parecida com a Escola de Hadera em algum lugar no mundo. Quando respondi que sim, me pediram para que eu recomendasse figuras centrais no mundo da educação alternativa (naquela época, o termo "Educação Democrática" ainda não era corrente), para convidá-los a dar uma palestra num grande congresso internacional a ser realizado em Jerusalém em 1993, como uma iniciativa do Instituto Adam. O título do congresso era Multiculturalismo na Sociedade Democrática. Aqui havia uma oportunidade para que eu organizasse todas as forças conhecidas daquele período para formar uma conferência internacional sobre o assunto da educação democrática. Todas as pessoas que conheci naquela época responderam ao meu convite e compareceram ao congresso: Danny Greenberg, da Sudbury Valley; David Gribble, fundador da Escola Sands no Reino Unido; Lotte Kreizler de Viena, professora de uma escola alternativa e ativista dos direitos humanos; Jerry Mintz, diretor da AERO, um centro internacional de informação sobre educação alternativa; e Fred Bay, chefe da Bay Foundation, que oferece apoio para a educação alternativa em todo o mundo. Depois do congresso em Jerusalém, passamos para uma conferência secundária na Escola Democrática de Hadera. Para essa conferência, convidei pessoas que trabalhavam na Hadera, estudantes e educadores israelenses que tinham interesse na área. Ao longo de três dias, nós nos sentamos e discutimos assuntos que ocupavam a todos nós: as condições em escolas como a nossa em todo o mundo, o papel das relações internacionais entre as escolas e também questões internas como a relação entre liberdade e limites e o lugar dos pais na escola. Essa breve reunião criou uma necessidade urgente de reuniões futuras, porque ficou bem claro como elas poderiam fortalecer a todos nós. Por volta do final da conferência de Hadera, havíamos decidido realizar uma segunda conferência na Escola Sands do Reino Unido no ano seguinte.

Desde 1994, tem havido duas conferências internacionais distintas por ano que tratam da educação democrática: uma é a conferência anual que apresenta percepções diferentes e variadas sobre a educação democrática no mundo. Essa conferência continua a tradição que começamos em 1993 em Hadera, inicialmente chamada de A Conferência Internacional das Escolas Democráticas, ou a Conferência de Hadera. Na sequência, David Gribble passou a publicar, três vezes por ano, uma *newsletter* que mantinha todos os participantes da conferência atualizados. Mais tarde, em 1997, na quinta conferência, realizada na Escola Sands, dois estudantes, que estavam entre os organizadores, propuseram mudar o nome para Conferência Internacional da Educação Democrática (IDEC, na sigla em inglês). Sua proposta foi aceita, e esse é o nome que a conferência tem até hoje. A segunda conferência é realizada periodicamente na Sudbury Valley, reunindo todas as escolas que operam segundo sua abordagem.

Nas primeiras quatro conferências da IDEC (em Israel, no Reino Unido, na Áustria e depois em Israel de novo), a entrada dos participantes foi gratuita (exceto pelo custo das passagens, alguns dos custos foram reduzidos através de doações). Foram imensos os esforços para organizar a conferência, e eles recaíram sobre os ombros da organização que nos recebeu. Porém, desde a quinta conferência, vem sendo cobrada uma taxa de participação, mantida o mais baixa possível.

O número de participantes da IDEC vem crescendo de ano para ano, de uns 40 no primeiro ano para cerca de 1.600 na nona conferência, que ocorreu no Japão, no ano 2000. Hoje, representantes de cerca de 30 países e 500 escolas participam da IDEC.

A IDEC é atualmente uma das principais conferências no mundo sobre educação alternativa. Ela é realizada todos os anos nas escolas democráticas ou em outras organizações democráticas em todo o mundo (nós nos revezamos de forma igualitária entre todos os continentes), o que também determina o caráter de cada conferência. Até hoje, tivemos conferências realizadas em Israel, Reino Unido, Áustria, Ucrânia, Japão, Nova Zelândia, EUA, Índia, Alemanha, Austrália, Brasil e Canadá.

Ao longo dos anos, a conferência tem desenvolvido padrões característicos: é um lugar para a reunião de professores, estudantes e pais de estudantes em escolas democráticas com acadêmicos e legisladores na área da educação democrática e inovações pedagógicas de todo o mundo. Além disso, a conferência combina discussões e palestras sobre o pensamento democrático com a experiência de vida num *campus* internacional, mantendo um modelo de vida democrático. Na verdade, a conferência costuma ser dividida em duas partes: uma aberta ao público em geral e outra para membros da comunidade de educação democrática em todo o mundo – professores, pais e estudantes que conduzem um *campus* internacional onde as atividades teóricas e práticas se passam dentro de um modelo de escola democrática.

Fiquei muito comovido quando Zoë, a diretora da Summerhill e filha de A. S. Neill, decidiu sediar a IDEC em 1999. Sua decisão foi parte da luta da Summerhill contra a decisão do Ministério da Educação do Reino Unido de fechar a escola. A conferência mobilizou gente no mundo inteiro para dar apoio a essa luta, e, no fim, após uma longa batalha, a Suprema Corte da Inglaterra suspendeu a decisão do Ministério da Educação e pronunciou que a Summerhill era uma das escolas-líder do sistema educacional britânico. Para mim, isso foi o fechamento de um ciclo – ver como a IDEC se tornou, logo na Summerhill, de todos os lugares possíveis, um movimento internacional capaz de ajudar seus membros em todo o mundo.

Ao acompanharem essas conferências e suas publicações no mundo inteiro, muitas escolas mudaram sua definição. As escolas que anteriormente costumavam se definir como "abertas" ou "alternativas" mudaram seus nomes, adotando a perspectiva democrática. A mudança dos nomes era significativa, porque a linguagem pode determinar novos conteúdos e modos de pensar. O uso do conceito "Educação Democrática" permitiu um modelo mais claro para pensarmos sobre a estrutura e a gestão da escola, em oposição ao discurso educacional que tem um termo ambíguo como "livre" ou "aberto" em seu centro. O "democrático" é um conceito discutido e pesquisado em várias áreas, e aponta para a relevância da pessoa, individualmente, como parte da comunidade e do ambiente onde ela vive, indicando uma estrutura fixa de vida cooperativa.

A pergunta central da educação democrática é: Qual a educação correta para um indivíduo de uma sociedade?

Essa pergunta nos leva a um campo novo e amplo, em que não somos os únicos agentes, pois ele inclui educadores, sociólogos, economistas, ambientalistas e outros. E no festival que foi essa reunião interdisciplinar, podemos contribuir e nos beneficiar.

É claro que, quando falamos em educação democrática, não estamos nos referindo apenas à reprodução de processos democráticos na escola, mas, antes de tudo, à essência da democracia que se expressa na garantia dos direitos humanos. O principal benefício de se mudar o nome é mudar o discurso do campo do "alternativo", que é relativamente distante, para a principal encruzilhada na qual a educação encontra questões sociais, economia, cultura e outros componentes da sociedade em que vivemos. Ali, nessas interseções, a educação democrática tem aos poucos se tornado um agente importante e influente. Ela indica a necessidade de se conduzir a cultura democrática dentro do quadro dos países democráticos existentes, uma necessidade que nos força a pensar na educação desde a sua base, a partir de um ponto de vista democrático.

Além da mudança do nome, vemos como as conferências internacionais de educação democrática criaram, ao longo dos anos, um encontro entre pessoas, ideias e iniciativas que superaram os limites da educação livre ou alternativa.

As conferências da IDEC continuam rodando o mundo, gradualmente atraindo mais e mais modelos pedagógicos alternativos e escolas públicas comuns, que estão descobrindo o mundo da educação democrática. Além disso, como consequência das conferências internacionais, há conferências regionais que também começaram a ser organizadas para encorajar a exposição a essas ideias. No verão de 2008, a primeira Conferência de Educação Democrática da Europa (EUDEC na sigla em inglês) foi organizada. Houve reuniões regionais, em paralelo, também na Ásia e no Pacífico. Outras escolas em todo o mundo que não puderam participar das conferências internacionais estão implementando essas mesmas ideias em alguma medida, e espero poder criar vínculos com elas também no futuro.

Para o observador externo, a linha em comum que amarra as várias escolas que vêm até a IDEC não fica sempre clara. Uma educadora norte-americana, uma mulher por quem tenho um imenso respeito, me disse que não viria a uma conferência, porque muitos dos participantes não pensam como ela. Respondi que esse era precisamente o motivo que me trazia à conferência, ano após ano. Durante a maior parte do ano, eu trabalho e lido com pessoas que pensam como eu, todos nós presos nas fórmulas que criamos. A IDEC me oferece uma oportunidade para encontrar outras opiniões e repensar tudo que eu tinha como certo. Lá, aprendi quais foram meus maiores erros. Em minha opinião, o que todas as pessoas que vêm para a IDEC têm em comum é a tentativa de implementar os direitos humanos por meio de vários modelos, usando as ferramentas democráticas.

Embora os meios de implementação sejam muitos e variados, tentarei apresentar uma imagem atualizada do que está acontecendo no mundo.

Na Ásia

Japão

O primeiro país asiático a sediar a IDEC foi o Japão, no ano 2000. Não foi por acaso que o Japão foi o primeiro – o país tem uma longa tradição de mandar seus estudantes para virem estudar no Ocidente, sobretudo dentro da cultura do mundo anglófono. Muitos estudantes vieram do Japão ao longo dos anos para estudar na Summerhill, e assim, aos poucos, a educação livre-democrática chegou ao Japão.

Nas décadas de 1960 e 1970, começaram a surgir modelos de educação livre no Japão. A princípio, esses modelos eram esparsos, mas na década de 1990 o sistema de educação democrática começou a crescer depressa, e agora há cerca de 40 escolas no país. O sistema de educação democrática do Japão se concentra principalmente nas crianças definidas como "as que rejeitam a escola", que foram expulsas no ensino médio e estão impedidas de ir à universidade. Dentro do modelo do sistema educacional padrão, um fracasso acadêmico desse tipo é considerado um fracasso na vida, e pode acarretar o suicídio do estudante, por causa da vergonha que ele traz à família. Ao se estabelecer uma grande rede de escolas democráticas, o sistema de educação democrática oferece a esses estudantes a possibilidade de se realizarem em campos não acadêmicos. Nos últimos anos, até uma universidade democrática foi fundada (a Tokio Shure), o que é um marco significativo na jornada da educação democrática rumo ao mundo acadêmico. A universidade é chefiada por Kageki Asakura, uma pessoa calorosa e corajosa, e é parte da Rede Shure de Escolas Democráticas, de Keiko Okuchi. No modelo japonês, cada estudante escolhe se especializar numa área que lhe interesse, com o acompanhamento de um mentor voluntário (um especialista de alto nível nessa área). No final do processo de aprendizagem, o mentor dá ao estudante uma carta de recomendação com a qual ele pode começar a trabalhar nas escolas existentes na região ou numa empresa que ele próprio desenvolva.

Ao mesmo tempo, na Universidade Shure, há diversas atividades que exigem uma variedade de aptidões. Há, por exemplo, um projeto anual para a construção de um carro movido à energia solar, o que envolve uma equipe multidisciplinar de estudantes. Um é especialista em mecânica, outro em design, e outro em marketing. Cada estudante é ligado ao projeto de acordo com sua área de especialidade. No momento, os primeiros formandos da Shure estão indo de encontro ao mundo, e a universidade começou a pensar em criar um modelo de comunidade que ligue todos os estudantes atuais e ex-estudantes, para oferecer-lhes apoio. Como dissemos, a conferência da IDEC no Japão foi considerada a maior que já tivemos. Nesse quadro, a maioria dos envolvidos com educação democrática no ocidente foi exposta a uma variedade surpreendente de atividades de educação democrática na Ásia, em geral, e no Japão, em particular.

Coreia

Na Coreia, foi formada uma grande rede de mais de 100 escolas alternativas, das quais metade opera com uma abordagem democrática. Algumas são para estudantes que saíram de escolas comuns, enquanto outras são escolas comuns que criaram caminhos alternativos para o sucesso. Essa grande responsividade deriva do fato de que o caminho convencional para os estudos na Coreia é muito intenso e competitivo. A conferência de 2009 da IDEC foi sediada na Coreia.

Índia

Na Índia, a conferência da IDEC foi sediada em 2004. Foi organizada por Amukta Mahapatra, a diretora da Abacus, uma escola do método Montessori. A Srª. Mahapatra fundou uma organização chamada The Concerned for Working Children (CWC) e como consequência começou a se interessar pela educação democrática. Na conferência, nós (os participantes democráticos) descobrimos a educação democrático-social ativa, que crescia rapidamente em toda a Índia, um fenômeno generalizado diferente de tudo que já tínhamos visto em outros países. A abordagem que caracterizava a maioria das iniciativas apresentadas na conferência foi o uso de ferramentas de aprendizado pluralista e processos de gestão democrática.

A questão central que ocupa os educadores da Índia é como desenvolver um sistema educacional que seja ativo e relevante para crianças de rua e que trabalham (eles estimam que haja 100 milhões de crianças nessas condições no país), que não vêm de escolas já existentes, a maioria das quais funcionam dentro da estrutura inglesa conservadora. Os educadores chegaram à conclusão de que, para que a escola seja relevante para essas crianças, ela deve lidar com assuntos relacionados à sua sobrevivência, como comércio, economia e ofícios diversos, em vez de ensinar latim, por exemplo. Portanto, os educadores democráticos da Índia começaram a aplicar modelos de escola que possibilitassem às crianças que elas escolhessem matérias próximas da sua realidade. Recentemente, eles notaram que as crianças mais novas preferem aprender com as mais velhas. Lá se fala em professores-tutores de 16, 17 anos, que trabalham com crianças mais novas, que determinam as matérias juntos. Vários modelos foram apresentados na conferência, nos quais as crianças estão envolvidas no processo de tomar decisões e na proteção dos direitos das crianças que trabalham em suas áreas. Num desses modelos (chamado "Borboleta"), as crianças administram um "banco da rua", cujo propósito é ajudar as crianças que trabalham a poupar e a proteger seu dinheiro.

Tailândia

Na Tailândia, Neo Saowanee Sangkara e Jim Connor fundaram um dos centros de educação democrática mais fascinantes do mundo – o orfanato Whispering Seed –, que se fundamenta nos princípios de educação democrática e sustentabilidade. Além disso, o lugar é um centro para treinamento em serviços em prol da educação democrática e do pensamento ecológico, tanto para estudantes quanto para professores de todo o mundo.

Em nossas visitas a várias conferências da IDEC, aprendemos que diversas escolas democráticas também foram estabelecidas no Nepal, Hong Kong, Taiwan e outros países na Ásia.

No Pacífico

Nova Zelândia

A IDEC 2002 foi sediada em Christchurch, a maior cidade da Ilha Sul da Nova Zelândia. Essa conferência foi uma verdadeira comemoração e serviu para dar um imenso apoio à abordagem democrática na Austrália e na Nova Zelândia. A maioria das escolas livres na Nova Zelândia, fundadas na década de 1960, fechou. As últimas duas escolas que sobraram foram Tamariki em Christchurch e a escola Motueka Mountain Valley, em Motueka.

Tamariki é hoje a principal escola democrática da Nova Zelândia. Ela é considerada uma escola pública integradora, subsidiada em sua maior parte pelo Estado. Durante 32 anos, até 2004, a diretora foi a Srª Pat Edwards, uma pioneira na educação democrática na ilha. Ela e os representantes da sua escola visitaram escolas em todo o mundo e estão entre os principais pioneiros em disseminar a mensagem da educação democrática.

Em 2004, eu tive o privilégio de ajudar um grupo inovador a estabelecer o Instituto de Educação Democrática Aotearoa (IDEA) ("Aotearoa" é o nome do país em maori). Hoje eles participam da abertura de escolas inovadoras em toda a ilha. Capitaneando esse processo de inovação pedagógica estava Vicki Buck, ex-prefeita de Christchurch, uma pessoa inovadora e empreendedora por natureza. Ela havia iniciado a fundação de duas escolas em Christchurch, a escola fundamental Discovery 1 e a Unlimited Penga Tawhiti (UPT), para o ensino médio.

Vicki enxerga isso como apenas o começo de uma inovação pedagógica na Nova Zelândia, e de lá para todo o mundo. Essas escolas não se denominam democráticas, mas, na minha opinião, elas implementam a maioria dos princípios da educação democrática, como os programas de aprendizado individuais e o uso da cidade e suas muitas instituições como um grande recurso educativo. Os professores dessas escolas ocasionalmente frequentam a IDEC.

Austrália

Em 2006, a Austrália sediou a IDEC. A maioria das escolas alternativas de lá está em funcionamento desde a década de 1960. A AAPAE, uma rede de 14 escolas, é a principal organização que trabalha com educação alternativa no continente, chefiada por Cecelia Bradley, uma mulher corajosa e impressionante que guiou o movimento por muitos anos. No presente, muitos outros grupos estão se interessando pela implementação de princípios de educação democrática, e escolas inovadoras vêm sendo abertas em toda a Austrália.

Na Europa

O número de escolas democráticas fundadas no começo da década de 1990 foi pequeno, mas nos últimos anos pôde-se observar um grande despertar. Como mencionei, em 2008 a primeira EUDEC (European Democratic Education Conference) foi sediada em Leipzig, na Alemanha, destinada apenas a países europeus.

Vemos esse novo despertar, sobretudo, no Leste Europeu, onde a mudança política trouxe investigações interessantes na área da educação.

Leste Europeu

Rússia

O colapso da União Soviética em 1991 foi um momento-chave para a aparição de "novas escolas" inovadoras. Os educadores pioneiros da Rússia enxergaram, no começo da década de 1990, uma grande janela de oportunidades que se abria, e por isso muitos sonhos até então reprimidos começaram a se tornar realidade. Isso se deu principalmente porque a mudança revolucionária na cena política deixou um vácuo organizacional temporário que criou uma plataforma para o desenvolvimento de novas ideias educacionais. Hoje, com a reorganização do sistema russo, as opções são limitadas. Porém, as bases revolucionárias criadas no começo da década de 1990 ainda servem de ponto de partida para que as inovações estabelecidas se desenvolvam hoje dentro das escolas públicas. Grande parte dessas escolas inovadoras vem lidando nos últimos anos com a questão da natureza do cidadão num país democrático e com modos de se educar para a democracia. Uma dessas escolas é a Escola da Autodeterminação (Школа самоопределения) em Moscou, fundada por Alexander Tubelsky, um educador pioneiro, com cerca de 1.200 estudantes. Esse modelo fascinante combina cultura russa e educação democrática. Numa conversa que tivemos antes de seu falecimento em 2006, Alexander Tubelsky me falou sobre uma rede de escolas democráticas que estava em desenvolvimento na Rússia.

Outro caso interessante é o da Escola Internacional de Cinema de Moscou (Московская Международная Киношкола), na qual grupos de estudantes e professores escolhem todo ano vários projetos ao redor do mundo, estudam os temas, arrecadam fundos e os utilizam para passar um mês no local que consideram relevante. Cada projeto é filmado como um documentário. Por exemplo, um dos grupos fez um filme de uma pessoa que está envolvida em reconstruir a cultura nativa dos indígenas canadenses. Outro grupo viajou até a China e documentou uma pesquisa sobre métodos de tratamento da hiperatividade. Por volta de 2008, grupos da escola haviam visitado 15 países em todo o mundo. Além disso, a cada ano a escola organiza uma conferência internacional, na qual representantes de escolas de cinema de todo o mundo e criadores de várias áreas podem se encontrar. Nessa escola, descobri um mundo mágico de relações próximas entre professores e estudantes, e grandes poderes de criatividade, alimentados pela experiência comprovada e pela crença de que é possível ser líder desses processos no mundo, mesmo daqueles que parecem impossíveis à luz dos parcos recursos à disposição da escola.

Recentemente na Rússia, foi estabelecida uma rede de escolas do futuro, que demonstra muito interesse em promover as ideias da educação democrática e da "cidade educadora". Seus estudantes estão ativamente envolvidos e desenvolvem parcerias para a liderança de processos democráticos dentro dos sistemas públicos.

Em quase todos os países do Leste Europeu, testemunhamos um grande interesse em promover o conceito de uma educação democrática e na fundação de grupos de estudo. Aqui devemos mencionar a IDEC de 1998, que foi sediada em Kiev, na Ucrânia, além de uma conferência fascinante sobre educação democrática que ocorreu em Lodz, na Polônia, em 2007. Embora o número de escolas envolvidas de verdade seja ainda pequeno, o interesse no Leste Europeu está em constante crescimento, e sempre ouvimos, com grande empolgação, notícias de novos grupos que surgem.

Europa Ocidental

Na Europa Ocidental, o país de maior destaque é a Holanda, onde cerca de 20 escolas democráticas de vários tipos foram fundadas nos últimos anos. Tais escolas são reconhecidas como escolas públicas.

Também nos países da Escandinávia testemunhamos o surgimento de escolas democráticas parcial ou totalmente financiadas pelo governo. Devemos mencionar que muitas escolas comuns na Escandinávia também estão passando por processos de democratização.

Alemanha

A IDEC 2005 foi sediada na Alemanha, sob os auspícios da Krätzä, a organização dos direitos das crianças da Netzwerk Spiel/Kultur, que atua em Berlim e em toda a Alemanha. Há cerca de 50 "escolas abertas" lá (uma "escola aberta" é, por natureza, uma escola particular pequena), algumas das quais trabalham com "abordagens livres", como sobreviventes da grande onda de escolas livres em funcionamento na Alemanha das décadas de 1960 e 1970. Ao mesmo tempo, grupos de jovens ativistas e iniciadores sociais também vêm demonstrando interesse na educação democrática e em fundar escolas democráticas em Berlim (Krätzä), Leipzig e outras cidades.

Arno Langue trabalha na cidade de Jena na Alemanha Oriental e gerencia um centro surpreendente de educação alternativa (numa cidade de 100.000 residentes, há cinco escolas alternativas). Arno formou vínculos com a AWO, uma organização de defesa dos direitos dos trabalhadores, e juntos eles fundaram lá a primeira escola democrática. Eles têm planos de expandir e estabelecer uma rede de escolas democráticas e um programa nacional de treinamento de professores em cooperação com o Instituto de Educação Democrática em Israel.

Uma discussão pública profunda vem se desenvolvendo na Alemanha acerca de seu sistema educativo hierárquico e segregado, em cujo modelo a criança deve escolher um caminho pedagógico definido (acadêmico, vocacional, etc.) numa idade muito precoce, o que acaba por privá-la de oportunidades de crescimento e mudança ainda na infância. Todos os sinais indicam que há uma revolução sendo incubada no momento e que pode servir como uma grande oportunidade para educadores democráticos.

Condições semelhantes existem na Áustria, que sediou a terceira conferência da IDEC.

Espanha

Ao lado de várias escolas alternativas fundadas no século XX, temos hoje o começo de um interesse pela área da Educação Democrática. Nos últimos anos, temos tido participantes espanhóis nas conferências da IDEC e estou ciente de uma tentativa para fundar a primeira escola democrática do país em Barcelona.

Itália

Educadores italianos vieram à IDEC principalmente da escola chefiada por Francesco Codello, um diretor e educador extraordinário, que leva os seus professores para *tours* pedagógicos em todo o mundo, para que vejam vários modelos de educação democrática.

As conferências da IDEC também contaram com participantes da França, representantes de duas escolas: a primeira, a LAP em Paris, e a segunda em St. Nazaire.

Na Turquia, até o momento não há nenhuma escola democrática, mas já tivemos duas conferências na região, e há um interesse considerável entre acadêmicos e ativistas sociais.

O Reino Unido

No Reino Unido, a situação parece estática. Summerhill está agora no momento do seu mais pleno desabrochar desde que foi fundada. A escola tem uns 100 estudantes e continua sendo a escola alternativa mais famosa do Reino Unido e, talvez, do mundo. Em 2008, foi filmada uma série de TV sobre a escola pela BBC. Em algumas de minhas conversas com Zoë Redhead, a filha de A. S. Neill e diretora da Summerhill hoje, ela expressou a sua compreensão da posição especial da Summerhill no mundo atualmente e me disse que está disposta a aproveitar esse *status* especial de qualquer modo que for possível para promover o movimento da educação democrática no mundo.

Em 1987, a escola Sands foi fundada no sul da Inglaterra por um grupo de educadores ingleses, entre eles, professores que acabaram prejudicados pelo fechamento da escola de Dartington, que foi fundada em 1922 e era a principal escola liberal do Reino Unido. A Sands foi uma das primeiras escolas a participar das conferências da IDEC.

O Reino Unido tem um movimento relativamente grande de educação domiciliar e de escolas pequenas, e nos últimos anos vem demonstrando interesse nas ideias da educação democrática.

Processos de democratização em escolas públicas também andam ganhando espaço no Reino Unido, sob os auspícios da educação democrática. Nos anos mais recentes, estudantes e professores da Summerhill também andaram envolvidos em processos de transformação em escolas públicas e particulares do Reino Unido.

Na América do Norte

Estados Unidos

O movimento é grande, mas seus limites, vagos. Em 2004, a primeira conferência da IDEC nos EUA foi sediada em Albany, Nova York, pela AERO. Desde então, há uma conferência da AERO a cada ano, que é considerada como um ponto de encontro para toda a educação alternativa dos EUA – um ponto de encontro, na verdade, para todos os envolvidos com educação democrática nos EUA e no Canadá. Além disso, como já mencionei, desde 1995 temos organizado a Conferência da Sudbury Valley, que une todas as escolas que pertencem ao ramo. É interessante notar que, apesar do grande número de escolas democráticas nos EUA (cerca de 100), a maioria delas é particular e conta com poucos estudantes.

Paralelamente, muitas redes de escolas diferentes foram desenvolvidas nos EUA, dentro do modelo da educação pública. Podemos encontrar em algumas delas as ideias da educação democrática por inteiro ou em partes, além de novas criações de modelos pedagógicos. Um exemplo é a The Big Picture Company. Essa rede de escolas, chefiada por Dennis Littky e Elliot Washor, tem se desenvolvido rapidamente em todo o país, fazendo uso de um modelo escolar baseado nos pontos fortes de cada estudante e suas áreas de interesse. Os estudantes escolhem suas áreas de interesse e duas vezes por semana estudam fora da escola, na comunidade, guiados por profissionais em suas áreas escolhidas. Essa rede, junto com outras redes de escolas públicas, está participando da revolução geral das "escolas pequenas" que se observa hoje nos EUA.

Em minha opinião, o maior desafio diante dos educadores dos EUA é tentar criar escolas democráticas que sejam reconhecidas pelo Estado como escolas públicas.

Canadá

No Canadá, há cerca de 10 escolas democráticas, a de maior destaque sendo a Windsor House em Vancouver, fundada por Helen Hughes, que conta com uns 170 estudantes entre 4 e 18 anos. A IDEC 2008 foi sediada lá. Na conferência, que foi organizada por estudantes e ex-estudantes da escola, pais voluntários e professores, a atmosfera estava agradável e dava para sentir a boa vontade geral da escola. Recentemente, a Windsor House foi bem-sucedida em sua luta por reconhecimento como escola pública no Canadá.

Outra figura central no Canadá é Matt Hern, que tem um centro chamado Purple Thistle, que serve como uma alternativa à escola. Crianças de todas as idades, mas em sua maior parte jovens, são convidadas a promover vários tipos de projetos, participando na gestão do lugar e integrando uma comunidade alternativa. Ao mesmo tempo, Matt é também um acadêmico e publicou vários livros importantes na área de educação alternativa (dos quais o último foi *Everywhere, All the Time: A New Deschooling*).

Na América Latina

Nesse continente também está havendo um despertar, cujo centro se encontra no Brasil. A IDEC 2007 foi em São Paulo, e foi um evento crucial num processo que começou a ter relevância em todo o continente.

Brasil

Até onde tenho notícias, no tocante ao pano de fundo histórico da educação alternativa na América do Sul, a educação democrática no Brasil começou em 2002, com a fundação da escola democrática Lumiar em São Paulo. Essa empreitada foi o resultado de uma parceria interessante entre o industrial Ricardo Semler, presidente da Semco, que opera segundo princípios democráticos, e Helena Singer, uma educadora líder na área de educação democrática no Brasil. Junto com a escola, os dois fundaram o Instituto Lumiar.

O instituto Lumiar ajuda a fundar escolas democráticas em todo o estado, além de liderar processos de democratização em escolas comuns. Uma das atividades mais significativas do Instituto foi o intercâmbio de educadores de cerca de 85 escolas de espírito democrático às margens do rio Amazonas (uma história que, por si só, já dava um livro).

Um dos muitos programas aos quais fomos expostos na conferência se chama a Cidade Escola Aprendiz. Visitamos a região em que essa organização funciona em São Paulo e ficamos maravilhados. A rua inteira, incluindo lojas, restaurantes, locais de trabalho, galerias de arte, um circo e instalações esportivas, tudo se tornou parte da organização.

Escolas democráticas também foram fundadas na Colômbia, Honduras e outros países da América do Sul, e há tentativas de começar processos de democratização no México, no Uruguai, na Argentina e no Chile.

África

A Sr.ª Sharon Caldwell administra a Escola Nahoon Montessori, que funciona de acordo com o método Montessori, e tenta combiná-lo com ideias da educação democrática. Recentemente, recebemos várias inscrições de educadores africanos com interesse nessa área.

No Mundo Árabe

Já tivemos participações em conferências da IDEC de representantes da palestina Hope Flowers School em Belém. A expansão de nossa atividade no mundo árabe é um dos maiores desafios diante da educação democrática.

A Grande Dança

Nos últimos 20 anos, a maioria dos países do Ocidente aprovou leis sobre o tema dos direitos das crianças e dos estudantes. Ao mesmo tempo, há uma ampla discussão aberta sobre a questão da educação num mundo democrático. A educação democrática, que já foi isolada e era domínio das escolas particulares, tem chegado mais perto da educação pública e se ocupado de públicos mais amplos e variados. Isso se dá, entre outros motivos, porque serve como uma boa base para desenvolver modelos funcionais de aprendizado contínuo (*Lifelong Learning*). Num mundo de mudanças rápidas, o aprendizado pluralista serve como uma boa plataforma para relevância e inovação.

Recentemente, testemunhamos a aparição de "centros de inovação democrática", que criam conexões entre as organizações educacionais, públicas, industriais, culturais e acadêmicas (Ricardo Semler no Brasil, Dennis Littky e Elliot Washor no MET nos EUA, Vicki Buck na Nova Zelândia e o Instituto de Educação Democrática em Israel).

    Calculo que a cena internacional ainda esteja em suas etapas iniciais. Os pioneiros da educação democrática estão numa posição minoritária e desfavorável na maior parte dos países do mundo, mas os encontros internacionais poderiam criar um grupo de apoio e servir como um grande trampolim para o desenvolvimento de ideias sobre educação democrática. O encontro com o outro é um dos princípios importantes da educação democrática, e eu gosto de chamá-lo de "A Grande Dança". A direção desses desenvolvimentos futuros consiste em redes internacionais que se conectam entre "centros de inovação democrática", em cujo sistema os estudantes podem escolher escolas em lugares diferentes ao redor do mundo (tanto reais quanto virtuais), e vivenciar, à sua escolha, o estudo de disciplinas e temas que lhes interessem. Adultos que trabalham nesses centros de inovação, seja como educadores, criadores ou acadêmicos, também podem treinar ou trabalhar em outros centros ao redor do mundo.

    Outro desenvolvimento que prevejo é a fundação de centros acadêmicos alternativos (no estilo da "Incubadora" do Instituto de Educação Democrática em Israel e da Universidade Shure no Japão), ao lado dos centros de "inovação democrática", que lidam com filosofia pedagógica e outros temas da aprendizagem pluralista e suas iniciativas de inovação democrática. Nesses centros, pode-se obter treinamento profissional no mais alto nível internacional. Por exemplo, um estudante (seja ele diplomado por uma escola democrática, ou uma pessoa interessada numa mudança de carreira ou qualquer outra pessoa) pode estudar visando obter um diploma acadêmico ou vários outros tipos de certificado. Os estudos funcionam assim: o estudante mora e faz um estágio em várias partes do mundo, a serem escolhidas de acordo com as áreas em que o estudante deseja se especializar (seria possível estudar cada semestre num lugar diferente). Um encontro desses, com diferentes culturas e visões de mundo, pode abrir caminho para um multiculturalismo verdadeiro, que mudaria o modo como as pessoas se veem, sem a visão distorcida dos estereótipos culturais. Desse modo, uma rede de apoio seria criada para iniciativas futuras de modelos funcionais para a "cultura democrática" (cf. Capítulo 3).

A terceira onda – oportunidades e perigos

O despertar que descrevi até o momento, que vem ocorrendo ao longo dos últimos anos em Israel e no mundo, é a terceira onda da abertura da educação que se pode identificar nos últimos 100 anos. A primeira onda veio na década de 1920, centrada na Europa. Nela, houve palavras-chave que se destacaram, como "educação progressista" e "a nova educação". A segunda onda veio nos anos 1960 e 1970, centrada nos EUA. Suas palavras-chave principais eram a "educação livre" e a "educação aberta". A onda do presente começou no princípio da década de 1990, de forma simultânea em todo o mundo, e suas palavras-chave centrais são "educação democrática".

Cada uma dessas ondas anteriores teve uma influência sobre a educação pública, que gradualmente foi aumentando a quantidade de liberdade concedida no sistema educacional, tanto aos estudantes quanto aos professores. Uma olhada rápida pelos livros que descrevem o sistema educacional de 100 anos atrás ilustra o longo caminho pelo qual a educação e a sociedade passaram rumo à democratização.

Nesse contexto, duas questões principais ocupam minha mente. A primeira: de que modo esta onda diferente das anteriores? E a segunda: estamos na crista de uma onda que vem e passa, ou no começo de uma mudança fundamental no sistema da educação e na sociedade como um todo?

Sobre a primeira pergunta: as primeiras ondas agiram como uma reação ao conceito da "escola industrial", que começou a operar e ganhar poder no começo do século XX (cf. Capítulo 1). A onda do presente tem uma diferença fundamental, no sentido de que ela fundamenta-se menos na crítica às "velhas ideias na educação" (esse papel tem sido preenchido com sucesso pelos educadores que trabalham dentro desse modelo, bem como pesquisadores acadêmicos e pais insatisfeitos) do que em motivações mais positivas, numa tentativa de responder à pergunta: "Qual sistema educacional é mais capaz de servir a uma sociedade democrática?"; "Como a educação pode garantir a existência futura do mundo?"; ou "Como podemos implementar as ideias da democracia e dos direitos humanos no sistema educacional também?".

Na segunda onda, o enfoque da revolução foi dado à criança. Hoje, na educação democrática, o foco é na relação entre a criança e o adulto, que funciona dentro e fora do sistema, e nas ideias do aprendizado contínuo (cf. Capítulo 5). O conceito do indivíduo como parte da sociedade leva à criação de um ambiente pedagógico que também se vincula ao sistema público, de um modo que dê uma resposta singular para cada criança.

Quanto à segunda pergunta: as duas primeiras ondas existiam em paralelo com o surgimento de escolas públicas no mundo inteiro. Essa onda cresceu e se fortaleceu de um modo impressionante nos últimos 100 anos. A partir do começo do século XXI, observamos a queda e talvez o colapso do sistema de educação pública. A crise encontra expressão nos estudos de pesquisa acadêmica e em várias comissões de todo o mundo, cujas conclusões indicam que o velho sistema educacional não funciona mais e não é mais relevante para nossa era, para o nosso período altamente mutável e o ritmo acelerado em que vivemos, nem para os desafios que se apresentam diante da sociedade e da cultura de hoje.

O encontro entre esse abismo e o fato de a onda da educação democrática estar ganhando importância serve como uma oportunidade extraordinária. Essa situação é inédita e indica que não estamos no meio de uma onda que passa, mas sim num processo de mudança de etapa ou salto quântico. Se houve, durante o século XIX, um período de "ideias democráticas", como nos EUA, onde havia democracia e igualdade, exceto para mulheres ou negros, e no século XX vimos a emergência de governos democráticos que utilizam procedimentos da democracia, mas que continuaram mantendo "culturas antidemocráticas", é possível que surja uma oportunidade no século XXI para um salto quântico que será o arauto da "cultura democrática" (cf. Capítulo 3 em diante).

A emergência da cultura democrática

Uma cultura democrática é uma cultura que ajuda cada indivíduo a expressar aquilo que faz com que ele seja singular dentro da comunidade. Essa é a base dos princípios de direitos humanos e de sustentabilidade em vários ambientes.

Ela tem dois componentes:

O primeiro: o compromisso com a sociedade para a criação de possibilidades, modelos e recursos capazes de ajudar cada indivíduo a descobrir e a desenvolver aquilo que faz com que ele seja singular e o expresse na comunidade onde vive.

O segundo: a adesão de princípios: o compromisso com a cultura democrática significa assumir a posição do ativista. O cidadão comprometido com a democracia pode ser convocado para lutar pelos seus direitos, os direitos daqueles ao seu redor e dos indivíduos e sociedades em todo o mundo.

A cultura democrática encoraja os cidadãos para o compromisso ativo do avanço de valores sociais como igualdade, liberdade e responsabilidade social, bem como uma postura ativa que apoie a implementação dos direitos humanos. Um indivíduo que adote os princípios da cultura democrática irá apoiar a coordenação entre pessoas diferentes e levá-la adiante, lutando pelas possibilidades variadas da vida humana, enquanto mantém um diálogo intra e intercultural.

A cultura democrática se desenvolve em etapas:

A etapa individual – o objetivo é a autorrealização de cada indivíduo da sociedade. Um indivíduo que tenha conquistado um grau significativo de sucesso é capaz de ver a importância do avanço do outro. Por isso, é importante que essa etapa ocorra já no começo da infância.

A etapa interpessoal – o apoio ao crescimento do outro. Isso significa que um diálogo interpessoal é o melhor modo e a melhor atmosfera para o crescimento pessoal e para resolver conflitos interpessoais e interculturais.

A etapa social-comunitária – a criação de sistemas que dão apoio à existência da cultura democrática na comunidade em que vivemos.

A quarta etapa – a responsabilidade ativa assumida nas áreas de direitos humanos e meio ambiente, que são relevantes para o futuro de todos os habitantes da Terra. Considerar toda a humanidade, toda a Terra, bem como todas suas características físicas, flora e fauna, como uma unidade única com interesses partilhados, uma unidade cuja proteção é responsabilidade de todas as pessoas que vivem nela.

Condições para o sucesso

As ondas diferentes, no passado e no futuro, derivavam de fortes necessidades sociais (na primeira onda, uma reação ao fim da Primeira

Guerra Mundial e ao crescimento do socialismo na Europa; na segunda onda, a luta pelos direitos civis nos EUA e a oposição à Guerra do Vietnã; e nesta onda, a expansão da democratização e a revolução da informação em todo o mundo).

Se estudarmos de forma aprofundada a história da educação no mundo, poderemos descobrir que o colapso das duas primeiras ondas não partiu de fatores externos, mas, sobretudo, de lutas internas e "águas turvas" no mundo dos adultos que estavam liderando os processos.

Para que a terceira onda possa nos levar ao porto seguro da emergência de uma cultura democrática, várias mudanças precisam ocorrer nos vários sistemas democráticos em todos os seus componentes:

1. O reconhecimento de que o outro – mesmo que não seja uma criança – é uma oportunidade para crescimento

Muitos dos envolvidos com educação democrática fazem esforços imensos para convencer os adultos a reconhecer cada criança como um indivíduo único e a enxergar o encontro com o outro como uma oportunidade para crescimento. Porém, essas mesmas pessoas têm muita dificuldade para aceitar um adulto que tenha opiniões diferentes. Muitos se envolvem em disputas amargas para provar que têm razão e que o outro está errado. Aprendemos que desenvolver o diálogo com o outro é possível e, mais do que isso ainda, influencia o crescimento.

2. Reconhecimento de que a verdade provavelmente não está "no nosso bolso"

O "dono da verdade" não tem para onde crescer. A habilidade criativa não vinga num ambiente de completo conhecimento. A partir da minha experiência, quanto mais aberto e honesto for o diálogo que eu conseguir gerar com as pessoas que pareciam distantes de mim, sem intenções de provar que estou certo, mais eu cresço e possibilito o crescimento.

3. O reconhecimento do fato de que o outro às vezes é chamado de "o establishment" e que há também outras pessoas dentro do establishment

Com muita frequência, o *establishment* é um anátema aos olhos das pessoas que trabalham com educação alternativa. Censurar e lutar contra o *establishment* esgota o combustível e as energias da nossa criatividade. Aos poucos, descobri que é possível criar diálogo com o *establishment* que seja direto e possibilite o crescimento. Nós já pudemos conduzir e ainda conduzimos um diálogo constante e frutífero com muitos dos Ministros da Educação de Israel. Conduzimos experimentos em cooperação com vários departamentos do Ministério da Educação, tais como o Departamento Experimental: a Unidade de Educação Democrática; a Administração de Educação Moral; ou o Avanço da Juventude, bem como experimentos no campo acadêmico com o Kibbutzim College of Education. Ao longo desses experimentos, tive contato com pessoas maravilhosas, que viram uma oportunidade em seu encontro conosco. Nenhuma das organizações que mencionei acima adotou por completo a perspectiva da educação democrática, mas posso dizer que, através desse encontro, descobrimos coisas novas em nossas atividades e modo de pensar. Acredito que nossos parceiros de diálogo sentiram o mesmo.

4. Reconhecimento da importância da autocrítica como ferramenta para crescer

Em organizações tradicionais, a crítica é vista como uma ameaça – uma ameaça pessoal e organizacional. Os críticos são atacados e declarados como "traidores". Assim, cria-se uma situação em que a crítica só parte daqueles com motivações políticas ou pessoais, enquanto os outros aprendem que é proibido "balançar o barco em que você está". Todo sistema, sobretudo um sistema de educação democrática, deve desenvolver uma cultura organizacional que encoraje a autocrítica, vendo todos os tipos de críticas como oportunidades para crescimento e não como ameaça.

5. Levar a educação democrática para fora da escola

Como hoje vemos uma relação necessária entre a escola e seu ambiente e comunidade (cf. Capítulo 2), e, desde que o conceito do estudante (até os 18 anos) mudou para o do aprendizado contínuo, a educação democrática em geral, e do aprendizado pluralista em particular, devem transcender as barreiras da escola. Falamos de instruções para o desenvolvimento do adulto (no sentido de uma "Incubadora pessoal"), o desenvolvimento do aprendizado organizacional e do aprendizado em organizações públicas e privadas, promovendo processos regionais de comunidades pedagógicas, centros do futuro, desenvolvimento de jogos, conexão a mídias eletrônicas e outras ideias, conforme permitir a imaginação.

6. Relação com a revolução da Internet – a revolução da Internet está mudando as nossas vidas por completo

A Internet, como uma ferramenta, tem em si muitas das ideias da educação democrática – um mundo de conhecimento acessível para todos e a abolição das velhas hierarquias (certos conhecimentos acessíveis apenas a certas pessoas). A Internet nos permite criar um novo mundo econômico, em que o principal produto é a habilidade de criar novas ideias, a habilidade de pensar diferente e não igual a todo mundo. E, para tanto, não é necessário um certificado, mas muitas outras coisas em vez disso, como criatividade, domínio e, mais do que tudo, coragem. Programas de software de código aberto e ferramentas como redes sociais criam imensas possibilidades de construir um novo sistema educacional. E, nesse lugar de novas criações, a educação democrática tem a vantagem de 100 anos de experiência (reunida em todas as três ondas). Eis uma oportunidade de ouro para interação: a educação democrática desenvolveu ferramentas ao longo dos anos que podem ajudar imensamente a promover a Internet, e a Internet pode abrir novos campos para a educação democrática.

Concluirei este capítulo com uma citação de um artigo de Guy Rolnik[20] que saiu no jornal *Haaretz*, em que ele descreve um *tour* introdutório à sede do Google:

> Encerro minha visita no pequeno escritório de Stacy Savides Sullivan, que é a Chief Culture Office do Google – em outras palavras, a pessoa encarregada da organização cultural da empresa. A salinha de Stacy, o fato de que ela está de jeans, bem como a atmosfera animada e informal, não dão qualquer sinal de que ela é uma das funcionárias seniores do Google.
>
> "Que tipo de cultura organizacional você quer passar aos seus funcionários?", pergunto. "Nenhuma – a cultura pertence aos funcionários, e meu trabalho é garantir que ela continue com eles", respondeu ela.
>
> "E os gerentes? Qual o trabalho deles?"
>
> "O trabalho dos gerentes é ajudar os trabalhadores a realizarem suas ideias?"

"Então, quem está cuidando dos negócios?"

"Nós recrutamos pessoas para o Google que não precisam ser gerenciadas. São pessoas que gerenciam a si mesmas, que procuram seus próprios desafios e tarefas, e iniciam as coisas por contra própria".[20]

De fato, acredito que essa é a principal pergunta que temos diante de nós – como criar um sistema educacional que leve adiante os estudantes e os capacite para se tornarem pessoas capazes de cuidar de si mesmas, que procuram seus próprios desafios e iniciam as coisas por conta própria, para que o nosso mundo seja um lugar melhor para se viver.

Capítulo 8
Educação democrática:
a jornada rumo a uma sociedade sustentável

Neste último capítulo, eu gostaria de tratar da questão do lugar da educação em geral, e da educação democrática em particular, dentro do quebra-cabeça que é o futuro da humanidade. Para esse fim, tentarei imaginar como será a sociedade daqui a uns 100 anos.

Esse olhar para o futuro liberta as ideias e oferece uma perspectiva diferente e importante do ponto no qual estamos no presente. É nessa sociedade futura que viverão nossos filhos, netos e bisnetos. Se puderem, eles irão, como nós, trabalhar, amar e odiar... mas em um aspecto eles serão completamente distintos de nós:

Nessa sociedade cada indivíduo terá capacidades muito maiores do que as que temos hoje – capacidades tanto para a criatividade quanto para a destruição.

No título deste capítulo, utilizei o termo "sociedade sustentável", porque a existência continuada da raça humana não é certa, nem pode ser tomada como algo garantido. As pessoas envolvidas com a educação, bem como ciências, economia, cultura, meio ambiente e todas as outras áreas ligadas à humanidade, estão sendo forçadas hoje a tratar da questão de como criar uma sociedade capaz de sobreviver: uma sociedade que supere os imensos obstáculos que a aguardam no futuro, os quais derivam de sua própria natureza e conduta.

O naturalista Konrad Lorenz[21] conduziu um estudo profundo dos componentes da agressão na natureza. Com base em sua pesquisa, ele determinou que os humanos chegaram num ponto em que seus próprios impulsos agressivos irão destruí-los, simplesmente porque adquiriram a capacidade de fazê-lo. "Quando um homem inventa um arco e flecha, essa invenção se torna dali em diante propriedade não só dos seus descendentes, mas de toda a sociedade. E essa propriedade não é menos estável do que os vários órgãos em seu corpo", ele escreve. Em outras palavras, basta que uma pessoa tenha a capacidade de criar armas de destruição em massa para que elas se tornem também propriedade das massas. Isso quer dizer que, se a tecnologia continuar progredindo no ritmo atual, e, ao mesmo tempo, a natureza militarista da humanidade continue como é, então o fim da existência humana está mais próximo do que se poderia prever.

Por outro lado, existe também o aspecto oposto, o da criatividade. A habilidade de criar mundos é também propriedade de muitos indivíduos. Se, no passado, poucos de nós fomos expostos à informação e poucos detinham poder social e meios necessários para levar a invenção ou a criação a cabo, hoje muitos têm essa capacidade. Vivemos na "era das ideias", em que a distância entre conceber algo e levá-lo a cabo está em constante declínio. As pessoas podem criar ou inventar e informar o mundo sobre as suas realizações através de uma variedade de meios tecnológicos. As possibilidades para criação e publicidade, que no passado eram propriedade apenas de empresas e indivíduos ricos, existem hoje nos lares comuns: filmes e livros podem ser lançados de forma independente, novas cidades e vilas podem ser construídas, e empresas incomuns podem ser fundadas.

Na sociedade do futuro, nossos poderes tanto de destruição quanto de criação crescerão de forma imensurável. Em outras palavras, cada indivíduo será capaz de destruir todo o mundo – ou criar novas realidades. No momento, a balança está equilibrada, porém, resta a dúvida de qual dos dois pratos irá determinar o futuro da humanidade – o da criação ou da destruição.

O prato da balança da destruição

Quantas pessoas um líder tribal de um clã do paleolítico seria capaz de matar? Várias dezenas de pessoas, presumo. Alexandre, o Grande, da Macedônia, tinha um avanço tecnológico suficiente para matar milhares. E Hitler? Hitler foi "bem-sucedido" em matar milhões. Agora vamos refletir por um momento sobre um indivíduo médio, não um líder. No passado, tal pessoa não poderia obter um fuzil, já que era uma arma cara, à disposição apenas de líderes e batalhões. Hoje, há crianças proprietárias de fuzis. No passado, o indivíduo médio não tinha acesso a explosivos, ao passo que hoje esses materiais estão disponíveis e prontos para distribuição, através de sites da Internet. Será que não há até uma chance de que o mesmo não possa vir a acontecer com armas de destruição em massa?

Os fatores que aceleram o processo de destruição têm suas raízes no fundo de nossos sistemas de educação e consumo. Esses dois sistemas imensos transmitem, cada um à sua maneira, uma mensagem uniforme – que há uma só realidade, e que nosso dever é nos ajustarmos a ela e nos integrarmos tão bem quanto for possível. Para isso, devemos nos esforçar para sermos, o máximo possível, iguais a todo mundo – devemos comer, beber e nos vestirmos segundo manda a moda, e isso nos fará "especiais" (iguais a todo mundo) e, ao mesmo tempo, nos permitirá chegar a realizações acadêmicas, todos com a mesma idade.

Até o momento, os dois sistemas vêm se complementando com sucesso. Em vez de termos uma sociedade variada, colorida e democrática, que enfatize o quanto cada pessoa nela é exclusiva e única, adotamos uma cultura de consumo e talvez estejamos, sem querer, viciados nela. Somos participantes do único jogo que há: o jogo dos vencedores e perdedores.

Uma sociedade em que muitos não encontram seu lugar real, nem descobrem seus verdadeiros talentos e não sabem qual sua contribuição para a criatividade e o futuro da humanidade – tal sociedade é uma receita perfeita para criar soldados anônimos na batalha pela destruição. Essas pessoas, que descobrem que todas as posições criativas estão ocupadas pelos "vencedores" e que os lugares em que há vagas para os "perdedores" estão em sua maioria concentrados no serviço dos fortes, encontram a expressão adequada de sua personalidade através de atos de destruição. Por outro lado, os "vencedores" não reduzem o grau de suas atividades destrutivas, em particular no tocante às esferas social e ecológica, porque os resultados negativos de sua atividade não têm efeito direto sobre ele, mas afetam sobretudo os "perdedores".

E, para nós, como educadores, aonde podemos ir com a certeza de que o mundo em que nossos filhos e netos irão viver será um mundo com tamanho potencial para destruição? Como refletimos no que pode ser feito hoje para ajudar os cidadãos do futuro a existirem dentro de uma sociedade segura, crescente e democrática?

Eu poderia dizer: devemos reduzir o poder em potencial do indivíduo – e é certo que muitos outros educadores de hoje diriam isso.

Devemos reduzir o acesso do indivíduo ao conhecimento, à tecnologia e à ciência, e deixar tudo isso nas mãos das "pessoas que estão no comando". Talvez seja esse pensamento que tenha servido aos que desenvolveram as armas de destruição em massa (a maioria dos quais vivia em países democráticos) cerca de 50 anos atrás. Hoje, essa ideia é ridícula. Não há qualquer mérito na ideia de que o potencial para destruição deveria chegar "só" às mãos de um bilhão de pessoas e não às das outras cinco bilhões. Pois, se a destruição for acessível, ela será utilizada.

Portanto, a prevenção através do controle jamais dará certo. A tentativa de impedir o processo através da redução da capacidade humana jamais deterá a destruição do mundo. Pelo contrário, talvez a tentativa de reduzir a capacidade dos oprimidos só possa vir a fortalecer a energia de sua raiva e destruição, acelerando o advento daquilo que desejamos evitar.

É no clima criado pelos atentados de 11 de setembro de 2001 que uma oportunidade raríssima surgiu para fazermos uma grande mudança. Por um momento, quase todos os habitantes da Terra se deram conta de que estamos vivendo num tempo emprestado. Naquele momento, pudemos ver que as soluções militares são "mais do mesmo" e não oferecem uma solução real para as raízes desse processo de destruição. É necessário uma mudança essencial – que exige um pensamento social e educacional capaz de ir mais longe.

Há aqueles que dizem que a batalha está perdida – as forças da destruição venceram. O futuro do mundo já foi decidido. Os cenários para isso são muitos e variados. Mas acredito que o futuro ainda não está decidido. Ele depende de nós, e devemos agir presumindo que poderemos prevalecer. Devemos nos perguntar: podemos chegar a um mundo em que as pessoas não terão interesse em destruir outras pessoas? Será que a humanidade é capaz de se livrar da necessidade de agressão que a caracteriza desde o princípio do tempo? Esta pareceria ser uma missão impossível. Mas é certo que uma resposta negativa levará ao fim da vida na Terra. Portanto, não temos escolha senão lidar com esse desafio.

O prato da balança da criatividade

Acredito que a educação democrática marca um caminho possível para resolver esse dilema existencial. A proposta exprimida por este livro é a de reforçarmos os poderes da criatividade de todo e cada indivíduo – e, por fim, da sociedade como um todo. Tal reforço pode reduzir de forma significativa as dimensões da destruição. Ao mesmo tempo, deve haver reconhecimento da interdependência mútua que existe entre todos os indivíduos do mundo.

As crianças que são violentas na escola são as que não obtiveram sucesso em expressar seus poderes criativos dentro do sistema que lhes foi oferecido e cujos esforços criativos não foram reconhecidos, nem apreciados. O nível de violência cai apenas quando mudamos todo o sistema educacional, para expressar de forma mais plena os poderes criativos dos estudantes. O nível de violência nas escolas democráticas é muito menor do que nas outras escolas. Será que é porque as crianças nas escolas democráticas têm menos impulsos violentos? É claro que não. Acredito que o principal motivo é que a escola democrática dedica seus recursos ao reconhecimento de toda e cada criança e seus poderes criativos singulares – essa é a chave.

Erich Fromm[16], em seu livro *O medo à liberdade*, escreve sobre a relação entre a violência e a criatividade:

> A vontade de viver e a vontade de destruir não são fatores independentes e isolados, mas dependem um do outro em proporções inversas. Quanto mais for frustrada a vontade de viver, mais forte fica a vontade de destruir. Quanto maior for a satisfação da pessoa com sua vida, menor o seu poder destrutivo. O comportamento destrutivo é o resultado de uma vida de insatisfações. As condições de vida sob opressão levam a um desejo destrutivo, que cria, se eu posso chamar assim, as fontes que alimentam as várias tendências hostis – contra os outros ou contra si mesmo.

Se as áreas da criatividade não estiverem abertas ao indivíduo, ele irá se voltar para as áreas de destruição: eu destruo (as criações dos outros), logo existo. Esse fenômeno é bem conhecido na psicologia da educação. A criança que se sente rejeitada se volta para a destruição para se sentir "reconhecida" e "demonstrar" os seus poderes criativos.

Concordo que a violência é parte do caráter humano e que não podemos criar uma sociedade em que nenhum dos seus indivíduos seja violento. Porém, na nossa visão da sociedade do futuro, o sistema educacional deverá transferir os poderes para as mãos dos humanos do prato da destruição para o da criatividade. Isso garantirá a continuação de nossa existência na Terra.

Criatividade sustentável: a criatividade com enfoque na importância de todos os indivíduos

A viabilidade de um sistema educacional de lidar com a habilidade de fortalecer os envolvidos, no aguardo de futuros cidadãos, depende de duas condições significativas.

Primeiro, devemos criar um sistema educacional que possibilite que cada cidadão do futuro "anuncie" sua existência através de sua criatividade exclusiva.

A segunda condição é a propagação da compreensão de que essa criatividade exclusiva não termina no "eu". "O outro" também é dotado de capacidades exclusivas, e há uma interdependência entre todas as pessoas do mundo. Não é a dependência nascida do medo, como a que um escravo tem do seu dono, ou do empregado do empregador, mas a dependência nascida do reconhecimento.

É por isso que é importante reconhecer que cada pessoa (e eu realmente quero dizer toda e cada pessoa) traz algo de especial ao mundo. Cada indivíduo tem uma nova resposta, um mundo único, uma proposta pessoal, uma energia, uma nova música, uma habilidade incomum. Nesse sentido, somos todos parte de um imenso mosaico, e se qualquer parte faltar, o todo sai perdendo.

Os ecologistas nos dizem o quanto é importante prevenir a extinção de plantas, animais e espécies raras. Eles afirmam que, mesmo que não sejamos amantes da natureza e pensemos apenas na raça humana, devemos fazer tudo que é possível para prevenir extinções. Hoje, já sabemos que certas espécies de plantas têm propriedades medicinais importantes, algumas das quais ainda não descobertas. É provável que a extinção de certos animais tenha evitado que a humanidade descobrisse informações vitais. E isso é mais válido ainda para a própria humanidade.

Em certa medida, há já uma compreensão parcial da capacidade dos "outros" de contribuir para "nós". As tribos indígenas, que quase foram exterminadas na América do Norte, estão sendo redescobertas pelo homem branco como portadoras de mensagens importantes no tocante à medicina, à filosofia de vida e a uma abordagem ecológica da natureza. Povos que eram definidos no passado como "primitivos" (definidos por quem?, deve-se sempre perguntar) agora são reconhecidos como dotados de saberes significativos sobre música, religião e conhecimento esotérico. Os chineses ofereceram sua visão sobre a medicina, e ela acabou sendo integrada ao conhecimento já existente no Ocidente. O mundo descobriu que é maior do que a soma das suas partes.

Porém, ainda não fomos marcados com o reconhecimento de que essas coisas são válidas para cada indivíduo também. Thomas Hobbes[22], em seu livro *Leviatã*, afirma que cada ser humano deve proteger e respeitar o outro, para que ele, por sua vez, possa agir de forma semelhante para com você. Em outras palavras, é só assim que alguém pode se sentir protegido. Minha percepção é diferente: acredito que cada um de nós tem um "dom" a oferecer para o mundo, uma dádiva única, que, se for perdida, jamais poderá ser recuperada. E, assim, todos temos a responsabilidade mútua de levar adiante a jornada de cada um rumo ao encontro daquilo que faz com que cada um seja único. E isso não deve partir do medo, e sim da esperança de que a descoberta desses tesouros ocultos permitirá a criação de um mundo melhor. A responsabilidade mútua não se restringe apenas a empreitadas educacionais, e deve ter uma resposta das áreas social, econômica e ambiental. A dádiva singular de cada um de nós deve poder ter espaço para existir e crescer.

Um por todos, todos por um

O conceito sob o qual a educação até agora tem funcionado é que, na realidade, como no futebol, só há um único jogo sendo jogado e, portanto, de todos os participantes alguns precisam vencer, enquanto outros precisam perder (cf. Capítulo 6). É um mundo com uma só balança (cf. Capítulo 3), um currículo uniforme, de uma "base do conhecimento" obrigatória. Um mundo em que alguém que não seja bem-sucedido em seu exame de acesso em matemática deve se sentir como um "fracassado", mesmo que seja um artista talentoso. Um mundo em que existem respostas certas e erradas, "o mundo no quadrado", com uma curva normal, em que 20% são bem-sucedidos e todo o resto é medíocre ou perdedor – e é obrigatório que os outros façam com que eles se sintam assim constantemente.

Diante disso, a educação democrática afirma que há muitos jogos na vida e que cada pessoa pode escolher aquele que lhe é mais adequado ou mesmo até criar um novo jogo. Esse processo tem uma importância crucial. Se estamos jogando num campo de oportunidades variadas, em que podemos decidir qual dos jogos nos possibilitará "vencer" (ou, em outras palavras, criar nossa própria criação especial), então há uma transformação que faz com que haja uma sociedade em que todos saem ganhando.

A compreensão de que cada pessoa tem um dom único, que pode nos ajudar (mesmo que não entendamos como), cria um altíssimo nível de apoio mútuo entre os indivíduos.

Uma das implicações é que, creio, vale a pena ajudar cada indivíduo para que encontre a dádiva singular que ele tem. Não é só porque, ao fazer isso, podemos reduzir os perigos do potencial do mundo para a destruição, mas também porque, talvez, dentro do seu dom pessoal, repouse a resposta para levarmos adiante as nossas próprias vidas e a vida da humanidade – do mesmo modo como alguma flor rara que estejamos tentando salvar da extinção.

Sem o "um" não há o "todos"

Quando sugiro as ideias subjacentes à educação democrática, como meio de promover uma sociedade sustentável, devo enfatizar a diferença crítica entre a democracia como essência e o modelo democrático sem essência. Em lugares por todo Israel e no mundo, quando as pessoas falam em "democratização" no contexto de Estados, instituições ou escolas, elas têm em mente o procedimento. Eles enxergam o modelo do "direito ao voto" ou um sistema judiciário como uma característica geral da ideia democrática e ignoram o fato de que a democracia tem uma essência que se expressa na proteção dos direitos humanos.

Nós, no Instituto da Educação Democrática, vivenciamos um exemplo disso em duas escolas diferentes.

Vários anos atrás, teve início um processo de democratização em uma das escolas de ensino fundamental de maior prestígio do centro do país. Nós nos orgulhamos muito do processo que se passou ali: foi estabelecido um Parlamento, que permitia que todos os estudantes e os professores tivessem influência sobre o que acontecia na escola; foi montada uma variedade de comitês para mediação; programas exclusivos foram executados para prevenção da violência; e passou a ter eleições. Houve uma "celebração da democracia", mas o currículo em si da escola não passou por nenhuma mudança significativa. Sempre que me perguntavam onde seria possível observar uma escola que estava passando por um processo bem-sucedido de democratização, eu mandava a pessoa ver essa escola.

Três anos se passaram. A diretora da escola, uma mulher muito especial com uma personalidade carismática, veio falar comigo e me pediu para ajudá-la a arranjar emprego como diretora de uma escola democrática (uma já fundada como tal e não convertida).

"Escuta, Yaacov", ela me disse quando viu o quanto fiquei surpreso, "você não entende na verdade pelo que eu estou passando".

"Mas eu conheço bem a sua escola", respondi. "Fiz oficinas lá já, conheço estudantes e professores..."

"Você só viu um lado da moeda, o que nós temos interesse em mostrar", ela disse, com os olhos cheios de lágrimas. "Você não conhece o outro lado".

Ela então sugeriu que eu visitasse a escola durante um dia inteiro e conversasse com os professores individualmente. Como concordei, ela só lhes deu uma única frase de orientação: "Contem a Yaacov a verdade sobre as suas vidas".

Aquele foi um dos dias mais difíceis da minha vida. Um atrás do outro, os professores vieram me contar suas histórias dolorosas. Eles me falaram de toda a força de que eles precisavam para levantar de manhã cedo, sair de casa e vir trabalhar; como eles "colocavam suas armaduras" ao chegar na escola; o medo que tinham de entrar na sala de aula. Eles me contaram sobre as crianças que os ameaçavam; admitiram que as interações na sala de aula eram assustadoras; me falaram da onda crescente de violência. Alguns me contaram de crianças que bateram neles, enquanto outros relataram como haviam se flagrado "usando de força para deter uma criança". A vida, como eles descreveram, era um campo de batalha cruel. A maioria deles saiu da sala aos prantos, e foi a maior sensação de desamparo e desespero que eu já tive na vida.

Segundo suas descrições, conforme o processo de democratização organizacional foi avançando na escola, a violência dos estudantes também avançou, tornando-se quase intolerável.

E, no entanto, em oposição a essa história, temos a história da Escola Rogozin no sul de Tel Aviv (como contamos no Capítulo 6), que já foi considerada a escola mais violenta de Tel Aviv. Num processo gradual, a estrutura do programa de aprendizado foi alterado significativamente, de modo que cada estudante passou a escolher seus objetivos pessoalmente (com a ajuda de seu tutor pessoal) e a realizá-los na escola. As aulas de orientação foram canceladas, e junto com elas, as aulas obrigatórias. Após a introdução dessa mudança na estrutura da escola e no seu currículo, a violência escolar diminuiu até quase desaparecer. O diretor, em seus relatórios, mal conseguia acreditar: onde antes havia violência diária, incluindo luta corporal, garrafas sendo arremessadas e briga de gangues, de repente os casos de violência se tornaram muito raros. Não só isso, mas houve uma queda na violência no entorno da escola (entre jovens que sequer eram estudantes).

Qual então foi a diferença entre as duas escolas? Por que uma se tornou um fracasso completo e a outra um imenso sucesso?

A diferença é entre um molde democrático e uma essência democrática, entre forma e conteúdo. Na primeira escola, o processo de democratização havia incluído apenas o molde da democracia: eleições, parlamento, comitês – incluindo um comitê mediador para combater a violência. Na Rogozin, por outro lado, o processo envolvia a essência também. Foi assim que mudamos a própria estrutura dos estudos e permitimos que todos os indivíduos expressassem a si mesmos e a sua própria essência pessoal, sem uso de força. A partir do momento em que os professores se tornaram tutores pessoais (e, como tais, criaram uma relação mais próxima, pessoal e empática com os estudantes), as dimensões da violência mudaram também.

É por esse motivo que em países democráticos há tanta violência no nível pessoal? É porque, quando as pessoas acreditam que não há outro modo de extravasar sua expressão pessoal, elas redirecionam a energia democrática contra a sociedade – e a transformam em violência?

A visão e o convite

Abraham Maslow[23], um dos pais da psicologia humanista, é responsável por apresentar o modelo da pirâmide que mostra a hierarquia das necessidades do indivíduo em sociedade. Na base da pirâmide estão as necessidades fisiológicas. Acima delas, as necessidades ligadas à segurança e à necessidade de amor. Acima delas, numa área relativamente pequena, temos a necessidade de estima e, no topo, a de autorrealização.

A ideia de Maslow era que a pessoa pode se dedicar a sanar uma dada necessidade depois que as necessidades abaixo dela estiverem sanadas. Ele calcula que cerca de apenas 2% da população chega à fase da autorrealização[23].

Acredito que essa é a própria essência do perigo à humanidade. Se a nossa situação atual implica em 98% das pessoas do mundo não terem o direito à sua própria autorrealização, então isso explica a violência que nos cerca e os perigos futuros ao destino da humanidade.

Diante dessa realidade amarga, a educação democrática oferece um novo caminho, um caminho que irá reforçar os cidadãos do futuro e transformar a pirâmide num retângulo (eu uso a pirâmide de Maslow como exemplo por conveniência, mas isso é válido para qualquer conceito que descreva a sociedade como uma pirâmide).

Primeiro, eu gostaria de me concentrar na revolução liderada pelas escolas democráticas. Começo com a fase da estima, sobretudo porque é nela que se passa a maior parte da atividade escolar hoje e, na minha opinião, a mudança deve partir de um dos principais temas do sistema educacional (mais tarde voltarei às fases básicas de Maslow e demonstrarei como acredito que seja possível fazer mudanças nela também).

A etapa da estima é paralela à de "encontrar suas áreas de força" no aprendizado pluralista. Também segundo Maslow, para se chegar à autorrealização, devemos primeiro ter experiências positivas de sucesso e estima, para sermos fortalecidos. Maslow divide essa etapa em duas: estima externa e, depois disso, autoestima interna.

O sistema educacional conservador ignora o papel importante da etapa de estima para fortalecer a criança em sua preparação para a etapa da autorrealização. Ele lida apenas com as supostas descrições de uma situação "objetiva" dentro do quadrado, ao descrever os estudantes como fortes, medíocres ou fracos, sem qualquer conexão com o mundo interno da criança no momento da avaliação e sem qualquer desejo de possibilitar que cada criança tenha a experiência do sucesso. Essa abordagem constrói a pirâmide e perpetua a situação em que poucos são capazes de atravessar a etapa da estima na escola e chegar à de autorrealização.

A educação democrática, por outro lado, é dirigida para a descoberta das habilidades especiais e para áreas de força de todo e cada indivíduo. A avaliação também está centrada nessas áreas. Mesmo quando as realizações da criança são comparadas com as das outras, isso se dá dentro das áreas de força. Desse modo, ela pode ter a experiência do sucesso e até mesmo comprová-lo. Além disso, a educação democrática está preocupada ainda com a outra parte dessa etapa, que é a autoestima. A autoestima é conquistada examinando-se o mundo interior da criança, através dos olhos do seu tutor, verbalmente, via diálogo, ou por escrito. Essa abordagem aumenta imensamente a chance da criança de receber a estima de que ela necessita e ser fortalecida para a próxima etapa, a da autorrealização.

Essa etapa, na pirâmide de Maslow, é paralela à "área de crescimento" do aprendizado pluralista. Como já detalhei (no Capítulo 3 e em outras oportunidades), essa é uma etapa difícil, que envolve uma busca, quedas, engajamento com os seus próprios desejos e interesses e não necessariamente com as habilidades já provadas do estudante. Portanto, para chegar a essa etapa, é necessário muita força e autoconfiança, adquiridas na etapa anterior. No modelo da educação democrática, essa etapa é possível de ser atingida – para todo mundo –, tanto graças à apreciação adquirida na fase anterior quanto porque os fracassos e revezes são vistos como experiências positivas e educativas.

E eis aqui então a principal mensagem da educação democrática para o mundo e o futuro da humanidade: ela oferece um caminho para que todos, e não só para alguns poucos eleitos, possam chegar à autorrealização.

Conforme cresce o número de pessoas que atingem as etapas mais altas, o triângulo vai se tornando um retângulo:

Se, de fato, uma grande proporção da população (e não só 2%) alcançar a área de crescimento, autorrealização e criatividade, isso mudaria completamente o caminho que a humanidade percorre. A violência sofrerá uma queda considerável e as forças da destruição serão derrotadas.

Sei que, para alguns leitores, esta visão pode parecer imaginária e sem fundamento. A eles, sugiro que visitem uma escola democrática, passem algum tempo no pátio e conversem com as crianças.

Voltando à pirâmide, podemos perguntar como essa mudança na percepção do conceito de avaliação da parte do sistema educacional pode levar a uma sociedade capaz de ver como seu compromisso básico a realização das necessidades mais fundamentais de todos.

Acredito que tal mudança está ocorrendo nos novos modelos da educação democrático-social, operando em áreas de condições socioeconômicas fragilizadas (cf. Capítulo 6 – a Escola Democrática de Givat Olga e o programa de educação pessoal de Bat Yam), e está seguindo em duas direções:

1. Uma mudança na situação do educador – somente um educador capaz de ver a singularidade de cada estudante é capaz de criar uma relação que não seja dependente da comparação sistemática entre ele e os outros estudantes ao seu redor ou na comparação com uma média para a sua idade. Somente esse educador é capaz de ver as necessidades ainda não sanadas do estudante em seu lugar entre as necessidades básicas, segundo Maslow. É verdade que um educador desses às vezes pode ser encontrado em sistemas educacionais tradicionais, mas a educação democrática oferece uma plataforma conveniente para a atividade desse tipo de educador.
2. Uma ligação entre sistemas de educação e bem-estar social – o novo educador servirá como um elo entre o estudante, sua família e a comunidade. O educador será capaz de motivar e navegar por entre processos de apoio para as necessidades ainda não sanadas do estudante e sua família, seja por conta própria ou através da operação de vários elementos profissionais na comunidade.

A educação democrática também propõe uma mudança a longo prazo. Uma mudança na estrutura dos sistemas educacionais em proporção internacional trará mudanças significativas no funcionamento da sociedade e também da unidade familiar. Estudantes formados pelo sistema educacional democrático, que conquistaram a autorrealização, estão equipados com a compreensão de que cada pessoa, e não só uma elite minoritária, pode trazer ao mundo aquilo que a torna singular.

Esses estudantes (e seus pais e professores, que foram parceiros no processo) são motivados a provocar mudanças na sociedade, que levarão ao suprimento das necessidades físicas básicas de segurança de cada criança e adulto, sem diferenciação. Num estudo recente do Instituto de Educação Democrática, descobrimos que, por qualquer padrão de medida, uma grande proporção de estudantes formados em escolas democráticas (72%) está envolvida em algum tipo de ativismo social.

A unidade familiar, construída pelos ex-estudantes de escolas democráticas, não verá as crianças como ferramentas para suprir suas necessidades parentais, mas lhes dará a liberdade para que desenvolvam seus poderes únicos de criatividade e lhes fornecerá o amor e a segurança de que precisam. A pirâmide mudará, conforme a maioria das pessoas chega à autorrealização.

A visão possível:

Será a educação a resposta para tudo? Será que uma mudança no sistema educacional é o suficiente para causar mudanças sociais? A política, a economia, a sociedade e o sistema judiciário – tudo isso tem um papel central no pensamento democrático. Mas, neste livro, meu objetivo vem sendo examinar a relação entre a educação e a vida numa sociedade democrática.

Na minha opinião, a maior parte da sociedade humana está em processos de democratização, que que são políticos, econômicos e sociais. O sistema educacional, que deveria oferecer o apoio necessário para a criação de uma sociedade democrática (cf. Capítulo 3) para completar a cena, não passou pela mudança paralela desejada. Dessa forma, foi criada uma tensão perigosa entre os modelos democráticos existentes e uma cultura democrática capenga. Hoje, vivemos com um mecanismo democrático ao qual falta o motor dos valores que uma cultura democrática deveria produzir.

A educação democrática e o aprendizado pluralista têm grande importância no processo de criar uma cultura democrática. Não me refiro apenas às escolas, mas também ao contexto maior da necessidade de aprendizado contínuo e educação.

"A pessoa que aprende", em vez da "pessoa que sabe", é a nossa chance para a vida numa cultura democrática. "A pessoa que aprende" trabalhará numa "organização de aprendizado democrático", que pode ser uma escola, um local de trabalho diferente ou uma nova estrutura organizacional, que transcende as fronteiras conhecidas e cria uma organização de parcerias e cooperação interdisciplinar. Não se trata de uma organização que reconstrói suas próprias atividades, mas que, em vez disso, se reinventa, examina suas atividades e seus resultados no passado e no presente e se transforma, de acordo com o que aprendeu, pensando no futuro (cf. Capítulo 6).

Na minha visão do futuro, as pessoas viverão em comunidades de aprendizado democrático. Acredito numa conexão profunda entre o indivíduo, sua família, seu local de trabalho e sua comunidade, cujo objetivo é possibilitar que todos alcancem seu potencial criativo e produtivo – uma ligação dessas anulará a necessidade de destruição.

Todo membro da comunidade irá se responsabilizar em três níveis:

O primeiro, o nível da autorresponsabilidade – expressar a propriedade singular que todo e cada indivíduo trazem em seu corpo e alma.

Segundo, a responsabilidade pelo outro – visto que o outro também tem uma dádiva única, que é insubstituível.

Terceiro, a responsabilidade por toda a humanidade – incluindo as várias sociedades e grupos dentro dela, e o ambiente físico em que vivemos. Esse ambiente também tem propriedades ímpares, que contribuem para a continuação da vida na Terra.

Acredito que podemos superar as forças que ameaçam a existência do planeta. E – para além da sobrevivência – acredito que podemos criar uma sociedade humana maravilhosa, que verá a idade das guerras como um período de uma história distante, um período que servirá como sinal de aviso contra a imagem dos seres humanos enxergando o outro como uma ameaça em vez de uma oportunidade.

Como criaremos essa sociedade? Isso, eu não sei, mas estou no meio de uma busca intensiva pela resposta.

Referências

1. NEILL, Alexander S. *Summerhill School – a New View of Childhood*. Nova York: St. Martin's Griffin, 1996.

Mais informações sobre a escola Summerhill
Livros de autoria de Alexander Neill:

- NEILL, Alexander S. *Summerhill – a Radical Approach to Child Rearing*. Prefácio de Erich Fromm. Nova York: Hart Publishing Company, 1960.
[Em português: NEILL, Alexander S. *Liberdade sem medo*. Tradução de Nair Lacerda. São Paulo: Ibrasa, 1967.]
- NEILL, Alexander S. *Freedom – Not Licence*! Nova York: Hart Publishing Company, 1966.
[Em português: NEILL, Alexander S. *Liberdade sem excesso*. Tradução de Nair Lacerda. São Paulo: Ibrasa, 1973.]
- NEILL, Alexander S. *Talking of Summerhill*. Londres: Gollancz, 1967.
[Em português: NEILL, Alexander S. *Liberdade na escola*. Tradução de Dante Moreira Leite. São Paulo: Ibrasa, 1969.]
- NEILL, Alexander S. *Neill! Neill! Orange Peel!* A Personal View of Ninety Years. Londres: Weidenfeld & Nicolson, 1973.
- NEILL, Alexander S. *Summerhill School – a New View of Childhood*. Nova York: St. Martin's Griffin, 1996.

Livros sobre a Summerhill

- CROALL, Jonathan. *Neill of Summerhill – the Permanent Rebel*. Londres: Routledge & Kegan Paul, 1983.
- CROALL, Jonathan. (Ed.). *All the Best, Neill*: Letters from Summerhill. Londres: André Deutsch, 1983. (Coletânea de cartas de Neill para autores como H.G. Wells, Bertrand Russell, Henry Miller, Wilhelm Reich, Paul Goodman, Homer Lane, entre outros).
- SIMS, Hylda. *Inspecting the Island*. Ipswich (UK): Seven-Ply Yarns, 2000 (Romance escrito por um ex-estudante da Summerhill).
- Vários autores. *Summerhill, For and Against: Outstanding Writers in Education, Sociology and Psychology Evaluate the Concepts of A.S. Neill*. Sydney; Londres: Angus & Robertson, 1973.
- WALMSLEY, John. *Neill and Summerhill: A Pictorial Study*. Baltimore: Penguin, 1969.

O site da Summerhill na Internet oferece informações sobre a escola, suas instituições e sua história, além de conter diferentes estudos sobre a escola. Ele também possibilita o contato com a escola para diferentes propósitos, oferecendo desde um *tour* pela escola até possibilidades de emprego (Disponível em: <http://www.summerhillschool.co.uk>. Acesso em: 12 maio 2016).

2. WATZLAWICK, Paul; WEAKLAND, John H.; FISCH, Richard. *Change*: Principles of Problem Formation and Problem Resolution. Nova York: Norton, 1974.
[Em português: WATZLAWICK, Paul; WEAKLAND, John H.; FISCH, Richard. *Mudança: princípios de formação e resolução de problemas*. Tradução de Jamir Martins. São Paulo: Cultrix, 1977.]

3. SENGE, Peter M. *The Fifth Discipline: the Art and Practice of the Learning Organization*. Nova York: Doubleday/Currency, 1990.
[Em português: SENGE, Peter M. *A Quinta Disciplina: A arte e prática da organização de aprendizagem*. Tradução de Gabriel Zide Neto. São Paulo: Best Seller, 1999.]

4. KORCZAK, Janusz. איך לאהוב ילד; רגעים חינוכיים; זכות הילד לכבוד. (*Eykh Le'ehov Yeled; Rega'im Chinukyim; Z'khut HaYeled L'Kabod*) [Como

amar uma criança; Momentos pedagógicos; O direito da criança ao respeito]. Tradução de Yonat e Alexander Sened. Tel Aviv: Hakibbutz Hameuhad, 1996 (em hebraico).
[Em português: KORCZAK, Janusz. *Como amar uma criança*. Tradução de Sylvia Patricia Nascimento. Rio de Janeiro: Paz e Terra, 1983; KORCZAK, Janusz. *O direito da criança ao respeito*. Tradução de Jorge Rochtlitz. São Paulo: Perspectiva, 1984.]

Outros livros de Janusz Korczak

- KORCZAK, Janusz. כתבים פדגוגיים. (*Khetuvim Pedagogyim*) [Escritos Pedagógicos]. Tradução de Dov Sadan e Shimshon Meltzer. Tel Aviv: Hakibbutz Hameuhad, 1970 (em hebraico).

- KORCZAK, Janusz. כתבים. (*Khetuvim*) [Escritos] Tradução de Uri Orlev. Jerusalém: Beit Lochamei Hagetaot & Yad VaShem, 1998. v. 4. (em hebraico).

Estudos sobre a doutrina pedagógica de Korczak

- Vários autores. עיונים במורשתו של יאנוש קורצ'אק, קובץ מאמרים. (*'Yiunim Bemurshatu Shel Janusz Korczak, Kobetz Ma'amaryim*) [Estudos em Homenagem a Janusz Korczak, uma Coletânea de Artigos]. Jerusalém: Beit Lochamei Hagetaot/ Universidade de Haifa, 1987 (em hebraico).

- REGEV, Menachem (Ed.). כפי שהן משתקפות בכתביו ובכתבי אחרים לגעת באדם – דמותו והגותו של ינוש קורצ'ק. (*LaGa`at B'Adam – Damutu VeHagutu Shel Janusz Korczak Khepi Shehu M'shetakaphot B'khetuvyu VeB'khetuvy Acharim*) [Tocar o Humano – o caráter e o pensamento de Janusz Korczak, refletido nos seus escritos e dos outros]. Jerusalém: Academon, 1996 (em hebraico).

5. O site da Escola Sudbury Valley na Internet oferece teoria e prática sobre a escola, fotos da rotina da escola, procedimentos para matrícula, artigos sobre a ideologia da escola e referências a outras escolas no espírito da Sudbury (Disponível em: <http://www.sudval.org>. Acesso em: 12 maio 2016).

Livros sobre a Sudbury

- GREENBERG, Daniel. *The Sudbury Valley School Experience.* Framingham, Mass: Sudbury Valley School Press, 1985.
- GREENBERG, Daniel. *Free at Last: The Sudbury Valley School.* Framingham, Mass: Sudbury Valley School Press, 1987.
- GREENBERG, Daniel; SADOFSKY, Mimsy. *Legacy of Trust*: Life after the Sudbury Valley School Experience. Framingham, Mass: Sudbury Valley School Press, 1992.

6. ROGERS, Carl R. *Freedom to Learn: A View of What Education Might Become.* Columbus, Ohio: Charles E. Merrill Publishing Company, 1969.
[Em português: ROGERS, Carl R. *Liberdade para Aprender.* Tradução de Edgar Godói da Mata Machado e Márcio Paulo. Belo Horizonte: Interlivros, 1969.]

7. TALMUDE da Babilônia, tratado *Avodah Zarah.* p. 19, folha 1 (em hebraico).

8. GOLEMAN, Daniel. *Emotional Intelligence.* Nova York: Bantam Books, 1995.
[Em português: GOLEMAN, Daniel. *Inteligência Emocional.* Tradução de Ricardo Inojosa e Sonia T. Mendes Costa. Rio de Janeiro: Objetiva, 1995.]

9. Livros de autoria de Mihaly Csikszentmihalyi:

- CSIKSZENTMIHALYI, Mihaly. *Flow: The Psychology of Optimal Experience.* Nova York: Harper & Row, 1990.
- CSIKSZENTMIHALYI, Mihaly. *Creativity: Flow and the Psychology of Discovery and Invention.* Nova York: Harper Collins Publishers, 1996.
- CSIKSZENTMIHALYI, Mihaly. *Finding Flow: The Psychology of Engagement with Everyday Life.* Nova York: BasicBooks, 1998.
[Em português: CSIKSZENTMIHALYI, Mihaly. *A descoberta do fluxo: a psicologia do envolvimento com a vida cotidiana.* Tradução de Ângela Melim. Rio de Janeiro: Rocco, 1999.]

10. ABBOTT, John; RYAN, Terry. *The Unfinished Revolution*. Visions of Education Series. Stafford: Network Educational Press, 2000.

11. GONZÁLEZ, Angel. Alberto Giacometti: *Works, Writings, Interviews*. Paris: Hazan, 2006.

12. GRIBBLE, David. *Real Education:* Varieties of Freedom. Bristol: Libertarian Education, 1998.

Outros livros de autoria de David Gribble:
- GRIBBLE, David. *Lifelines*. Bristol: Libertarian Education, 2005.

David Gribble também gerencia o site da IDEN, na Internet, a Rede Internacional de Educação Democrática, que oferece informações para pessoas físicas e jurídicas sobre a comunidade internacional de educação democrática e publica notícias relacionadas à área (Disponível em: <www.idenetwork.org>. Acesso em: 12 maio 2016).

13. DEWEY, John. *Democracy and Education: an Introduction to the Philosophy of Education*. Nova York: The Free Press, 1966.
[Em português: DEWEY, John. *Democracia e educação: capítulos essenciais*. Apresentação e comentários de Marcus Vinicius da Cunha. Tradução de Roberto Cavallari Filho. São Paulo: Ática, 2007.]

Outros livros de autoria de John Dewey:
- DEWEY, John. *Experience and Education*. Nova York: Macmillan Co., 1938.
  [Em português: DEWEY, John. *Experiência e educação*. Tradução de Anísio Teixeira. São Paulo: Nacional, 1976]
- DEWEY, John. *The Child and the Curriculum & The School and the Society*. Chicago: University of Chicago Press, 1956.
  [Em português: DEWEY, John. *A criança e o programa escolar*. Tradução de Anísio Teixeira. São Paulo: Abril Cultural, 1985 (Coleção Os Pensadores).]

- DEWEY, John. *Reconstruction in Philosophy*. Boston: The Beacon Press, 1948.
  [Em português: DEWEY, John. *A filosofia em reconstrução*. Tradução de Eugênio Marcondes Rocha. São. Paulo: Companhia Editora Nacional, 1958.]

O *site do Centro para Estudos* sobre Dewey está disponível em: <http://deweycenter.siu.edu/>. Acesso em: 12 maio 2016.

14. GREENBERG, Daniel. *The Sudbury Valley School Experience*. Framingham, Mass: Sudbury Valley School Press, 1985.

15. MILLER, Alice. *The Drama of the Gifted Child & The Search for the True Self*. Londres: Faber & Faber, 1983.
[Em português: MILLER, Alice. *O drama da criança bem dotada: como os pais podem formar (e deformar) a vida emocional dos filhos*. São Paulo: Summus, 1997.]

16. FROMM, Erich. *Escape from Freedom*. New York: Farrar & Rinehart, Inc, 1941.
[Em português: FROMM, Erich. *O medo à liberdade*. Traduzido por Octavio Alves Velho. Rio de Janeiro: Zahar, 1974.]

17. Uma descrição do método e suas aplicações podem ser encontradas no seguinte volume: CUNNINGHAM, Ian; BENNETT, Ben; DAWES, Graham. *Self Managed Learning in Action: Putting SML into Practice*. Aldershot, Hampshire, Inglaterra: Gower, 2000.

18. O site de Tom Peters na Internet está disponível em: <http://www.tompeters.com>. Acesso em: 12 maio 2016.

Livros de autoria de Tom Peters:

- PETERS, Tom. *The Tom Peters Seminar: Crazy Times Call for Crazy Organizations*. Nova York: Vintage Books, 1994.
  [Em português: PETERS, Tom. *O Seminário de Tom Peters: tempos loucos exigem organizações malucas*. São Paulo: Harbra, 1995.]

- PETERS, Tom. *The Circle of Innovation: You Can't Shrink Your Way to Greatness*. Nova York: Knopf, 1997.
[Em português: PETERS, Tom. *O Círculo da Inovação: Você não deve evitar o caminho do seu sucesso*. São Paulo: Harbra, 1998]

19. HURN, Christopher J. *The Limits and Possibilities of Schooling – an Introduction to the Sociology of Education*. Boston: Allyn & Bacon, 1978.

20. ROLNIK, Guy. Taking Stock: Me, You, Larry and Sergei will Change the World. *Haaretz*, Tel Aviv, 03 dez. 2007. Disponível em: <http://www.haaretz.com/hasen/spages/930354.html>. Acesso em: 12 maio 2016.

ביקשתם מלחמה, תקבלו! (Bikashtem Milchamah, Tekabelu!) [Vocês Queriam Guerra, e Conseguiram!] *Haaretz*, Tel Aviv, 03 jul. 2002. Disponível em: <http://www.haaretz.co.il/misc/1.806567>. Acesso em: 13 maio 2016.

21. LORENZ, Konrad. *King Solomon's Ring – New Light on Animal Ways*. Nova York: Crowell, 1952.

22. HOBBES, Thomas. *Leviathan*. Radford, VA: Wilder Publications, 2007.
[Em português: HOBBES, Thomas. *Leviatã ou matéria, forma e poder de um estado eclesiástico e civil*. Tradução de João Paulo Monteiro e Maria Beatriz Nizza da Silva. São Paulo: Abril Cultural, 1974. (Coleção Os Pensadores).]

23. MASLOW, Abraham. *Motivation and Personality*. Nova York: Harper, 1954.

24. YUVAL, Amnon. *דמוקרטיה בפעולה* (Demokratyia B'pe'olah) [Democracia em ação]. Tel Aviv: Kibbutzim College of Education, 2007 (em hebraico)

Posfácio à edição brasileira

David Calderoni[1]

Em meados de 2015, comuniquei ao meu amigo Yaacov Hecht que, no âmbito de uma firme determinação de tornar a cidade de Maricá (RJ) "polo de reativação de um ideário utópico de esquerda", o sociólogo e professor Washington Siqueira, o conhecido prefeito Quaquá, concordara com a minha proposta de criar a primeira universidade democrática formal (que, integrando também cursos livres, confira diplomas profissionais legais e internacionalmente válidos) do mundo contemporâneo. Tratando-se estas linhas de um posfácio e, portanto, agora que o leitor presumivelmente já leu esta sua obra magna e intrinsecamente autobiográfica intitulada *Educação Democrática: O começo de uma história*, decerto não se surpreenderá com a pronta e imediata resposta do autor que viria efetivamente levar adiante a mencionada história: "Isto é inacreditável, David! Conte comigo para tudo aquilo de que necessitar!".

De fato, sendo fiel às suas palavras, Yaacov Hecht veio ao meu encontro no Brasil em dezembro de 2015. Eu e Yaacov nunca havíamos convivido de modo tão intenso e, como vemos hoje, de modo tão decisivo para a viabilização da Universidade Internacional de Invenções Democráticas Darcy Ribeiro de Maricá (UniMar), na qual venho exercendo, desde dezembro de 2015 e até as eleições para reitor-plenário,

---

[1] Professor pós-doutor, reitor-organizador da Universidade Internacional de Invenções Democráticas Darcy Ribeiro de Maricá (UniMar).

conforme Decreto de nomeação, a honorífica (porque voluntária e honrosa) função de reitor-organizador.

No contexto desta obra que o leitor tem em mãos, antecipando um elemento da história da UniMar, concentrar-me-ei no encontro entre Quaquá e Yaacov, testemunhado por mim (que atuei como desajeitado – porque emocionado – tradutor), por Fabiano Horta (na ocasião, deputado federal licenciado e secretário municipal de Economia Solidária do Rio de Janeiro e, atualmente, pré-candidato a prefeito de Maricá), André Luiz Braga (secretário adjunto de Economia Solidária e Combate à Pobreza de Maricá) e Mathieau Duvignaud (arquiteto ambientalista, professor universitário, pesquisador e artista francês radicado no Brasil).

Nesse encontro, ocorrido a poucas horas da viagem que levaria Yaacov de volta a Israel, presenciamos o expoente mundial da educação democrática e o prefeito maricaense Quaquá partejarem a ideia que se revelou como o caminho mais simples, efetivo e prático de viabilizar a implantação de uma complexíssima utopia: iniciarmos por dois cursos de graduação intrinsecamente relacionados: Faculdade de Educação Democrática e Faculdade de Economia Solidária! Mais que isso, numa impressionante congenialidade ultraveloz de cálculos e raciocínios (que deram margem a admirados comentários que comunguei com Fabiano Horta), Yaacov e Quaquá arquitetaram, como método de engendramento das respectivas e mencionadas faculdades, dois cursos de especialização, cada um deles integrados por 25 alunos de Maricá e 25 alunos estrangeiros, durante um semestre no Brasil e um semestre no exterior – possivelmente, Israel (Educação Democrática) e Mondragón (Economia Solidária). Inda nesta reunião, Yaacov também explicitou (e viu ser positivamente reverberado pelos demais) o seu desejo de que os planos para as duas faculdades potencializem-se com uma modalidade de educação à distância denominada MOOC. A sigla MOOC provém de Massive Open Online Courses, algo que poderíamos pedagogicamente traduzir como "Cursos (Courses) Abertos (Open), em Massa (Massive), transmitidos digitalmente em tempo real (Online)"[2].

Repensando um passo anterior, deveria ter qualificado primeiramente esse caminho como econômico, e não como simples, pois julgo tratar-se de uma simplicidade apenas aparente, em grande parte baseada em encontrarmos o algarismo 2 ali onde suporíamos dever haver um dígito muito

[2] <http://bit.ly/1PgkTnr>.

mais elevado – afinal, cumpre a uma universidade comportar a unidade do diverso, e este acompanha frequentemente a ideia do numeroso.

Prossigamos pensando a partir da observação de que se tratam de duas faculdades e cursos intrinsecamente inter-relacionados. Fundamentemos esta última afirmação. Qual a essência da educação democrática? Aprender e ensinar em, com e para a liberdade – em curto, educação democrática é liberdade formativa. Qual a essência da economia solidária? Autogestão na geração e distribuição de renda e crédito – em suma, economia solidária é autogestão econômica. Ora, liberdade formativa e autogestão econômica são práticas da democracia e esta consiste em criação histórica entre, de e para seres autônomos.

Eis que, à luz do conceito de autonomia – dar-se a própria lei –, descortina-se uma contribuição específica da educação democrática que quedava oculta na anterior cadeia de argumentos. Trata-se daquilo que, no campo dos estudos espinosanos, cognomina-se de "irredutibilidade do singular", na bela e acurada expressão da professora Marilena Chauí. Abre-se assim uma vertente de minha biografia, posto que somos singulares porque temos uma história única, cuja investigação nos dá a ver o que nos liga a outras histórias singulares.

Vejo, assim, que há pontos em comum entre a história de Yaacov e a minha. Desde criança, aprendi que ir à escola não era uma opção, mas sim uma obrigação. Além de fazer o dever de casa, eu tinha o dever de tirar as melhores notas nas provas, para corresponder ao esforço e às expectativas investidas em mim por meus pais, imigrantes judeus que sobreviveram à Europa e aportaram no Brasil sem nenhum tostão. Minha mãe, que dizia que eu era um gênio sem saber que eu colava em estatística, tentou de todas as formas me obrigar a cursar medicina. Fiquei pensando se ela não tinha razão quando descobri que cursar psicologia na USP passava por muita estatística e por dar choques em ratinhos e por dissecar sapos. Ou melhor, engolir sapos, muitos sapos, antes de chegar à psicanálise, que era o que me interessava. Como a maioria *quase* absoluta das pessoas de minha geração, que é a mesma do autor (nascemos em 1958), sofri como natural (e depois reagi contra) a equação que identifica em cadeia a educação à escola e a escola à disciplina.

Ampliando incomensuravelmente o espaço do "quase" que acima grifamos, a presente obra oferece o cativante fundamento histórico pessoal de uma genuína motivação formativa emancipadora: dado que em sua autoformação o menino Yaacov teve de achar um caminho único para que tivessem lugar positivo suas características pessoais únicas, revertendo quando jovem adulto o que era inicialmente desvalorizado em seu meio educacional, foi levado a reformular democraticamente o próprio meio educacional, partejando nesse processo o princípio que assim formularíamos: "educar de modo que, desde o próprio ato educativo, todos tenham e exerçam efetivamente igual direito à própria singularidade".

Este livro mostra que, se há conflitos, diferenças e distúrbios, e a estes a prática da democracia pode acolher e metabolizar em prol do bem comum, a prática da democracia, por seu turno, não deixa também de se beneficiar – essencialmente, posto que decisivamente – das convergências, consensos e conúbios participativos e republicanos, sempre em prol do bem comum. Nessa perspectiva, elogiáveis e necessárias são as potencializadoras parcerias interativas entre as próprias invenções democráticas. Também nesse quesito, prodigiosa evidenciou-se a visita de Yaacov ao Brasil em dezembro de 2015, a começar pelo fato mesmo de que eu, Helena Singer, Lilian Kelian e Paul Singer, que nesta e para esta publicação interagimos com textos para as orelhas (Helena), para o prefácio (Lilian), para a contracapa (Paul) e para este posfácio (David/eu) somos todos cofundadores do movimento das Invenções Democráticas desde distintos campos de invenções democráticas: economia solidária (Paul), educação democrática (Lilian e Helena) e psicopatologia para a saúde pública (David/eu).

Outro expressivo exemplo de fértil interação propiciada pela passagem de Yaacov entre nós, consiste no evento em que debatemos com Joaquim Melo e Asier Ansorena a proposta de um Banco GLocal das Comunidades – "GLocal" significando global e local a um só tempo e com mesma hierarquia, no espírito de uma Federação de Poderes Locais Comunitários. Tal proposta comporta as possibilidades de uma caixa de compensação e entrefinanciamento dos Bancos Comunitários e, também, a instituir, de Bancos de Invenções Democráticas – por exemplo, a utopia de um banco do movimento internacional das cidades educadoras e escolas democráticas, dotado de moeda própria e que, custeando políticas de implantação pública da educação democrática, possa beneficiar-se de outras moedas sociais ou inventivo-democráticas (moedas, um dia talvez possíveis, da BIEN,[3] da JR[4] etc.).

---

[3] <http://www.basicincome.org/>.
[4] <http://www.amb.com.br/jr/>.

Aqui, por genético, notório, intersecto, atual e perspectivo, é útil lembrar que a Fundação Oswaldo Cruz (Fiocruz) e o Núcleo de Psicopatologia, Políticas Públicas de Saúde Mental e Ações Comunicativas em Saúde Pública (Nupsi-USP), mediante respectivamente a minha pessoa e as pessoas dos professores Maurício Monkem e Mauro Gomes, engendraram/engendramos de comum acordo uma proposta apresentada ao prefeito Quaquá por ocasião do nosso primeiro encontro em Maricá. Consistiu num projeto de estudo baseado na ideia das Unidades de Saúde e Cooperativismo (USCs) – destinadas a articular oficinas de geração de renda à oferta autoformativa em cuidados físicos e mentais –, projeto cujo título/tema/escopo é "Estudo Comparativo da implantação e funcionamento de Unidades de Saúde e Cooperativismo em Maricá e Ubatuba". Ora, ainda que as necessidades de implantação das USCs tenham me levado à função de reitor-organizador da UniMar, eis que apenas há pouco delinearam-se em Ubatuba as condições para o início desta parceria.[5] Maricá agora poderá fazer a sua parte!

O que tudo isso tem a ver com a educação democrática? É que em Ubatuba as USCs se articulam geográfica e institucionalmente com a proposta de criação de uma Escola Democrática Municipal – o mesmo podendo ocorrer em Maricá. Faz sentido pensar que gerar produtos, gerar renda, gerar conhecimento e gerar auto e intercuidados articulem-se num mesmo processo de autogestão construtiva da felicidade por meio de maneiras criativas e solidárias de desenvolver autonomia e cooperação.

Isso poderia vir também ao encontro de uma rara oportunidade oferecida de modo gratuito pela Prefeitura de São Paulo: a possibilidade de utilizar uma impressora 3D para treinar diversos tipos de empreendimentos maricaenses, sobretudo os solidários (cooperativas), de que mais se necessita para combater o galopante desemprego, já que independem de que um patrão tenha condições econômicas para empregar. Auguramos que, para viabilizar este projeto de qualificação tecnológica dos maricaenses, o prefeito Haddad e o prefeito Quaquá venham a assinar, em breve, um Termo de Cooperação Técnico-Científico. E a parceria com a Educação Democrática possibilitará a produção de um MOOC para democratizar os conhecimentos tecnológico-científicos e

[5] <http://bit.ly/1TVmnne>.

culturais atinentes à impressora 3D em polos presenciais estruturados à maneira de escolas democráticas. Isso poderá tornar Maricá pioneira na difusão de conteúdos potencialmente emancipadores a outros polos da resistência contra-hegemônica antineoliberal, tal como os alunos, professores e funcionários da Universidade de Mondragón. Paul Singer amiúde me diz que precisamos de tecnologia para ter escala para sustentar a economia solidária na formação social capitalista.[6]

Ademais, poderemos propiciar o encontro de duas companheiras do campo educacional emancipatório: Natacha Costa (diretora da organização Cidade Escola Aprendiz) e Rosana Fernandes (integrante da Direção Nacional do MST, onde atua, também, como coordenadora pedagógica da Escola Nacional Florestan Fernandes [ENFF]). Natacha e Rosana, salvo desejável engano, nunca trabalharam diretamente juntas, mas poderão fazê-lo em conjunto com a UniMar, beneficiando, a um só tempo, segundo o plano a seguir exposto, a população de Maricá e do mundo, via MOOC articulado a polos presenciais educacionais democráticos.

Os nomes de Natacha Costa e de Rosana Fernandes, conjuntamente a uma relação de personalidades científicas, acadêmicas e políticas, será proposta ao prefeito Quaquá para figurar em nosso Comitê Científico, entre os quais Paul Singer, Eduardo Suplicy, Jessé de Souza e outros acadêmicos e militantes das Invenções Democráticas e movimentos conexos. No contexto deste posfácio, cabe destacar que, ao lado da educação integral e camponesa, a educação democrática ficará também

---

[6] Constituindo-se em lance decisivo para conquistar Maricá para a Educação Democrática, merece destaque em desejável publicação futura sobre a história da UniMar a inolvidável apresentação que Yaacov Hecht compartiu comigo (falei sobre as invenções democráticas) numa escola pública maricaense, perante autoridades municipais constituídas, a saber: a professora Luzia Dalva Pires Ribeiro, generosa diretora da Escola Municipal Joana Benedita Rangel, que se abriu para o memorável evento em tela; Alexandre Manuel Esteves Rodrigues, secretário executivo de gestão de políticas sociais de Maricá; Daniel Neto, secretário adjunto de educação de Maricá; Monica Rigó, subsecretária de educação de Maricá; Manoel Lago, assessor da secretaria executiva de gestão de políticas sociais de Maricá, exercendo função de coordenador de implantação da UniMar; empreendedor Mauricio Salkini, chefe de gabinete da reitoria-organizativa da UniMar; Mirka Gerolimich, assessora da secretaria adjunta de economia solidária e combate à fome de Maricá e cotradutora de Yaacov Hecht no evento; Marcelle Vieira, assessora jurídica da secretaria adjunta de educação de Maricá; Adriana Luiza, assessora da secretaria adjunta de habitação.

representada em nossa proposta para o Comitê Científico da UniMar por Lilian Kelian e José Pacheco, líderes da Educação Democrática no Brasil e no exterior.

Outro exemplo inconteste da crescente importância da revolução educacional na institucionalidade do executivo municipal maricaense consiste no desejo – expresso por Alexandre Rodrigues – de acompanhar Natacha Costa na exposição do projeto Aluno Presente, coordenado pela Cidade Escola Aprendiz e em execução atualmente no município do Rio de Janeiro.[7] A presença do historiador Prof. Dr. Alexandre Rodrigues será muito relevante, tendo em vista que ele responde pelo cargo de secretário executivo de Gestão de Políticas Sociais de Maricá, tendo sob sua responsabilidade todas as secretarias adjuntas relacionadas aos direitos sociais, entre as quais a Secretaria Adjunta da Educação. Revolução educacional à vista no Sistema de Educação de Maricá!

Tudo isso, possível e desejavelmente, em conjunto com a pesquisa matricial que venho propondo e tendo aceita, intitulada Estrutura Social, Poder Local e Extensão Universitária Participativa a partir de Maricá[8] e que poderá contribuir para o grupo de trabalho proposto em nível federal por Eduardo Matarazzo Suplicy, objetivando estabelecer as etapas para a implantação da Renda Básica de Cidadania (RBC)[9] em todo o Brasil, conforme a Lei Federal n.º 10.835, de 2004.[10] Refiro-me à investigação que encadeia e articula diagnóstico socioterritorial primário e secundário, metodologia praticada pela Cidade Escola Aprendiz,[11] a qual é análoga, complementar e confluente à proposta – basilar para a pesquisa mencionada – de um diagnóstico digital participativo de 10 em 10 minutos proposto por Claudio Prado (este diagnóstico é tematizado nos vídeos referidos na nota de rodapé de número 7).

---

[7] Acompanharão Natacha Costa: o reitor-organizador adjunto da UniMar, Prof. Dr. Sady Bianchin, bem como o chefe de gabinete da Reitoria da UniMar, empreendedor Maurício Salkini.

[8] Proposta de pesquisa contextualizada nos dois breves vídeos iniciais da UniMar, acessíveis em 31/05/2016 nos links <http://bit.ly/280RcNa>; <http://bit.ly/22gF0nt>.

[9] <http://bit.ly/1xjhUNA>.

[10] Cf. <http://bit.ly/1TVmnne>.

[11] Cf. <http://bit.ly/1TUAc3Z>.

O leitor decerto terá já percebido, em todas as vertentes em que a Educação Democrática está presente de modo potencial ou atual nas conquistas e perspectivas acima abordadas, o quanto esta obra de Yaacov Hecht é seminal.

Traduzindo-se assim no presente livro o intento de um educador intrínseca e verdadeiramente democrático, que referencia milhares de escolas democráticas e dezenas de cidades educadoras mundo afora, e que, desde os princípios até os fins, nos faz sentir apetite de sermos quem somos, evidencia-se o imenso mérito cultural e formativo desta versão brasileira.

Que este sexto volume da coleção Invenções Democráticas, em sua franqueza biográfica e dialógica, corresponda em seus efeitos à ideia de que Invenções Democráticas são "maneiras criativas e solidárias de desenvolver autonomia e cooperação". Ensejando e quiçá entrelaçando caminhos próprios, leituras singulares e propostas autênticas, possa esta obra abrir cada leitor para a brotação de novas figuras do sensível, do dizível e do pensável mediante atos, afetos e ideias tão vitais quanto a história deste livro e que o mesmo prossiga nos horizontes aqui delineados como convites de parceria. Que outros leitores também leiam esta obra! E que mais e mais leitores sejam-se!

31 de maio de 2016

Fortuna crítica

Yaacov Hecht é o pai da educação democrática em Israel. A partir de sua corrente de pensamento surgiram as escolas democráticas, os programas de educação pessoal e uma quantidade significativa de comunidades educacionais. Hecht põe no centro de tudo a atenção à criança e às suas várias habilidades e necessidades. Nas escolas influenciadas por suas ideias, tanto professores quanto alunos se responsabilizam por si mesmos e pelo trabalho que dividem entre si, criando uma comunidade pedagógica envolvida. O Ministério da Educação vê no caminho educacional de Yaacov Hecht um modelo digno de ser estudado e implementado em todo o sistema educacional.

Prof.ª Yuli Tamir
Ex-Ministra da Educação de Israel

Yaacov Hecht nos guia através de uma jornada humana fascinante, que tem em seu centro a criança e o grande poder que repousa dentro dela. Numa estrada cheia de buracos e obstáculos, ele consegue criar um caminho com lucidez e destruir a fixação institucional distorcida representada pela visão do senso comum. Esta jornada simboliza o começo de uma revolução e apresenta uma perspectiva educacional inovadora.

Rubik Danilovich
Prefeito de Be'er Sheva

Yaacov Hecht escreveu um livro importante, que expande o conceito de educação para muito além dos limites da escola. Ele demonstra como a educação pode transformar comunidades inteiras, e como os padrões de vida do século 21 permitem que todos, jovens ou velhos, adotem a perspectiva do "Aprendizado para a Vida Inteira".

Prof. Daniel Greenberg
Fundador da Escola Sudbury Valley, nos EUA

Yaacov compreende plenamente o que é a liberdade para crianças. Essa compreensão permite que ele defina um modelo livre com regras e limites claros. Sua abordagem relativa a como criar e educar as crianças é livre, aberta e bem embasada. É uma abordagem rara. Sinto-me honrada que Yaacov tenha se inspirado no meu pai, A. S. Neill, e na escola Summerhill, quando fundou a Escola Democrática de Hadera.

Zoë Readhead
Diretora da Escola Summerhill, Inglaterra

Como aluna numa escola normal, eu era considerada um espinho, uma erva daninha que deveria ser arrancada. Como aluna numa escola democrática, eu me tornei uma flor rara. Para mim, esta história é algo muito além de palavras, é a minha história de vida. As ferramentas e as forças que recebi neste lugar me acompanham até hoje.

Narkis Sadeh
Ex-aluna da Escola Democrática de Hadera

Yaacov é um dos pensadores mais fascinantes no mundo da educação democrática. Suas ideias são sempre claras e comoventes, pois derivam de seus muitos anos de experiência. Seus artigos e palestras em todo o mundo já deram forças para muitas pessoas – alunos, professores e educadores – que desejam implementar a mensagem da educação democrática em seus países.

Kageki Asakura
Reitor da Universidade Shura, em Tóquio

A Escola Democrática de Hadera e a rede das escolas democráticas que surgiu consequentemente em toda a Israel provam na prática que há uma alternativa possível, significativa e atraente, para um número cada vez maior de pais e jovens. Essa é uma fonte inquebrantável de esperança, tanto para a mensagem transmitida pela própria educação democrática quanto para o potencial latente nas outras alternativas externas, que vêm sendo desenvolvidas às margens do sistema. Este livro foi escrito pelo fundador da Escola Democrática de Hadera, e o responsável por espalhar a mensagem da educação democrática em toda a Israel. Ele reflete a perspectiva subjacente à fundação da educação democrática – que tem se mantido inédita até agora – de uma maneira direta, clara e acessível. Como tal, é leitura obrigatória para qualquer um que tenha ansiedades em relação ao futuro da educação.

Dr. Roni Aviram
Chefe do Centro Futurista da Educação na
Universidade Ben Gurion do Negev

O livro descreve a jornada educacional comovente de um dos educadores de maior destaque que o Estado de Israel já viu – uma jornada pessoal que também é a história fascinante da Escola Democrática de Hadera e da educação democrática em geral. Yaacov Hecht consegue nos envolver em suas histórias e partilhar conosco questões e ideias que despertam a reflexão.

Prof. David Gordon, in memoriam
Departamento de Educação, Universidade Ben-Gurion do Negev

O livro de Yaacov Hecht abre novos horizontes para a sociedade árabe tradicional em Israel, que busca uma reforma na educação e deseja transmitir os valores da democracia para as próximas gerações.

Ali Zahalka
Diretor da Escola Inovadora-Democrática de Kfar Kara'a

Este livro foi composto com tipografia Bembo Std e impresso
em papel Off- White 80 g/m² na Formato Artes Gráficas.